Alexander Christiani

Magnet-Marketing

Alexander Christiani

Magnet-Marketing

Erfolgsregeln für die Märkte der Zukunft

Frankfurter Allgemeine Buch

Die Deutsche Bibliothek – CIP-Einheitsaufnahme
Ein Titeldatensatz für diese Publikation ist bei
Der Deutschen Bibliothek erhältlich

Frankfurter Allgemeine Zeitung
Verlagsbereich Buch

© Frankfurter Allgemeine Zeitung GmbH
60267 Frankfurt am Main
Alle Rechte, auch die des auszugsweisen Nachdrucks, vorbehalten
Gestaltung F.A.Z.-Marketing/Grafik
Herstellung: Druck & Beratung E. Schäfermeyer, Hanau
Erste Auflage 2002

ISBN 3-89843-055-3

Vorwort

»Die Zukunft ist langsam – sie kommt mit einer Rate von nur 24 Stunden am Tag.« Mit diesem Mantra scheinen sich viele Unternehmer zu beruhigen, wenn Sie an die Märkte der Zukunft denken.

* Die Inhaber von Fotofachgeschäften denken nicht darüber nach, ob sie sich in den nächsten Jahren auf Porträts, Hochzeitsfotos oder Industriephotographie spezialisieren sollen, sondern hoffen, daß Rentner sowieso nicht lernen, die Bilder Ihrer Enkel am Computer ausdrucken zu lassen.
* Steuerberater sind unbekümmert optimistisch, wenn sie erfahren, daß es im Kaufhof für 69 Euro komfortable Steuerbearbeitungsprogramme gibt, mit denen jede Sekretärin und jeder Buchhalter einen Großteil ihrer bisherigen Tätigkeit selbst erledigen können: »Das deutsche Steuerrecht ist so kompliziert, da werden solche Programme sowieso nicht perfekt«, heißt die Parole der Hoffnung.
* Zeitungsverleger beruhigen sich, elektronische Tageszeitungen wie »Daily Me« mit individuell zusammengestellten Informationen seien viel zu unpraktisch, um sich großflächig durchzusetzen: Wer will am Flughafen 30 Minuten vor dem Abflug seinen Rechner hochbooten, um Zeitung zu lesen, wenn drei Meter weiter ein Wirtschaftsblatt griffbereit liegt? Vermutlich niemand, von echten Freaks und Computernerds einmal abgesehen. Doch das Problem geht viel tiefer: Es genügt nämlich, daß ein kleiner, lukrativer Teil unseres Angebots substituiert werden kann, um in arge Schwierigkeiten zu kommen; die Frage für Zeitungsverleger ist nicht: »Verdrängen uns die Daily Me's?«, sondern: »Sind wir noch profitabel, wenn wir unser Kleinanzeigengeschäft ans Internet verlieren?« – Ein Aspekt, der in ähnlicher Form auch unsere Banker nachdenklich machen sollte.
* Vertriebsmanager der Lufthansa nennen als Hauptmitbewerber immer wieder die Deutsche BA: »Die fliegt dieselben Strecken, hat weniger Beinraum, ist aber deutlich billiger«. Auf meine Frage, wie

sie sich denn für den Wettbewerb der Zukunft gerüstet fühlen, wurde mir dann stolz das Miles-and-more-Programm vorgestellt: das beste Kundenbindungsprogramm der deutschen Wirtschaft. Es gibt unzählige Nachahmer dieses Konzeptes, das aber immer noch unerreicht ist: Manager, die das ganze Jahr auf Firmenspesen Meilen sammeln, um sie im Sommerurlaub mit der Familie abzufliegen. Ein Geniestreich, sicherlich, aber deutlich zu wenig, wenn die Zukunft kommt: Sobald die erste Verhandlungsrunde mit dem Geschäftsführer des Internetportals der Interessengemeinschaft internationaler Vielflieger auf dem Programm steht, wird ein anderer Wind wehen. Wer Woche für Woche für seine Kunden tausende Flüge über den Atlantik einkaufen kann, hat Marktmacht bis zum Abwinken. Ein Miles-and-more-Kärtchen für diese Dame oder jenen Herrn dürfte etwas wenig sein…

Liebe Leserin, lieber Leser, auch wenn die Zukunft nur mit einer Geschwindigkeit von 24 Stunden am Tag kommt, gilt dennoch: Solange die technische Entwicklung voranschreitet, *werden wir allabendlich schlafen gehen mit Innovationen, die es morgens beim Aufstehen noch nicht gab.* Und dieser technische Fortschritt wird jeden Tag dazu führen, daß die Bedürfnisse von Menschen besser, schneller oder preiswerter befriedigt werden können: *Wer die Lücke zwischen dem, was morgens noch nicht ging, und dem, was abends geht, als erster schließt, der gewinnt.*

Gerade, weil die Welt technischer Innovationen boomt wie nie zuvor in der Geschichte der Menschheit, haben wir ungeahnte Möglichkeiten, unsere Produkte und Dienstleistungen täglich zu verbessern.

Wer die Chancen des täglichen technischen Fortschritts für sein Nutzenangebot nicht sieht, zu spät sieht oder nicht rechtzeitig in die Praxis umsetzt, den bestraft das Leben – wie Michael Gorbatschow schon vor Jahren erkannte. Damit sind wir beim Kern des »Neuen Verkaufens«: In der Welt von morgen wird es vor allem eine Person geben, deren Fähigkeit oder Unfähigkeit über den Marketing- und Vertriebserfolg entscheidet: den Boß persönlich. Er oder sie ist in Zukunft der alleinige Chef im Ring, wenn es um den Absatzerfolg geht, denn: *Das Verkaufen der alten Schule ist tot.*

Das Hochgeschwindigkeits-Netzwerk der neuen Wirtschaft wird vor allem durch eines gekennzeichnet sein: Transparenz. Und wenn in wenigen Jahren die meisten Märkte so klar und überschaubar sind wie heute die Finanzmärkte, dann werden Top-Leistungen mit wahrem Expertenstatus sich genauso schnell herumsprechen, wie Scharlatane und schwarze Schafe sich selbst aus dem Markt katapultieren.

Was der Chef in der Welt von morgen verbockt, werden tausende Top-Verkäufer nicht wiedergutmachen können, denn schon heute gilt:

Produkte werden immer seltener *ver*kauft und immer öfter *ge*kauft.

Willkommen in der Magnet-Marketing-Welt des neuen Verkaufens:

Im ersten Teil geht es um die Trends von morgen. Wir schauen uns zunächst an, warum wir als Verbraucher frohlocken können, da der Markt von morgen immer mehr zu einem transparenten Kundenparadies wird. Das zweite Kapitel untersucht dann die Frage, ob diese Marktveränderungen zu der von vielen befürchteten Unternehmerhölle führen werden. Dabei wird sich zeigen, daß die Märkte von morgen nicht mehr regennassen Straßen gleichen, sondern zu spiegelblanken Eisflächen werden. Die entscheidende Frage ist: Werden wir mit Ledersohlen unterwegs sein oder uns rechtzeitig Schlittschuhe besorgen? Die Schlittschuhe in der Welt von morgen werden die neuen Ressourcen der »World of G.I.V.E.« sein: *Geschwindigkeit, Information, Vernetzung und Emotion* – Rohstoffe, die durch unsere Innovation beliebig vermehrbar sind und das 21. Jahrhundert wirtschaftsgeschichtlich zur ersten Epoche wahrer Alchemie machen.

Das dritte Kapitel erörtert ausführlich, warum und wie die neue Informationswirtschaft die Strukturen der Wirtschaft komplett verändern wird. Es zeigt Ihnen vor allem, wo die Gefahren für Ihre Branche lauern und wie Sie ihnen am besten vorbeugen.

Die Kapitel vier, fünf und sechs zeigen die evolutionäre Weiterentwicklung der Dienstleistungswirtschaft zur Erlebnisindustrie auf: Ge-

nauso wie der Wechsel vom Industrie- zum Dienstleistungszeitalter ungeahnte Möglichkeiten für diejenigen bot, die die Trends als erste erkannten und für sich zu nutzen wußten, werden die Pioniere der neuen
Erlebnisindustrie zu den Siegern von morgen gehören.

Der zweite Teil des Buches beschreibt dann die sechs *Magnet-Mar-
keting-Gesetze* zum Aufbau eines Expertenstatus in den transparenten
Märkten von morgen. Kapitel sieben widmet sich ausführlich dem wichtigsten Grundsatz strategischer Unternehmensführung – dem Prinzip
der Kräftekonzentration. Das nächste Kapitel erläutert, wie Sie diesen
Grundsatz in Ihren beruflichen Alltag umsetzen.

Der dritte Teil des Buches beschreibt die persönlichen Voraussetzungen zum Aufbau eines Expertenstatus: Nach unseren Coaching-Er-
fahrungen liegt einer der Hauptgründe für unternehmerischen Mißer-
folg nämlich darin, daß Menschen sich immer wieder an Anforderungs-
profilen des Marktes ausrichten, obwohl ihnen dazu das Talent fehlt.
Die Praxis zeigt jedoch: Erst wenn die Anforderungen der Experten-
karriere mit den Talenten des Unternehmers übereinstimmen, werden
dauerhafte Erfolge möglich. Die Kapitel neun bis elf zeigen Ihnen des
wegen, wie Sie für sich und Ihre Mannschaft die Talente jedes einzelnen, seine Motivatoren und die Teamrollen bestimmen, die jeder am
besten ausfüllt: Damit schaffen Sie sich eine solide Performance-Basis
für den letzten Umsetzungsteil.

Im vierten Teil geht es dann nämlich um die Magnet-Marketing-
Gesetze. Sie zeigen Ihnen, wie Sie Ihr Magnet-Marketing-Know-how
Schritt für Schritt in die Praxis umsetzen. Kapitel zwölf legt dar, wie
Sie Ihre Stammkundenbasis zur Festung ausbauen, und Kapitel drei-
zehn, wie Sie von da aus neue Zielgruppen und Märkte erobern.

Das letzte Kapitel weiht Sie in die Profi-Strategien amerikanischer
Netzwerk-Architekten ein und zeigt Ihnen, wie Sie mit dem geringsten
materiellen Aufwand das kommunikative Netz nutzen, um schnellstmöglich Ihre unternehmerischen Ziele zu erreichen. Also lassen Sie
uns starten! Die Zukunft wartet auf die, die ihr entgegengehen!

Starnberg, im September 2001   Alexander Christiani

Inhalt

Teil I:
Spielregeln für die Märkte der Zukunft

Kapitel 1:
Die sieben Trends des Kundenparadieses

Wann immer ich in den letzten anderthalb Jahren Gelegenheit hatte, Unternehmer, Manager oder Freiberufler zu den Spielregeln des »Neuen Verkaufens« zu befragen, habe ich natürlich unterschiedliche Antworten bekommen. So verschieden die Einschätzungen bei der Bewertung von Markt- und Techniktrends auch waren, so einig war sich die Mehrheit bei der Frage, was der Kunde vom Markt der Zukunft zu erwarten hat: »Der Markt der Zukunft ist ein Kundenparadies«, bekam ich unisono zur Antwort. »Der Kunde ist König, und er führt Regie«, hörte ich immer wieder. Schauen wir uns deshalb zunächst einmal die wichtigsten Trends der Produkt- und Dienstleistungsentwicklung an, auf die wir uns als Kunden freuen können.

Erster Trend: Der 24x7-Markt

Der Kunde hat in immer mehr Branchen heute immer öfter die Gelegenheit, seine Einkäufe 24 Stunden am Tag zu erledigen – und das an sieben Tagen in der Woche, Weihnachten und Ostern eingeschlossen.

Eingeleitet wurde die Entwicklung zum Einkauf außerhalb der Zeiten des Ladenschlußgesetzes durch das Aufkommen des Versandhandels: Wer von uns kennt nicht das Gefühl, abends oder am Wochenende bei einem Glas Wein gemütlich in einem Versandhauskatalog zu stöbern oder sich bei einem Fahrradhändler einen neuen Sitz fürs Rennrad zu bestellen? Spätestens seit es Teleshopping gibt, wissen wir alle von den rund um die Uhr besetzten Call-Centern, die nur darauf warten, unsere Bestellung und unsere Kreditkartennummer entgegenzunehmen.

Eine weitere Chance zum bequemen Einkaufen rund um die Uhr bot dann die Computertechnik, zum Beispiel mit der Einführung des Bankomaten: War es für Berufstätige bis dato ein Eiertanz, vor 16.30

Uhr beim freundlichen Kassierer von der Sparkasse Bargeld zu holen, erledigt dies endlich Kollege Computer rund um die Uhr.

Kaum hatten wir dann als Ferntouristen im globalen Dorf erkannt, daß Shoppen rund um die Uhr in weiten Teilen der Welt eine Selbstverständlichkeit ist, wurde unser Appetit auf mehr geweckt: Warum sollten nur Amerikaner abends um 23 Uhr entdecken dürfen, daß ihnen noch ham and eggs fürs Frühstück fehlen und sie dies sofort korrigieren können? Wäre es nicht schön, wenn wir je nach Lust und Laune schon vor der Arbeit ins Fitneßstudio gehen oder in unserer Lieblingsbuchhandlung bis abends um elf Uhr bei einer Tasse Kaffee nach Herzenslust schmökern könnten?

Tankstellen haben diesen Trend – und die entsprechende Lücke im Gesetz – schon vor Jahren erkannt und bieten uns mindestens das Angebot der amerikanischen seven-eleven-Märkte. Im Frankfurter Flughafen gibt es genauso umfangreiche Ausnahmegenehmigungen wie im Leipziger Bahnhof, für den der Ministerpräsident entschieden hat, daß so ziemlich jede Boutique dringenden Reisebedarf deckt.

Kurz gesagt: Gleichgültig, wie lange die Ewiggestrigen die letzten Reste des Ladenschlußgesetzes retten, wir Kunden sind auf den Geschmack gekommen: Und wenn wir 24 Stunden mal 7 Tage noch nicht überall direkt bekommen, dann wollen wir wenigstens das elektronische Schaufenster im Internet rund um die Uhr nutzen können. Als Unternehmer ergibt sich aus dieser Kundenerwartung für Sie die erste Frage:

Steht Ihr Unternehmen dem Kunden 24 Stunden lang 7 Tage in der Woche zur Verfügung?

Fragen Sie sich dabei auch:
• Welchen Standard hat unsere Branche?
• Welche Teile unseres Angebots sollten 24 Stunden mal 7 Tage zur Verfügung stehen?

In einigen Branchen ergibt sich der 24-Stunden-Service schon aus der Natur der Sache: Wenn Sie Notarzt, Inhaber eines Schlüsseldienstes oder einer Wach- und Schließgesellschaft sind, dann bieten Sie schon heute Ihren Kunden Dienstleistungen rund um die Uhr. In anderen Branchen legt der Kunde auf einen solch umfassenden Service vielleicht gar keinen Wert. Müssen Steuerberater wirklich für ihre Kunden ständig erreichbar sein? Oder Friseure, Gartenbauarchitekten und Landschaftsgärtner?

Interessant sind die Branchen, in denen der Kunde durch die zeitliche Ausweitung des Angebots einen echten Zusatznutzen hat: So braucht die Mehrheit der Autofahrer ihren Wagen tagsüber und parkt ihn nachts in der Garage. Autohändler, die ihren Kunden anbieten, die Inspektion im eigentlichen Wortsinne »über Nacht« durchzuführen, hätten hier die Nase vorn. Ein Bonner BMW-Händler, der seinen Kunden diesen Service bieten wollte, wurde vor einigen Jahren von seinen weniger kreativen Kollegen noch abgemahnt... Müssen Friseure wirklich um 18.00 Uhr schließen und alle Berufstätigen um 17.30 Uhr zu Sprintrennen zwingen?

Überlegen Sie einmal, wo Ihr Kunde durch ein 24x7-Konzept wirklich profitieren würde. Der für Sie und Ihre Kunden einfachste Weg, einen 24x7-Kontakt herzustellen, ist Ihr Internetauftritt. Auch dabei hilft eine differenzierende Betrachtung:

- Ist es für Ihre Kunden von Vorteil, wenn sie sich über Ihre Produkte und Dienstleistungen rund um die Uhr *informieren* können?
- Wie wichtig ist es für Ihre Kunden, sich rund um die Uhr *beraten* lassen zu können?
- Ist es für Ihre Kunden praktisch und hilfreich, Ihre Produkte und Dienstleistungen sofort *bestellen* zu können?

Großunternehmen geben hier zum Teil einen exzellenten Standard vor. Der Computerhersteller Bell beispielsweise hat für seine Kunden eine Beratungszentrale eingerichtet, die weltweite Anfragen beantwortet. Ob der Kunde englisch, spanisch oder mandarin spricht: In einer Konferenzschaltung mit dem AT&T-foreign-languages-Service wird sein Anliegen sofort geklärt.

Viele – vor allem kleine und mittelständische – Unternehmen zögern ihren Internetauftritt immer noch hinaus, weil sie in ihrer Branche hören, daß mit dem Internet noch immer kein Geld verdient wird. Dahinter steckt die Überlegung: Wenn ich im Internet nicht zum Abschluß komme, dann lohnt sich der ganze Aufwand nicht! Diese Überlegung greift jedoch zu kurz: Wer je die Gelegenheit hatte, sich in den letzten zwei Jahren beispielsweise mit Verkäufern von HiFi-Anlagen zu unterhalten, der weiß, wie dramatisch sich das Käuferverhalten verändert hat:

Von einem Wissensvorsprung des Verkäufers, der ihm früher Autorität und Akzeptanz verschaffte, kann heute keine Rede mehr sein. Der Kunde informiert sich im Internet ausführlich über die Vor-und Nachteile des von ihm ins Auge gefaßten CD-Players oder Notebooks und weiß über sein Wunschgerät dreimal mehr als der Experte, der das Gesamtangebot von mehreren Dutzend Produkten beherrschen soll.

> Die Entscheidung für oder gegen hochwertige Produkte fällt heute immer öfter auf Basis einer Internetrecherche – auch wenn der eigentliche Kauf anschließend noch »klassisch getätigt« wird.

Zweiter Trend: Überall

Kennen Sie das Marketinggeheimnis von Coca-Cola? Sicher gibt es viele Faktoren, die zum Welterfolg dieses Produktes beigetragen haben. Ein wichtiges Element ist die von Coca-Cola seit vielen Jahren verfolgte Strategie, daß Coke *überall* auf der Welt im Abstand von maximal 120 Metern angeboten werden soll. Ob diese Anekdote aus der Firmengeschichte nun stimmt oder nicht, Coca-Cola unternimmt immense Anstrengungen, um sein Getränk überall verfügbar zu machen. So hat die Firma beispielsweise in Japan 800.000 Getränkeautomaten mit Microchips ausgestattet, die einem Zentralrechner den Verbrauch in Realzeit melden. Das Kundendienstteam kann mit dieser beispielhaften Mikro-Marktsegmentierung so rechtzeitig nachfüllen, daß das »Überall-Prinzip« auch tatsächlich funktioniert.

Spätestens seit Sam Walton seine Wal-Mart-Märkte dank ausge-
klügelter Computer-Logistik überall dort gebaut hat, wo sich bislang
ein Supermarkt noch nicht rechnete, und damit ein Weltimperium schuf,
erwarten wir als Kunden, uns wichtige Produkte und Dienstleistungen
überall vorzufinden oder zumindest *von überall* ordern zu können.
Fragen Sie sich also:

Ist es sinnvoll, unsere Leistungen »überall« anzubieten?

Viele Bäckereien haben in den letzten Jahren das Prinzip kleiner »Shop-
in-Shop«-Backstuben kennen- und schätzengelernt: Wer in acht Su-
permärkten vertreten ist, also dahin geht, wo der Kunde schon ist, bekommt diesen Zusatznutzen auch honoriert!

Sorgen Sie also dafür, daß Ihre Produkte zumindest von überall –
und über möglichst viele Medien und Zugangswege – geordert werden
können: Wem beim Biwak in der Watzmann-Ostwand einfällt, daß die
Erbtante morgen Geburtstag hat, der ist erleichtert, wenn er über sein
WAP-Handy Blumen und Geschenke ordern kann. Und wer auf seiner
Geschäftsreise in die USA über dem Atlantik endlich einmal einige
Stunden in Ruhe arbeiten kann, hat ebenfalls Ideen, die er lieber heute
als morgen umsetzen würde. Ein Griff zum Satellitentelefon, eine kurze Recherche des Büros im Internet, und schon ist eine Investition un-
terwegs mit einer Technik, die vor 15 Jahren nur dem amerikanischen
Präsidenten in seiner Air Force One zugänglich war... Wie ernst das
Kriterium »überall« inzwischen genommen wird, zeigen etwa die Pläne der Lufthansa: Sie will bis zum Jahr 2003 80 Langstreckenmaschi-
nen mit dem Online-System Connexion von Boeing ausrüsten lassen.
Passagiere können dann an jedem Sitzplatz ihren Laptop einstöpseln
und nach Herzenslust für 15 bis 20 Euro pro Flug surfen. Die Firma
Boeing erwartet, im Geschäftsfeld »Internetzugang im Flugzeug« bis
2010 mehr als fünf Milliarden Euro Umsatz zu machen...[1]

---

[1] »Die Welt« vom 24.06.2001.

Dritter Trend: Lieferung sofort

»Ich will Genuß sofort«, heißt das Credo unserer ungeduldigen Spaß-
generation. Natürlich ist es nicht wirklich notwendig, daß wir unseren
neuen Notebook-Computer morgens um zwei Uhr bestellen und ihn
dann schon am selben Tag um zwölf Uhr mittags in Empfang nehmen
können. Denn bei gescheiter Planung ist niemand darauf angewiesen,
seinen Computer mit allen Spezifikationen innerhalb von Tagen oder
Stunden ins Haus geliefert zu bekommen. *Aber es macht Spaß.* Und
wenn Michael Dell uns diese Chance bietet, dann nutzen wir sie gern.
Wieviel emotionalen Wert wir der Chance beimessen, ein begehrtes
Produkt oder eine wichtige Dienstleistung sofort zu bekommen, zeigt
sich im Wirtschaftsleben überall:

Begehrte neue Automodelle, wie vor einiger Zeit der wiederbelebte
VW Beetle in den USA oder der aktuelle Porsche Turbo, werden mit
vielen tausend Dollar oder Euro Aufpreis angeboten – wirtschaftlich
sicher keine sinnvolle Entscheidung, denn die wenigsten dieser Auf-
preis-Zahler haben gerade heute einen Totalschaden hingelegt, der Sie
morgen zum U-Bahn-Fahren verdammen würde…

Toyota hat aus dem Kundenwunsch: »Ich will Genuß sofort!« schon
Konsequenzen gezogen und bietet in Japan seinen Kunden die Möglichkeit, das Montag bestellte Auto schon am Freitag ausgeliefert zu
erhalten.

> Wo würden Sie mit der schnelleren oder sofortigen Lieferung Ihrer
> Produkte und Dienstleistungen einen erheblichen Wettbewerbsvor-
> sprung gewinnen?

Ein Beispiel aus der Praxis: Meine Hausbank ist seit 20 Jahren eine
große deutsche Geschäftsbank in Mülheim an der Ruhr, bei der ich in
der persönlichen Betreuung einen sehr guten Service genieße. Die Bank
hat unser Trainingszentrum finanziert; den für mich zuständigen Kundenberater kenne und schätze ich seit Jahren, und der Bankdirektor ist
ein ehemaliger Seminarteilnehmer von mir. Eigentlich schwer vorstell-

bar, daß der Bank in einer so guten Kundenverbindung wegen einiger Sekunden längerer Lieferzeit die Gefahr droht, mein Aktiendepot zu verlieren...

Doch schauen wir uns das Ganze näher an: Wenn ich meinem Wertpapierspezialisten eine Kauf- oder Verkaufsorder mit Limit gebe, dann gibt er sie sofort weiter. Normalerweise sehe ich dann 48 Stunden später auf dem Kontoauszug, ob und zu welchen Konditionen das Geschäft abgewickelt wurde – nervig lange, wenn jede Woche mehrere Transaktionen anstehen. Inzwischen gibt es jedoch Internet-Broker, die ihre Kunden mit speziellen Börsenhandelsprogrammen über die aktuellen Konditionen in Realzeit informieren. Der Broker garantiert den angezeigten Kurs für zirka drei Sekunden. Klicke ich innerhalb dieser Zeit in das Feld »kaufen«, habe ich die Garantie, daß meine Order in Sekunden zu dem mir bekannten Preis durchgeführt wird – ein kleiner Unterschied im Service, der allerdings für alle, die wöchentlich mehrere Transaktionen durchführen, von großer praktischer Bedeutung ist.

Vierter Trend: Individuelle Lösungen

Vor hundert Jahren hatte nur derjenige einen Anzug, der sich auch einen Schneider leisten konnte. Anzüge waren zwar teuer, boten aber Qualität bei hervorragender Paßform. Dann begann das Zeitalter der industriellen Massenfertigung. Dreiteilige Schurwolle-Anzüge mit geklebtem Futter in Wollsiegelqualität für 249 DM mit Plastikknöpfen und Armlöchern, die für Maurerpoliere und Akademiker-Bohnenstangen gleich geeignet waren: Einerseits nicht schlecht, weil sich nun viele Menschen einen Anzug (oder sogar mehrere!) leisten konnten. Andererseits wiederum auch nicht zu prickelnd, wenn man an die Paßform-Kompromisse denkt. (Bei meinen Schultern reicht Größe 50, mein Bauch hätte lieber 54! Und so weiter...).

Durch die technischen Möglichkeiten, die in den letzten Jahren geschaffen worden sind, kommen wir jetzt in das Zeitalter der *individuellen Massenfertigung:*

Wenn Sie schon einmal in amerikanischen Vergnügungsparks waren, haben Sie sich vielleicht auch schon gefragt, wo einige der dort anzutreffenden, sehr wohlbeleibten Menschen ihre Garderobe herbekommen. Die Firma Levi's offeriert ihren Kunden beispielsweise das sogenannte »Personal Pairs«-Jeans-Programm. Das funktioniert so: Sie gehen in einen Levi's-Jeans-Shop und drehen dort vor einer Videokamera eine elegante Pirouette. Ein Computer scannt dabei ihre Maße ein und überträgt sie an einen Zentralrechner. Fünf Tage später bekommen Sie ihre maßgeschneiderten Jeans mit der Post ins Haus geschickt.

Englische Schuhe handgearbeitet in Londons Old Bond Street kosten zwischen 1700 und 2000 Euro. Die Firma »Digitoe« in den USA bietet ähnlich gute Paßform für 275 Dollar, also für rund 20 Prozent des englischen Originals. Anstatt eines hochqualifizierten Schuhmacher-Meisters steht Kollege Computer an der Werkbank. Daß Individualisierung noch preiswerter geht, zeigt die Firma Nike ab Oktober 2001 mit ihrem neuen Nike-ID-Service: Für zehn US$ extra erhält der Kunde die Möglichkeit, sich seine Sportschuhe im Internet nach Modell, Farben und Material (Kunstleder oder Schlangenhautnachbildung z.B.) im sogenannten »Ich-Design« selbst zusammenzustellen. Wenn er will, kann er sogar seinen Namen oder einen Slogan anbringen, vorausgesetzt, der Slogan ist kein »unangemessener Slang«, wie Nike ausdrücklich betont.[2]

Ein Kunde unseres Hauses, eine bekannte Bäckerei, nutzt individuelle Fertigungstechnologie für ihre innovativen Pralinen und Kuchen: Hier bekommt jeder Kunde seine Süßigkeiten mit Namen oder Firmenlogo bedruckt – eine Kundenbindungsidee, die dem Unternehmen seit Jahren einen riesig wachsenden Markt beschert.

> Wo erlaubt Ihnen der technische Fortschritt, Ihren Kunden maßgeschneiderte Produkte oder Dienstleistungen anzubieten?

---

[2] Dirk Nolde: Der Turnschuh aus dem Netz. »Die Welt« vom 06.08.2001, S. 1.

Individuelle und maßgeschneiderte Lösungen sind vor allem auf dem Dienstleistungssektor gefragt. Hier hilft moderne Software immer mehr, dem Kunden maßgeschneiderte Leistungen zu »Massenkonfektionspreisen« anzubieten. Computerspezialisten rechnen damit, daß die Technik der Expertenmodelle in wenigen Jahren so weit fortgeschritten sein wird, daß wir uns bei einer schwierigen Marketingfrage zu Philipp Kotler auf die Website klicken werden und uns der Experte dort anscheinend »live« alle Fragen beantwortet wird: Während das Konterfei des Gurus computeranimiert auf alle Fragen so reagiert, wie die Software es in Dutzenden Stunden Experten-Modelling von Philipp Kotler gelernt hat, sitzt der wahre Experte vielleicht auf Hawaii in der Sonne …[3]

Fünfter Trend: Intelligente Produkte

Daß sich das Automatikgetriebe unseres Autos dem Fahrstil seines Benutzers anpaßt, ist nicht neu: Wer ständig Vollgas gibt, merkt nach wenigen Schaltvorgängen, daß die Software auf »Sportfahren« umschaltet. Und wer die Telefonkarte von AT&T besitzt, hat vielleicht auch schon einmal nach zweitägigen Kurzreisen in die USA einen Kontrollanruf bekommen mit dem Hinweis, die Karte sei vor kurzem außerhalb ihres typischen Benutzerprofils verwendet worden.

Das On-Star-Programm von General Motors geht noch etwas weiter: Werden dort bei einem Unfall die Airbags ausgelöst, meldet ein Microchip diese Information an die Zentrale. Die fragt dann bei dem Fahrer auf dem Mobiltelefon nach, ob alles in Ordnung ist. Antwortet der nicht, wird sofort die Rettungsleitstelle benachrichtigt. Gerade das letzte Beispiel zeigt, daß Schritte zu »intelligenten« Produkten in manchen Fällen einen ganz erheblichen Kundennutzen bieten können.

[3] Daniel Burrus: Technotrends: 24 Technologien, die unser Leben verändern werden. 1. Aufl., Ueberreuter, Wien 1994.

Der Trend zu intelligenten Produkten wird sich ganz dramatisch weiter verstärken, wenn die nächste Microchip-Generation zum absoluten Pfennig- und Wegwerf-Artikel wird. Doch auch heute schon gibt es Branchen, die durch das Auftauchen intelligenter Produkte völlig neu erfunden werden.

Die Firma Otis beispielsweise, einer der weltweit führenden Aufzughersteller, operierte bis vor kurzem mit dem Geschäftsmodell: »Erst Aufzug verkaufen, dann Wartungsvertrag abschließen.« Mittlerweile baut Otis in jeden Aufzug einen Microchip ein, der Benutzungshäufigkeit, Teileverschleiß und Wartungsbedarf in Realzeit an eine Zentrale meldet. Diese koordiniert dann Serviceteams rund um die Uhr. Verkauft wird dem Kunden bei diesem Geschäftsmodell nur noch die »monatliche Beförderungsleistung mit Sicherheitsgarantie«. Mögen Juristen sich die Köpfe zerbrechen, welchem Vertragstyp im BGB diese Mischung von Produkt und Dienstleistung zuzurechnen ist, die Nachfrage bestätigt Otis, mit seinem innovativen Konzept richtig zu liegen: Wer will noch Aufzugeigentümer sein, wenn er nur die sichere Beförderungsleistung zu bezahlen braucht?

Ein weiteres Beispiel für intelligente Angebote sind Softwareprogramme, die das Wunschprofil des Kunden erfassen: Wer bei amazon.com oder barnesandnoble.com zwei Jahre lang seine Bücher bestellt – vom Eigenbedarf bis zum Geburtstagsgeschenk für die Oma –, dessen Lese-Interessenprofil und Bestellverhalten wird von Programmen wie Firefly oder Netperceptions so präzise erfaßt wie sein Fingerabdruck.

Nutzt amazon.com dann diesen Informationsschatz und unterbreitet mir Angebote, die exakt meinen Lese- und Bildungsinterressen entsprechen, dann bekomme ich als Leser einen erheblichen Mehrwert: Warum sollte ich mehrere Buchhändler bitten, mich auf alle Neuerscheinungen meines Fachgebietes aufmerksam zu machen, wenn Kollege Computer bei amazon.com an mich denkt? Und zwar mit einem Überblick und einer Präzision, die deutlich über dem liegt, was der Händler selbst tun könnte. Vor allem aber: Wenn ich nach und nach immer treffendere Empfehlungen bekomme, verspüre ich nur wenig

Drang, zur Konkurrenz zu gehen und mit deren »einfältigem« Computer nochmal bei Null anzufangen.

Wo könnten Sie Ihre Produkte und Dienstleistungen im Kundeninteresse »intelligenter« machen?

Ein letzter Gedanke zu »intelligenten« Produkten: Je stärker die Informationslawine über uns hereinbricht, um so größer unser Wunsch, all das herauszufiltern, was wir nicht brauchen. Nikolas Negroponte hat schon vor Jahren die elektronische Zeitung – das »Daily Me« – vorhergesehen, bei der wir nur noch die Informationen bekommen, die wir wirklich haben wollen.[4]

Individuelle Nachrichtendienste wie PointCast gehen in dieselbe Richtung. Was die elektronische Zeitung angeht, so glaube ich an sie etwa genauso stark wie an das elektronische Büro: Alle wissen, daß es viele Vorteile hat, aber unser Bauch hat noch nicht »Ja« gesagt. Dies ändert jedoch nichts an dem Grundgedanken, für unsere Kunden die Infolawine zu verringern und ihnen von uns aus nur das anzubieten, was sie wirklich interessiert. Wer seinen Kunden – wie CDnow zum Beispiel – E-Mails gezielt zu den Themen anbietet, die exakt ihrem Bedarf entsprechen, der bietet einen Zusatznutzen. Fragen Sie sich also:

Wie kann ich meinen Kunden mit intelligenten (Angebots-)Filtern Nutzen bieten?

Sechster Trend: Mehrwert durch Produkt- und Dienstleistungs-Kombinationen

Aus der Formel 1 sind uns die sogenannten »Bord-Kameras« geläufig, die für zusätzlichen Nervenkitzel sorgen. So können wir Michael Schumacher über die Schulter schauen, wenn er mit fast 300 km/h in Monte

---

[4] Nicholas Negroponte: Being Digital. Knopf, New York 1995.

Carlo in den Tunnel eintaucht. Diese Fernsehbilder sind nur ein kleiner Teil dessen, was während eines Formel-1-Rennens an die Box übertragen wird. Die Telemetrie liefert in Echtzeit in jeder Sekunde des Rennens riesige Datenmengen an die Box, die den Technikern bis ins letzte Detail Aufschluß über die mechanische und elektronische Gesundheit ihres Renners geben.

Moderne Pkw stehen Formel-1-Rennern kaum nach, wenn es um die Anzahl von Computern, Datenbussen und Chips geht, die heute in unsere Autos eingebaut werden: Ob Airbag, ABS oder Anti-Schleuder-Programme wie ESP, Bremsassistenten, Parksensoren oder das Navigationssystem: Der Trend zu immer mehr Chips pro Auto ist nicht aufzuhalten – weder bei Autos noch in anderen Produktkategorien (Technik-Trendforscher sehen zum Beispiel in der Computerisierung unserer Häuser in den nächsten 20 Jahren einen der größten Wachstumsmärkte überhaupt; was für ein Schlaraffenland, wenn man sich nur überlegt, wie viele Computerchips allein schon vom Platz her in ein Haus passen…).

Siebter Trend: Die Entwicklung des Gesamtmarkts

Transparenz

Obwohl unsere Volkswirtschaftler in ihren Modellen mehrheitlich mit der Grundannahme arbeiten, die Märkte seien transparent und der Verbraucher würde sich mit klarer Übersicht für das entscheiden, was ihn am meisten interessiert, wissen wir Normalverbraucher, daß diese Annahmen ziemlich realitätsfern sind.

Von der Börse abgesehen, gab es in der Vergangenheit kaum einen Markt, auf dem das Angebot transparent war. Da diese Intransparenz regelmäßig den Unternehmen nutzte, deren Angebote anderenfalls als zu teuer oder zu schlecht durchschaut worden wären, war es höchste Unternehmerpflicht, das eigene Angebot möglichst undurchschaubar und damit nicht vergleichbar zu machen.

Denken Sie zum Beispiel an die Versicherungsbranche: Deren Tarife bei Lebens- oder Krankenversicherungen sind seit je her so konzipiert, daß ein und dieselbe Leistung – zum Beispiel die Zahlung von 50.000 Euro im Todesfall – möglichst kompliziert verklausuliert wird.

Die Banken, deren Geldscheine sich auch nicht zu sehr voneinander unterscheiden, sind bei ihren Kreditbedingungen ähnlich geschickt: Neben Nominalzinsen, Agio, Verwaltungsgebühren, Bearbeitungskosten, Kontoführungsgebühren und besonderen Spesen haben sie sich so viele Verschleierungstaktiken einfallen lassen, daß der Gesetzgeber irgendwann zum Eingreifen gezwungen war. Seither müssen unsere Verschleierungskünstler bei Krediten wenigstens einheitlich den Effektivzins angeben.

Mit dem Mobilfunk-Boom kam eine weitere Branche bei dem gut überschaubaren Produkt Telefongespräche auf die Idee, den mündigen Verbraucher mit möglichst viel Tarif-Heck-Meck an der Nase herumzuführen.

Doch die Tage dieser Verschleierungskünstler sind gezählt, seit es das Internet gibt. Sie brauchen eine günstige Kondition für eine Hypothekenfinanzierung? Einen guten Tarif für eine private Krankenversicherung? Den besten Mobilfunktarif, wenn Sie in Deutschland wohnen und Ihr Lebensgefährte in der Schweiz und Sie zumeist nach 18.00 Uhr telefonieren? Alles kein Problem: Internetportale, die Konditionen und verdeckte Gebühren fein säuberlich in übersichtlichen Tabellen auflisten, gibt es inzwischen zuhauf. Auch der Autohändler, der Sie vor vier Jahren glauben machen wollte, das von ihm in Wuppertal angebotene weiße Golf-Cabrio sei das einzige seiner Art im ganzen Ruhrgebiet, hat heute schlechte Karten: zehn Minuten Recherche im Internet bringen Ihnen alle weißen Golf-Cabrios deutschlandweit auf den Bildschirm, und Sie erfahren, daß Ihr Traum vom weißen Cabrio um die Ecke in Bergisch-Gladbach für 1000 Euro weniger zu haben ist…

Die Märkte der Zukunft werden so transparent, wie die Börse es immer schon war.

»Verbraucher aller Länder, vereinigt Euch!«

Die Idee: »Gemeinsam sind wir stark«, hatten schon viele. Am pointiertesten formuliert wurde sie vielleicht im Aufruf von Karl Marx: »Proletarier aller Länder, vereinigt Euch.« Seitdem wir uns über das Internet weltweit zu Pfennigbeträgen vernetzen können, machen davon viele Interessengemeinschaften Gebrauch. Linke Chaoten und rechte Gewaltbereite nutzen zum Verdruß des Staatsschutzes das Netz genauso wie Bienenzüchter, Brieftaubenfreunde oder Adrenalinfreaks, die ihre Ideen zum ungenehmigten Bungee-Jumping in Neuseeland austauschen. So konnte es nicht ausbleiben, daß irgendein findiger Interessent für einen Palm-Organizer herausfand, daß die Firma ab zehn Rechnern einen interessanten Großabnehmer-Rabatt gewährt. Nachdem er über seine Website die übrigen neun Interessenten gefunden hatte, bekamen alle zehn die Großabnehmerkondition. Ein ewig vorgestriges Oberlandesgericht sah darin genauso einen Wettbewerbsverstoß wie die Firma Palm, weshalb die Rechnung letzten Endes noch nicht aufging... Auch wenn vereinzelte Entscheidungen wie diese die Entwicklung etwas bremsen sollten, aufzuhalten ist sie nicht:

Der Verbraucher wird seine Nachfrage immer öfter bündeln und damit aus der Position von Nachfragemacht heraus verhandeln.

Das globale Dorf kommt

Alle reden vom globalen Dorf, und tatsächlich: Langsam, aber sicher wächst die Welt zusammen. Autohersteller verkaufen ihre Modelle innerhalb der EG zwischen Portugal und Schweden immer noch mit vielen tausend Euro Preisunterschied. Sie bekämpfen nach wie vor den grauen Markt der Re-Importe und lassen sich auch durch hunderte Millionen Euro Strafgelder aus Brüssel nicht beirren. Zöllner nehmen nach wie vor deutschen Touristen an der Holländischen Grenze Vitamine ab, die für die Gesundheit von Niederländern unbedenklich sind, aber bei uns Deutschen schweren Schaden anrichten. Und deutsche Gewerkschafter glauben nach wie vor, eine deutsche Arbeiterstunde dürfe – kaufkraft- und produktivitätsbereinigt – ruhig doppelt so viel kosten wie in Großbritannien.

Wie die Beispiele zeigen, ist es mit einem einheitlichen Marktgedanken noch nicht so weit her: Wir Deutschen diskutieren über heimische Atomkraftwerke, als würde die Radioaktivität bei einem GAU in Tschechien uns zuliebe an der Grenze haltmachen. Auch unsere Gen-Technik-Debatte geht implizit davon aus, daß es ziemlich egal sei, welche Möglichkeiten zur Embryonen-Forschung 20 km jenseits von Aachen bestehen. Doch all das kann nicht darüber hinwegtäuschen, daß der Trend in eine andere Richtung weist:

Die Welt wächst immer mehr zusammen, und mit ihr der Druck zu einheitlichen Standards!

Wenn uns Dolmetscherdienste in Deutschland zu teuer sind, wer sollte uns hindern, unseren Text über das Internet zur Bearbeitung nach Singapur zu schicken? Ob Sekretariatsleistungen, Buchhaltung oder jede andere Art von Office-Arbeit: Wie lange werden wir als Kunden brauchen, um zu begreifen, daß »mobiles Büro« nicht nur heißt, daß wir mit unserem Laptop auf der Wiese sitzen? Es bedeutet auch, daß in Asien – zum Beispiel in den Tiger-Staaten – Millionen top-ausgebildete junge Menschen mit ihren Laptops ebenfalls auf der Wiese sitzen:

Menschen werden Informationsgüter weltweit da einkaufen, wo es am günstigsten ist.

Vielleicht jubiliert jetzt Ihr Kundenherz, und Sie sagen: »Jawohl, das Schlaraffenland ist noch nicht da, aber es steht kurz vor der Tür.« Wenn Sie jedoch nicht nur durch die Kundenbrille schauen, sondern sich auch fragen: »Was bedeuten diese Trends für mich als Unternehmer?«, dann wird Ihnen möglicherweise etwas unwohl:

• Wenn die Märkte wirklich in wenigen Jahren transparent sind: Wird man Ihnen als Marktführer die Produkte aus den Händen reißen? Oder sind Sie einer der »me-too-Anbieter«, die dann unter »ferner liefen« gehandelt werden? Oder wissen Sie heute schon, wo Sie schlechter sind als die Konkurrenz und brauchen nur noch darauf zu warten, daß der Markt Sie aussortiert?

• Wenn Verbraucher Ihre Marktmacht bündeln: Berührt dies Ihre Branche so wenig wie den berühmten Herzchirurgen, dessen Warteliste von elf Monaten auf achtzehn Monate wächst, wenn ihn noch mehr Menschen kennenlernen? Oder würde es Ihnen gehen wie British Airways oder der Deutschen Lufthansa, die auf einmal den Chef-Einkäufern von Vielflieger-Portalen gegenüberstehen, die jede Woche tausende Tickets für die Nordatlantik-Route nachfragen?

• Wenn Kunden da einkaufen, wo es weltweit am günstigsten ist: Werden Sie in Ihrer Apotheke nach wie vor für Aspirin das Fünffache dessen bezahlen, was die aus Holland liefernde Internet-Apotheke inklusive Versand berechnet?

Wenn die letzten Fragen Sie nachdenklich gemacht haben, dann freuen Sie sich auf die Perspektiven, die das nächste Kapitel Ihnen anbietet. Vorher gibt's allerdings noch einen weiteren wichtigen Punkt zu berücksichtigen.

Kundenerwartungen kennen nur eine Entwicklungsrichtung: Immer weiter steigend

Wenn Sie Ihren Kunden zu Weihnachten einen tollen Bildkalender schenken, dann freut sich Ihr Kunde sehr – im ersten Jahr. Im zweiten Jahr freut er sich ein bißchen, und im dritten denkt er: Denen fällt auch nichts Neues mehr ein.

Wer als Friseur seinen Kunden zur Überbrückung der Wartezeit im Winter einen heißen Kaffee angeboten hat, der sollte im Frühjahr besser dabei bleiben, wenn er den Eindruck vermeiden will: Der hat's wohl nicht mehr nötig.

Unsere Extrameile von heute ist der Stammkundenstandard von morgen.

Wann immer wir unseren Service verbessern, sollten wir daran denken, daß unsere Kunden alle Schnell-Lerner sind, wenn es um ihren Komfort geht. Die Spirale des »Immer-noch-eins-drauf-Setzens« wäre natürlich viel besser beherrschbar, wenn sie allein unserer Kontrolle unterliegen würde. Doch das ist leider nicht so: Besucht der Kunde im Urlaub einen anderen Friseur und bietet der neben Espresso wahlweise ein Gläschen Sekt, dann fragt sich unser Kunde zurecht: »Ja, bin ich als treuer Stammkunde meinem Haarstylisten diese kleine Aufmerksamkeit nicht wert?«

Die Extrameilen unserer Mitbewerber bestimmen ebenfalls den Standard von morgen.

Leider machen schnell lernende Kunden auch nicht vor Branchengrenzen halt, wenn es um ihren Nutzen geht: So nehmen berufliche Vielflieger gerne zur Kenntnis, daß die »Express-Desks« der Autovermieter inzwischen sehr gut funktionieren. Wer bei Sixt einen Mietwagen bestellt, kann sich zum Beispiel eine Codenummer geben lassen und den Wagenschlüssel unter Umgehung aller Warteschlangen direkt an einem Schlüsseltresor abholen.

Wenn Autovermieter so etwas können, dann wundert sich der streßgeplagte Geschäftsmann nachts um halb zwölf an der Hilton-Rezeption natürlich, warum er als dritter in der Reihe 20 Minuten für das Einchecken braucht. Die naheliegende Frage ist: Wann werden Hotels die guten Ideen der Autovermieter beim Einchecken übernehmen? Schließlich ist das Hotelzimmerbusiness nicht so viel komplizierter als das Autogeschäft: Nur wenige Gäste wollen ihr Hotelzimmer in München am nächsten Morgen in Leipzig zurückgeben (und noch weniger dürften planen, ihr Doppelzimmer nach Polen zu entführen!).

Da Hoteliers ständig überlegen, ob sie zur Kundenbindung als Betthupferl besser Gummibärchen oder Mozartkugeln einsetzen, vielleicht noch eine Idee: Wie wäre es, wenn man als Gast ein Hotelzimmer, das man für einen ganzen Tag bezahlt, auch tatsächlich einen Tag lang nutzen könnte? Wer also um Mitternacht eintrifft, würde nicht morgens um 10 Uhr aus seinem Zimmer gedrängelt, sondern könnte es den ganzen Tag über für Besprechungen und Meetings nutzen. Vielen Geschäftsleuten leuchtet diese Innovation sofort ein – den meisten Hoteliers dagegen nicht, weil das unter anderem den Einsatzplan für die Zimmermädchen mächtig komplizieren würde. Auch hier, glaube ich, ist das Geschäft der Hoteliers logistisch nicht anspruchsvoller als das der großen Autovermieter: Die Anzahl der Hotelzimmer variiert täglich weniger als die Zahl der bei der Vermietstation eingehenden Autos. Typischerweise werden Hotelzimmer auch nicht durch Schneematsch oder über Forstwege gequält, so daß auch der Reinigungsaufwand besser kalkuliert werden kann…

Die Extrameilen anderer Branchen beeinflussen ebenfalls den Standard unserer Branche.

Kapitel 2:
Die Märkte von morgen – Unternehmerhölle oder Unternehmerhimmel?

Gefahren in der Wirtschaft von morgen

Es braucht nicht viel Phantasie, um sich die Welt von morgen als Unternehmerhölle vorzustellen: Das Märchen von der Technik, die Arbeitsplätze vernichtet und uns alle fertigmacht, haben wir alle von Deutschlands Schwarzsehern gelernt:

- Wissen Sie noch, wie die Schallplattenindustrie in einem Jahr ratzfatz von der Compact Disc pulverisiert wurde?
- Kennen Sie noch die Encyclopaedia Britannica, den Großen Brockhaus oder die Bertelsmann Lexikothek? 24 edle Bände – das Wissen der Menschheit repräsentativ gebunden zwischen zwei Kuhhäuten – und alles in wenigen Jahren pulverisiert von der CD-ROM?
- Fotogeschäfte sind seit hundert Jahren ein gut funktionierendes Business. Durch den Fortschritt der Technik werden nun tausende kleine Unternehmer bedroht, weil Rentner sich erdreisten, die Fotos ihrer Enkel auf dem PC anzuschauen und auszudrucken.
- Die ehrwürdige Branche der Steuerberater: Auch wenn die meisten ihre Mandanten mehr im nachhinein steuerlich verwaltet, als im vorhinein konzeptionell beraten haben: Verdient es Ihre Arbeit wirklich, in wenigen Jahren durch Steuerverwaltungsprogramme aus dem Kaufhof für 69 Euro ersetzt zu werden?
- Die gute alte Tageszeitung: Natürlich nutzt sie seit Jahren ihre Monopolstellung als Vermittler zwischen Dutzenden Journalisten und vielen tausend Lesern. Aber hat sie es deshalb verdient, ihre Lizenz zum Gelddrucken mit Kleinanzeigen ans Internet zu verlieren und durch den Verlust dieser »Cash-Cow« vielleicht sogar in ihrer Existenz bedroht zu sein?
- Oder der Börsenliebling SAP: Hasso Plattner und sein Team – eines der wenigen Unternehmen, auf das wir Deutschen so stolz sein kön-

nen, weil wir wenigstens hier in der New Economy den Amerikanern zeigen, wo es langgeht. Ist es fair, daß dieses Top-Unternehmen, dessen R/3-Software tausende Unternehmen installiert haben, um eine Verbindung mit Kunden und Lieferanten herzustellen, innerhalb weniger Monate einen der interessantesten Softwaremärkte der Zukunft verloren hat?[5] (Als Unternehmen begannen, das Internet zu nutzen, um solche Kunden- und Lieferantenverbindungen herzustellen, zogen in wenigen Monaten Ariba, e2-Technologies, Siebel Systems und einige andere B2B-Profis an SAP vorbei.)

All diese und viele ähnliche Entwicklungen treffen rechtschaffene Unternehmer, die konsequent und hart arbeiten, nichts wirklich falsch machen und trotzdem innerhalb kürzester Zeit den Teppich unter den Füßen weggezogen bekommen:

Wenn die Märkte von heute einer regennassen Straße ähneln, dann sind die von morgen spiegelblankes Eis.
Wer dann noch immer mit Ledersohlen unterwegs ist, wird auf die Nase fallen.

Die Frage ist übrigens nicht, ob Ledersohlen auf Glatteis fair sind oder nicht. Die Frage ist lediglich, ob Ledersohlen auf Glatteis eine clevere Fußbekleidung darstellen.

Wer bei Glatteis als erster auf Schlittschuhe umstellt, kann um Ledersohlenträger Pirouetten drehen!

Soll heißen: Beim Wechsel von Regen auf Glatteis hilft es wenig, dem vergangenen Sonnenschein nachzutrauern. Es ist völlig unbestritten, daß Glatteis ziemlich frostig und kalt ist. Man kann auch fürchterlich aufs Gesicht fallen, sich sogar alle Knochen brechen; die Frage ist

---

[5] Vgl. Gary Hamel: Das revolutionäre Unternehmen. Econ, München 2000, S. 17.

R . J .

nur: Garantiert dies ein Maximum an Winterfreuden? Man könnte natürlich auch Schlittschuhe kaufen und Eisschnellauf lernen: mühelos
mit weit ausholenden Schritten die schnellsten Jogger hinter sich lassen. Oder wir könnten Eiskunstlaufen lernen und Kollegen mit einem
Doppel-, Dreifach- oder gar Vierfachaxel beeindrucken. Wir könnten
das Tempo genießen, den Rausch der Geschwindigkeit, die Querbe-
schleunigung in der Kurve, den Rhythmus und die Eleganz des mühe-
losen Gleitens… Ja, Glatteis ist etwas Feines, wenn man es zu nutzen
weiß.

Die Chancen von morgen

Die Frage ist also: Wie kriegen wir Spaß an den Glatteis-Märkten der
Zukunft? Was sind unsere Schlittschuhe, und wie lernen wir, mit ihnen
umzugehen? Die Antwort lautet:

> Verabschieden Sie sich von dem Vorurteil, daß Technik bedrohlich
> sei.

Ledersohlenträger glauben: Technischer Fortschritt vernichtet Arbeitsplätze. – Schlittschuhläufer wissen: Technischer Fortschritt hat in den
letzten 50 Jahren 90 Prozent aller Arbeitsplätze geschaffen.

Ledersohlenträger glauben: Wir haben ein Arbeitslosigkeitsproblem.
– Schlittschuhläufer wissen: Wir haben Lernprobleme.

Ledersohlenträger glauben: Technik wird immer mehr Arbeitsplätze
vernichten und unsere Gesellschaft immer stärker bedrohen. – Schlittschuhläufer wissen: Neue Technik schafft täglich neue Wachstumschancen für uns alle (und das Bruttosozialprodukt).

Wenn Sie sich von einem Ledersohlenträger zu einem Schlittschuhläufer wandeln wollen, der die Chancen der Zukunft erkennt und für
sich nutzt, dann müssen Sie einigen Ballast abwerfen, den man Ihnen
in der Schule beigebracht hat:

Paul Zane Pilzer, Professor an der New York University und jüngster Vice President von City Bank, erörtert in seinem lesenswerten Buch »God wants you to be rich«[6] ausführlich, warum unser wirtschaftswissenschaftliches Know-how Parallelen zur frühen Astronomie aufweist. Die ersten Astronomen definierten mit Aristoteles Astronomie als die Wissenschaft vom Laufe der beweglichen Gestirne um eine feststehende Erde. Dieser Ansatz wurde 450 Jahre später von Ptolemäus im Fine-Tuning in einen Mathematischen Kalender gebracht. So falsch dieses Weltbild im Ansatz auch war, es bestimmte das Leben in der zivilisierten Welt in den nächsten 1800 Jahren. Schließlich entsprach es sehr gut der Welt unserer fünf Sinne, zumindest oberflächlich: Daß es alle hundert Jahre im Juli schneite, störte zunächst mal niemanden, weil der jeweilige Papst den Kalender daraufhin um sechs Monate zurückstellte. Bevor Nikolas Kopernikus und Galileo Galilei das ptolemäische Weltbild über Bord warfen, wurden Wissenschaftler 1600 Jahre lang schon *durch die Definition ihres Forschungszweiges* – das Studium der Himmelskörper, wie sie sich um die Erde drehen – in die Irre geführt.

In ähnlicher Weise neigen Wirtschaftswissenschaftler zu einer Tunnelsicht, wenn sie Ökonomie definieren als die *»Wissenschaft vom Umgang mit knappen Ressourcen«*.[7]

Von diesem Standpunkt aus kommt man leicht zu dem Ergebnis, daß der Reichtum eines Landes bestimmt wird durch seinen Reichtum an Rohstoffen (Land, Öl, Gas, Gold, Mineralien usw.). Dahinter steckt dann die Basisprämisse, daß alle diese natürlichen Rohstoffe endlich sind. Und wenn Rohstoffe knapp und begrenzt sind, dann müssen wir – durch diese Knappheitsbrille gesehen – uns natürlich darum schlagen, unseren »fairen« Anteil an den Gütern dieser Welt zu bekommen: Die theoretische Basis für Kriege, Revolutionen, Kolonialisierung und viele andere Strategien, um »unsere berechtigten Interessen« wahrzunehmen.

---

6 Paul Zane Pilzer: God wants you to be rich. Simon & Schuster, New York 1995, S. 25ff.

7 Paul Samuelson/William D. Nordhaus: Economics. 12. Aufl., McGraw-Hill, New York 1985, S. 4.

Führende Ökonomen haben inzwischen bemerkt, daß das uns in der Schule vermittelte kleine Einmaleins der Ökonomie massive Mängel aufweist: Vor der Steinzeit – also bevor wir über die Technik verfügten, Steine zu bearbeiten – waren Steine kein ökonomisch interessantes Gut. Vor der Eisenzeit war Eisen ebenfalls nichts wert. Und bis zum vorletzten Jahrhundert war Erdöl eine schwarze, klebrige Masse, die jeder zum Teufel wünschte. Diese Beispiele zeigen:

> Unser technisches Know-how entscheidet darüber, was überhaupt ein Rohstoff ist.

Unsere technische Entwicklung hat deswegen über Jahrtausende die Definition dessen verändert, was wir als Rohstoff ansehen.

Wohin das Knappheitsparadigma auch die brillantesten Köpfe führen kann, zeigt die damals vielbeachtete Studie des Club of Rome, einer Vereinigung von renommierten Wissenschaftlern, Ökonomen, Soziologen und Unternehmern aus 25 Ländern. Sie kam mit ihrer Untersuchung »Die Grenzen des Wachstums« 1972 zu der Erkenntnis, daß bei zwei Prozent Bevölkerungswachstum und sieben Prozent jährlicher Produktivitätssteigerung die meisten natürlichen Ressourcen vor dem Jahr 2100 erschöpft sein würden.

Konkrete Vorhersagen des Club of Rome waren unter anderem, daß die Goldreserven der Welt bis 1983 erschöpft sein werden, die Quecksilberreserven bis 1985, Zink bis 1995, Erdöl bis 2003, Gas bis 2010.[8]

Interessanterweise ging der Welt dann doch nicht die Puste aus: Bis 1992 wurden 50 Prozent mehr Rohstoffe entdeckt, als der Club of Rome 1972 angenommen hatte – ein Ergebnis, das nach Ansicht renommierter Forscher in naher Zukunft um weitere 200 Prozent gesteigert werden kann. »Öldorado 2001«, eine Studie des weltgrößten Ölkonzerns Exxon-Mobil zu den Ölreserven der Welt, die im Juni 2001 der Öffent-

---

[8] Dennis Meadows: Die Grenzen des Wachstums. DVA, Stuttgart 1972, S. 52 und 54; Ronald Bailey/Bruce N. Ames: Raining in their Hearts. National Review, Dez. 1992, S. 32.

lichkeit vorgestellt wurde, kommt zu folgendem Ergebnis: Allein im Jahr 2001 wurde 50mal mehr Öl entdeckt, als zusätzlich verbraucht wurde. Während die weltweiten Ölreserven 1985 auf 95.510 Millionen Tonnen geschätzt wurden, liegen sie derzeit bei 139.704 Millionen Tonnen – ein Kontingent, das in den nächsten Jahren nach Expertenangaben durch neue Fördertechnologien noch deutlich aufgestockt werden wird.[9]

Der technische Fortschritt verhalf uns vom Vergaser zur Benzineinspritzung und verdoppelte damit unsere Kilometereffizienz. Aktuelle Schätzungen gehen davon aus, daß die Erdölreserven, deren Ende für 1992 vorhergesagt worden war, noch für weitere 90 Jahre reichen...

Damit wir uns recht verstehen: Völlig davon abgesehen, ob unsere Erdölreserven noch 20, 50 oder gar 100 Jahre reichen sollten, halte ich es in jedem Fall für verantwortungslos und allen nachfolgenden Generationen gegenüber für verwerflich, fossile Brennstoffe in wenigen Generationen zu verheizen, die für unsere Erde noch Jahrhunderttausende von Wert sein können. Der Punkt, um den es hier geht, ist ein anderer: Natürliche Rohstoffe waren und sind in der Menschheitsgeschichte schon immer im Überfluß vorhanden gewesen, weil Menschen in jeder Rohstoffkrise gelernt haben, mit Kreativität und Innovation neue Materialien als Rohstoffe zu nutzen.

Ein Beispiel für eine Krisensituation, in der unsere Innovationskraft gefordert war und an die sich viele noch erinnern werden, ergab sich im Golfkrieg 1991: Da Saddam Hussein gegen die Übermacht der Alliierten wenig ausrichten konnte, beschloß er, sich wenigstens an der Umwelt zu rächen, und setzte Dutzende Ölquellen in Brand. Eine Fläche von mehreren hundert Quadratkilometern brannte lichterloh, und die Rauchschwaden verdunkelten das Sonnenlicht über weiten Landesteilen so sehr, daß Experten über eine Klimakatastrophe spekulierten.

Erste Schätzungen gingen damals davon aus, daß es mit den bekannten Feuerlöschmethoden des Texaners Red Adair mindestens an-

---

[9] Ölfirmen stoßen in neue Felder vor. »Die Welt« vom 30.05.2001, S. 12.

derthalb Jahre dauern würde, bis alle Brände gelöscht wären – ein Zeitraum, in dem sogar eine Bedrohung des Weltklimas möglich erschien.

Kaum war menschlicher Erfindungsgeist gefordert, war er auch in Form nordeuropäischer Spezialisten zur Stelle: Profis aus Deutschland und Schweden entwickelten neue Löschverfahren, und nach rund drei Monaten war Saddams Feuerteufelei vorbei. Innovationen zur rechten Zeit sind nicht die Ausnahme, sondern *seit Jahrtausenden die Regel* – eine Erkenntnis, die wir den Arbeiten mehrerer Wissenschaftler verdanken:

- Charles Maurice und Charles W. Smithson[10] haben sich die Mühe gemacht, die letzten zehntausend Jahre von der Steinzeit bis heute auf Ressourcenkrisen zu analysieren. Ihr Ergebnis: In jeder Krise haben es Menschen geschafft, ihre Technik weiterzuentwickeln und bislang wertlose Substanzen zu Rohstoffen zu machen.
- Harald J. Barrnett und Chandler Morse haben in »Scarcity and Growth«[11] schon 1963 nachgewiesen, daß die Rohstoffpreise ständig gefallen sind und die Kaufkraft pro Arbeitsstunde sich kontinuierlich erhöht hat.
- Julian Simon schreibt in »The Ultimate Ressource« 1981 simpel: *Unsere natürlichen Ressourcen sind nicht endlich – dank unserer gottgegebenen Innovationskraft, Ressourcen zu erschaffen.*

Die Wirtschaft der Alchemie

Zwanzig Jahre später können wir über die Erkenntnisse von Simon sogar hinausgehen: Die Chancen stehen gut, daß das 21. Jahrhundert einmal in die Wirtschaftsgeschichte eingehen wird als das erste Jahrhundert der Alchemie. Der Traum der Alchimisten – hervorragender

---

[10] Zitiert nach Pilzer, a.a.O., S. 54.
[11] Zitiert nach John Tierney: Betting the Planet. The New York Times Magazine, 2. Dez. 1990, S. 76.

Forscher übrigens, die zu weiten Teilen unsere Naturwissenschaften begründet haben – war ja bekanntlich, ein Verfahren zu entwickeln, mit dem man aus wertlosen Rohstoffen Gold herstellen könne.

Wie schon diese Vision zeigt, waren die Alchimisten in Ökonomie nicht sehr bewandert: Hätten sie nämlich tatsächlich einen Weg gefunden, um aus Dreck Gold zu machen, *wäre Gold anschließend so wertlos gewesen wie Dreck.* Daß der Traum der Alchimisten im ursprünglichen Sinn schon einige Jahre realisiert ist, zeigt ein Blick nach Silicon Valley: Dort werden schon seit längerem Microchips hergestellt, die mehr wert sind als ihr Gewicht in Gold.

Für uns viel wichtiger ist jedoch, daß in der neuen Wirtschaft der Traum der Alchimisten für jeden von uns in Erfüllung geht: Unsere Wirtschaftsentwicklung ist nämlich so weit, daß heute *die Mehrheit der ökonomischen Werte mit Ressourcen geschaffen wird, die niemals zu Ende gehen, weil wir Menschen sie im Kopf immer neu erfinden.* Diese Welt nenne ich die »World of G.I.V.E,« – eine Welt, in der wir zuerst geben müssen, bevor wir nehmen können.

Wir werden uns diesen Ressourcen der Zukunft näher zuwenden und zeigen, daß die Wirtschaft von morgen immer weniger Werte mit natürlichen Ressourcen schafft und Werte immer öfter mit kulturellen – von Menschen geschaffenen – Ressourcen produziert werden. Zuvor müssen wir allerdings noch ein anderes Vorurteil aus dem Weg räumen, nämlich: *»Technischer Fortschritt vernichtet Arbeitsplätze«.*

Diese These ist auf den ersten Blick genauso augenscheinlich wahr wie unsere Beobachtung an einem sonnigen Tag, daß sich die Sonne um die Erde dreht: Kommt Kollege Computer mit toller Buchhaltungssoftware, werden drei Arbeitsplätze in der Buchhaltung frei. Gibt es den neuen Minibagger, haben zwei Bauarbeiter mit Schaufel ausgedient... Wer je mit Gewerkschaftlern, Betriebsräten oder Arbeitsrichtern geplaudert hat, weiß, wie hartnäckig dieser Eindruck das Weltbild vieler Menschen bestimmt.

Deshalb zur Aufklärung ein möglichst simples Beispiel: Stellen Sie sich eine Südseeinsel vor, auf der zehn Ureinwohnerfamilien leben. Jeden Morgen schwimmen die Väter hinaus ins Meer, um mit bloßen

Händen einen Fisch zu fangen. Nach langen Zehn- oder Zwölf-Stunden-Tagen kommen sie dann stolz zurück und präsentieren ihren Familien einen Fisch, den die Mutter zum Abendessen präpariert. Eines Abends stellen zwei Eingeborene fest, daß das Fischen mit bloßen Händen vor allem deshalb so mühevoll ist, weil erstens ihre Hände so klein und zweitens Fische so glitschig sind. Sie überlegen gemeinsam am Lagerfeuer und haben eine gigantische Idee: Sie erfinden das Fischernetz, knüpfen spätabends eines aus Lianen, schwimmen vor Sonnenaufgang ins Meer, fangen zehn Fische und präsentieren sie ihren Stammesgenossen zum Frühstück. Testfrage: Wie werden die Stammesgenossen reagieren?

a) Typisch deutsch: die Fischer mit Netz werden mit Sozialneid und dem Titel »Ausbeuter der Meere« bedacht. Die Einkommensteuer wird auf 53 Prozent festgelegt. Dazu Solidaritätszuschlag plus Mehrwertsteuer, Sektsteuer und Tabaksteuer. Die acht Fischer ohne Netz melden sich arbeitslos und werden vom ganzen Stamm bemitleidet. Es wird das »No-boat-Gesetz« verabschiedet, damit durch weitere Innovationen nicht alle arbeitslos werden.

b) Normal: Alle freuen sich, weil das gleiche Bruttosozialprodukt von zehn Fischen mit weniger Man-Power erreicht wird. Der Stamm entwickelt sich weiter: Einer der acht bisherigen Fischer wird Lehrer, ein anderer Strohhüttenarchitekt, ein dritter Medizinmann, der nächste Pfarrer, einer Polizist…

Damit auch hier kein Mißverständnis aufkommt: Natürlich ist es tragisch, wenn ein 45jähriger Familienvater seine Arbeit als Bergmann verliert und er nichts anderes als Bergmann gelernt hat.

Noch viel tragischer ist, *daß unsere Gesellschaft diesem Mann nicht zutraut, in zwei Jahren einen neuen Job als Computerprofi zu erlernen.* Wir halten es für normal, daß unsere Kinder bereits mit 13 Jahren echte Computerprofis sind, obwohl sie ihr Know-how nur spielerisch mit einer Stunde Computerspiel pro Tag erworben haben – neben der Schule, ihren Hausaufgaben und dem täglichen Fußballspiel. Wir wundern uns noch nicht einmal, daß sie mit ihrer Mini-Ausbildung zum Teil mehr

Ahnung als ihre Computerprofi-Väter haben. Aber den 45jährigen Bergmann rechnen wir zum alten Eisen und geben ihm keine Chance. Das
ist unser eigentliches Problem:

> **Wir haben in erster Linie kein Arbeitslosigkeitsproblem, sondern ein
> Lernproblem.**

Vielleicht denken Sie jetzt: ›Mit 45 kann man noch umdenken! Aber
was ist mit dem 55jährigen, der eine Technikphobie hat und noch nicht
einmal seinen Videorecorder bedienen kann?‹.

Eine Untersuchung von Roland Berger und Partner zeigt folgendes:
Wenn wir in Deutschland genauso viele Dienstleister beschäftigen
würden wie die USA, würden wir zusätzlich 3,8 bis 4,2 Millionen
Arbeitsplätze schaffen. Vielleicht entspricht es nicht dem Talent eines
55jährigen Bergmannes, EDV-Fachmann zu werden; aber was spricht
dagegen, daß er einen der Berufe erlernt, die wir alle dringend brauchen?

- Zum Beispiel Dienstleister, die unsere Kinder bei den Hausaufgaben
  unterstützen und damit die Nische zwischen Babysitter und Nachhilfe-
  lehrer schließen. (Eine Kollegin meinte zu diesem Beispiel, Haus-
  aufgabencoach sei für einen Bergmann ein unmännlicher Beruf, mit
  dem er sich kaum identifizieren könne. Gut, daß unsere Grundschul-
  und Gymnasiallehrer die Ausbildung unserer Kinder und Jugend-
  lichen mehrheitlich nicht für einen Weichei-Job halten…)
- Professionelle Geschäftsbesorger für Privathaushalte, die uns all die
  Aufgaben und Behördengänge abnehmen, mit denen uns die Büro-
  kraten dieser Welt die Zeit stehlen.
- Und last but not least: Der neue Beruf des Videorecorder-Testers:
  Wenn 90 Prozent aller Erwachsenen zugeben, daß sie außer Start,
  Stop und schnellem Rücklauf nichts von ihrem Videorecorder verstehen, dann wird es Zeit, daß wir unseren Ingenieuren auf die Fin-
  ger schauen. Wie wäre es mit einer DIN-Norm für Videorecorder,
  Handys und andere Gebrauchselektronik: Wenn die Gerätebedienung
  nicht in zwei Minuten von Normalverbrauchern intuitiv gelernt wer-

den kann, dann gibt es keine Zulassung; wenn die neue Mercedes-S-Klasse mit Bedienungshandbüchern von über 850 Seiten ausgeliefert wird, dann sollte uns das als Warnung und Chance dienen: Es gibt noch viel Raum für kundenfreundliches Denken und die Entwicklung kundenfreundlicher Technik.

Fassen wir also zusammen. In der Welt des technischen Fortschritts gilt:

Neue Arbeitslosigkeit ist das erste Anzeichen von Wirtschaftswachstum!

Warum ist dies so?

1. Arbeitslosigkeit ist heute in den meisten Fällen das Ergebnis neuer Technologien. Entweder ersetzt die Maschine den Arbeiter, oder bessere Methoden ermöglichen es, die Arbeit von *zweien* nur von *einem* erledigen zu lassen. Die Zahl der Arbeitsplätze sinkt, *aber das Bruttosozialprodukt bleibt gleich.*
2. Sobald diejenigen einen neuen Beruf gefunden haben, deren Arbeitsplätze substituiert worden sind, erhöht ihr Beitrag das Bruttosozialprodukt, und der Wohlstand wächst weiter.
3. Der neue Wohlstand geht zunächst nicht zu denen, deren Arbeitsplätze substituiert worden sind. Die Lohnkostenersparnis verbleibt typischerweise beim Arbeitgeber, den Investoren oder denen, die mit der neuen Technik produktiv sind.
4. Der neue Wohlstand führt zur Entwicklung neuer Produkte und Dienstleistungen, die oft in Reaktion auf die neuen finanziellen Möglichkeiten entwickelt werden. 95 Prozent der modernen Wirtschaft ist damit beschäftigt, Produkte und Dienstleistungen zu entwickeln, die es vor 50 Jahren noch gar nicht gab.[12]

---

[12] Vgl. Pilzer, a.a.O., S. 57f.

Nach diesem Grundprinzip funktioniert unsere Wirtschaft seit dem Beginn der Zivilisation. Heute mit dem entscheidenden Unterschied, daß der Zeitraum für die Substitution einer Industrie immer kürzer wird. Nehmen wir das Beispiel der Landwirtschaft: 1930 waren in den USA 30 Millionen Landwirte tätig, um hundert Millionen Menschen zu ernähren. 1980 genügten drei Millionen Landwirte für die Versorgung von 300 Millionen Menschen, eine Produktivitätssteigerung um das 30fache. Der Vorteil für die Landwirte, deren Job wegrationalisiert wurde, war, daß sie 50 Jahre lang Zeit hatten, sich auf diese Entwicklung einzustellen. Die rund 100.000 Kfz-Mechaniker, die 1980 Vergaser herstellten und reparierten, hatten nur fünf Jahre Zeit, bis ihre Jobs durch die Entwicklung der elektronischen Einspritzanlagen komplett wegrationalisiert waren. Auch die Schallplattenindustrie hatte nur eine Schonfrist von fünf Jahren (von 1985 bis 1990), bis sie von der CD-Entwicklung komplett eliminiert worden war.

Doch zurück zur Frage: Was machen die 27 Millionen Landwirte heute? Paul Zane Pelzer gibt ein eindrucksvolles Beispiel: 1960 arbeiteten 40 Prozent aller amerikanischen Arbeiter in der Produktionsindustrie. Stellen Sie sich vor, damals hätte Ihnen jemand gesagt: »Bis 1980 werden wir die Hälfte dieser Jobs eliminiert haben. Aber machen Sie sich keine Sorgen. Die verbleibenden 20 Prozent aller Arbeiter werden fünfmal so produktiv sein wie ihre Kollegen heute. Und um die Entlassenen machen Sie sich ebenfalls keine Gedanken: Dieses *Fünftel aller Beschäftigten in den Vereinigten Staaten* wird schon in der Restaurantindustrie bei McDonald's und Co. unterkommen!«

Jeder »vernünftig« linear denkende Mensch hätte diese Vorhersagen 1960 als Spinnerei abgetan: Nur die Reichsten der Reichen (weniger als fünf Prozent der Bevölkerung) gingen damals auswärts essen. Außerdem hätten mehrere hunderttausend Restaurants gefehlt.

Ein Zukunftsforscher mit der Nase für die richtigen Trends hätte vorhergesagt:

1. Die Produktionskosten werden so weit sinken, daß auch weniger gut Betuchte auswärts essen können.

2. Wenn hunderttausend Restaurants fehlen, dann werden sie eben in unseren Shopping-Centern gebaut.
3. Abwechslung ist kein Thema: Wir werden so viel fremdländische Küche bekommen, wie wir wollen, und mehr: von chinesisch über vietnamesisch, mexikanisch, französisch und italienisch bis hin zu Spezialitäten, die aus Ländern stammen, die es 1960 noch gar nicht gab...
4. Zeit, um auswärts zu essen, ist ebenfalls vorhanden, weil wir die Fast-Food-Industrie erfinden, die uns erlaubt, noch schneller zu essen als zu Hause.

Wer damals diese Entwicklung korrekt vorhergesagt hätte, wäre als kompletter Spinner ausgelacht worden. Heute stehen wir vor ähnlichen Entwicklungssprüngen: Die Computerindustrie hat kurze 15 Jahre gebraucht, um aus dem ursprünglich als überflüssig angesehenen PC ein Werkzeug zu machen, das heute mehr Umsatz macht als die gesamte Automobilindustrie. Und dies ist erst der Anfang!

Lassen Sie uns zusammenfassen, was wir als ökonomisches Hintergrundverständnis auf dem Weg vom Ledersohlenträger zum Schlittschuhläufer gelernt haben:

1. Jeden Abend, wenn wir schlafen gehen, ist irgendwo in den Labors dieser Welt eine neue Technik entwickelt worden, die uns hilft, menschliche Bedürfnisse schneller, besser, preiswerter oder mit geringerem Aufwand zu befriedigen.
2. Wer als erster die Lücke schließt zwischen dem, was heute abend geht, und dem, was heute morgen noch nicht ging, hat die Nase vorn: Das Potential einer Branche läßt sich beschreiben durch die Technologielücke zwischen dem möglichen und dem aktuell genutzten Standard.
3. Technik ist unser Freund: Sie befähigt uns, vorher wertlose Brocken wie Steine oder klebrige schwarze Schmiere wie Erdöl zu unserer Bedürfnisbefriedigung einzusetzen; sie entscheidet, was überhaupt ein Rohstoff ist.

4. Technik ist auch deswegen unser Freund, weil sie uns nicht nur hilft, *neue* Rohstoffe zu erfinden. Sie unterstützt uns auch, alte *zu finden, zu fördern, zu verteilen* und *zu lagern* – und *immer effizienter zu nutzen.*

5. Technik ist unser Freund, weil sie uns erlaubt, das gleiche Bruttosozialprodukt mit immer weniger Menschen zu erzielen: Immer mehr Menschen werden für neue Aufgaben frei, mit denen unsere Gesellschaft weiterentwickelt werden kann.

6. Technik ist unser Freund, weil sie uns erlaubt, immer neue Produkte und Dienstleistungen zur Bedürfnisbefriedigung zu entwickeln – zum Beispiel Dinge wie den einst völlig überflüssigen PC, ohne den heute kaum noch jemand leben kann oder leben will.

7. Technik ist unser Freund, weil sie uns erlaubt, Produkte und Dienstleistungen immer preiswerter herzustellen: Die reale Kaufkraft einer Arbeiterstunde wird kontinuierlich immer wertvoller.

8. Technik ist unser Freund, weil sie ständig neue Berufe und Möglichkeiten schafft, mit unserem Talent entsprechend zu arbeiten: Gab es 1950 weniger als hundert unterschiedliche Berufe, so gibt es heute schon über 10.000.

9. Technik ist unser Freund, weil fast jedes Geschäftsfeld ungeahnte Folgemärkte mit neuen Arbeitsplätzen entwickelt: Das Videorecorder-Business ist ein Zwei-Milliarden-Euro-Geschäft – mit der Produktion, der Herstellung und dem Verleih von Videofilmen werden inzwischen 18 Milliarden Euro Umsatz erzielt.

10. Technik ist unser Freund, weil sie uns erstmals in der Geschichte der Menschheit erlaubt, den Traum der Alchimisten zu verwirklichen und aus »nichts« Gold zu machen.

> Die größten ökonomischen Werte werden in der Neuen Welt nicht aus natürlichen Ressourcen gewonnen, sondern aus den kulturellen (= von Menschen geschaffenen) Ressourcen unseres Geistes.

Willkommen in der »World of G.I.V.E.«...

Kapitel 3:
Die Ressourcen der Zukunft – die »World of G.I.V.E.®«

Vielleicht haben Sie die Ausführungen des letzten Kapitels nachdenklich gemacht, und vielleicht – wenn Sie nicht schon immer Technik-Freak waren – haben Sie auch begonnen, die immensen Chancen deutlicher zu sehen, die uns die moderne Technik eröffnet. Aber möglicherweise hakt es bei Ihnen noch immer, wenn sie an den provokanten Satz von Julian Simon, Professor of Business Administration an der University of Maryland, denken: *»Natürliche Ressourcen sind unbegrenzt«*.

Ihr gesunder Menschenverstand argumentiert vielleicht: »Gleichgültig, wie lange es dauert, aber irgendwann sind die nicht nachwachsenden Rohstoffe am Ende. Vielleicht finden wir bis dahin noch irgendein bis dahin unbekanntes Material, aus dem wir Energie gewinnen können. Aber wenn Kohle, Braunkohle, Erdöl und alle anderen fossilen Brennstoffe am Ende sind, dann gehen halt die Lichter aus. Und daß wir die letzten zehntausend Jahre immer wieder einen Ausweg gefunden haben, heißt noch lange nicht, daß es die nächsten zehntausend Jahre so weitergeht…«

Professor Simon würde dem vermutlich entgegenhalten, daß wir nur unsere Kernenergie-Technologien weiterzuentwickeln brauchten, um die im Wasserstoff gebundene Energie zu nutzen. Allein das würde uns für die nächsten paar Millionen Jahre Energie ohne Ende zur Verfügung stellen…

Letztlich kann die Frage nach den Grenzen unserer natürlichen Ressourcen jedoch offenbleiben, wenn es um die Wirtschaftsperspektiven von morgen geht, denn:

Die Wertschöpfung in der Welt von morgen hängt immer weniger von natürlichen Ressourcen ab.

In der Welt von morgen erfolgt Wertschöpfung immer häufiger durch die Ressourcen der »World of G.I.V.E.®«: *Geschwindigkeit, Information, Vernetzung* und *Emotion.*

Alchemisten-Ressource Nummer 1: Geschwindigkeit

Die erste Ressource, die über unseren zukünftigen Erfolg entscheidet, ist Geschwindigkeit. An allen Ecken und Enden spüren wir, wie atemberaubend schnell unser Wirtschaftsleben geworden ist. Wer von uns kann sich überhaupt noch vorstellen, wie es zu Goethes Zeit war, als Briefe noch Kunstwerke waren und ihre Beförderung mit der Postkutsche quer durch Deutschland 14 Tage dauerte?

In den achtziger Jahren hatte der Tempomacher Deutsche Bundespost die Beförderung innerhalb Deutschlands schon auf drei Tage reduziert, und kurz danach war es mit der Gemütlichkeit vorbei: Konnten wir uns beim guten alten Brief noch eine zweitägige Bearbeitungsdauer erlauben (wir sind ja schließlich keine Bundesbehörde, die bei der Ausstellung eines Personalausweises sechs Wochen beanspruchen darf), verlangten Telefaxe schon nach einer Antwort am selben Tag. Und wer heute seinem Lieferanten eine E-Mail schickt, erwartet die Auftragsbestätigung zwei Stunden später in seiner elektronischen Mailbox...

So einfach dieses Beispiel ist, so deutlich zeigt es uns, wie Geschwindigkeit unser Wirtschaftsleben verändert: Zuerst verkürzt der technische Fortschritt den Zeitbedarf für eine Transaktion und erhöht damit die Taktrate. Dann gewöhnen wir uns an den neuen Rhythmus und setzen ihn als selbstverständlich voraus. Hohes Transaktionstempo ist in Zukunft also kein Wettbewerbsvorteil, wie uns manche Visionäre immer noch erklären, sondern *die schlichte Eintrittskarte, um überhaupt mitspielen zu dürfen.* Ein Beispiel aus der Praxis: Als ich vor zwei Jahren in den Dolomiten zum Bergsteigen war, brauchte mein Banker dringend eine schriftliche Bestätigung für eine telefonisch erteilte Order. Mein Vorschlag, ihm eine E-Mail zu schicken, scheiterte schlichtweg daran, daß die Bank keinen E-Mail-Anschluß besaß (was bei Bank- und Versicherungsfilialen auch heute noch kein Einzelfall ist).

Natürlich gibt es Branchen – z.b. praktizierende Lebensphilosophen mit dem Forschungsschwerpunkt »Entschleunigung!« –, für die es ein Statussymbol ist, sich am allgemeinen Standard nicht zu beteiligen.

Wir anderen tun gut daran, uns auf die allgemeinen Erwartungen einzustellen, wenn wir weiterhin im Rennen bleiben wollen: Interessenten, die bei einer E-Mail-Anfrage geduldig zwei Tage warten, ob wir vielleicht doch noch geruhen zu antworten, sind eher die Ausnahme...

Wer mehr will als nur mitspielen, der kann in vielen Branchen Geschwindigkeit als Ressource nutzen, die den Wert seiner Produkte und Dienstleistungen deutlich erhöht: Von Sokrates, Konfuzius, Jesus und einigen anderen Erleuchteten abgesehen, schätzt die große Mehrheit der sechs Milliarden Kunden auf unserem Planeten das oben schon beschriebene Prinzip: *»I like Genuß sofort.«* Der subjektive Wert von Schokoladeneis ist für Vierjährige etwa doppelt so hoch, wenn es das Eis sofort gibt, und nicht erst, wenn Papa nach Hause kommt. An unserem biologischen Muster: »Bedürfnisbefriedigung tut gut, je schneller, desto besser«, ändert sich auch bei unemotionalen Produkten wie Laptops oder Gestaltungsideen für Wintergärten wenig: Liefert Michael Dell mir meinen Traumrechner exakt nach meinen Vorgaben innerhalb von vier Tagen, dann bekommt er den Auftrag. Macht mir mein Gartenarchitekt kurzfristig ein überzeugendes Angebot, während seine Mitbewerber nicht aus den Schuhen kommen, dann kriegt er den Zuschlag.

Geschwindigkeit wird noch aus weiteren Gründen immer mehr zum Wettbewerbsvorteil: Je mehr sich der technische Fortschritt beschleunigt, um so kürzer werden die Lebenszyklen für die meisten Produkte. Konnte ich früher die Entwicklungskosten für eine neue Generation mechanischer Schaltgeräte in zehn Jahren wieder hereinbekommen, bleiben mir heute maximal 18 Monate bis zum nächsten Innovationssprung. Ein halbes Jahr früher oder später kann dann leicht darüber entscheiden, ob wir überhaupt noch ans Verdienen kommen...

Ein weiterer guter Grund für »Tempo, Tempo« ist der Wettbewerbs-vorteil am Markt, wenn es einem Unternehmen als erstes gelingt, sich im Kopf seiner Kunden zu verankern. Lassen Sie uns das an einem kleinen Beispiel demonstrieren:

Bitte denken Sie einmal ganz spontan an ein Erfrischungsgetränk.

Wenn Sie jetzt an *Pepsi-Cola* gedacht haben, gehören Sie zu den weni-gen Hoffnungsträgern für diesen Konzern. Weit über 90 Prozent aller Befragten denken nämlich an Coca-Cola – den Softdrink, *der zuerst da war.* Und obwohl Pepsi-Cola seit vielen Jahren größere Werbebud-gets fährt als Coca-Cola, können sie ihren Erzrivalen in unserem Kopf nur schwer verdrängen: Ob erster Schultag, erste eigene Wohnung oder die erste große Liebe – die Prägewirkung von Ersteindrücken ist in der Lernpsychologie gut erforscht und gibt Marketingvorteile, die ander-weitig kaum aufzuholen sind.

Zusammengefaßt: Geschwindigkeit ist unsere Eintrittskarte in die hochfrequenzgetaktete Wirtschaft von morgen. Wer seinen Kunden durch prompte Lieferung den emotionalen Zusatznutzen des Mottos »I like Genuß sofort« bieten kann, hat einen entscheidenden Marktvor-teil. Und wer die immer kürzeren Marktlücken besetzt, verschafft sich einen kaum mehr aufholbaren strategischen Vorsprung.

Doch höheres Tempo bringt uns nicht nur mehr, sondern es fordert uns auch stärker: *Mehr Kompetenz, leistungsfähigere Systeme* und eine *geschwindigkeitsbejahende Einstellung* sind die Schlüssel.

Mehr Kompetenz

Höhere Geschwindigkeit bedarf größerer Kompetenz, um sie sicher zu beherrschen. Diese Erkenntnis ist im Sport offensichtlich. Sie gilt – wenn auch etwas schwerer zu erkennen – in gleicher Weise im Wirt-schaftsleben. Ein interessantes Phänomen von Geschwindigkeit ist näm-lich, daß sie bei linearer Erhöhung zu nicht-linearen Folgen führt: So haben die meisten Autofahrer schon einmal erlebt, daß ihr Lenkrad bei einer bestimmten Geschwindigkeit etwas wackelt, wenn die Vorderräder nicht richtig ausgewuchtet sind. Nach der Logik des gesunden Menschenverstandes müßte die Unwucht in der Lenkung bei kleinen Geschwindigkeiten beginnen und dann um so stärker werden, je schneller wir fahren. Wir wissen jedoch aus Erfahrung, daß dem nicht so ist: Bis 75 Stundenkilometer bleibt alles ruhig, bei 80 schlägt die Lenkung wie verrückt, und bei 90 Stundenkilometern ist der ganze Spuk vorbei.

Diese qualitativen Sprünge lassen sich auch bei der höheren Taktrate der neuen Wirtschaft beobachten. Ein erstes Beispiel dafür lieferte der Golf-Krieg von 1991. Er war der erste Krieg, der in Realzeit weltweit bis ins letzte Wohnzimmer übertragen wurde. Vielleicht erinnern Sie sich noch an Peter Arnett, unseren CNN-Reporter in Bagdad: Als echter Held gab er seine Lageberichte immer dann, wenn der nächtliche Himmel durch ein Feuerwerk der Alliierten erhellt wurde und die Bombeneinschläge langsam näherkamen.

Wenn Saddam Hussein drohte, Scud-Raketen mit Giftgassprengköpfen Richtung Israel zu senden, dann war CNN beim Abschuß genauso live dabei wie bei der Zielankunft. Die Militärs konnten sich ihre Aufklärungsflüge sparen und schauten statt dessen CNN – genauso wie ihr Präsident, Saddam Hussein und die Weltöffentlichkeit.

Das qualitativ Neue – der Sprung in der Systemevolution – war, daß die Welt über Nacht einen *kompetenteren amerikanischen Präsidenten* brauchte: Während bislang alle Militärs in der Geschichte der Menschheit einen Informationsvorsprung von mehreren Tagen über die Vorgänge auf dem Schlachtfeld genossen, erhielt George Bush den aktuellen Lagebericht gleichzeitig mit dem Rest der Welt: Früher konnten sich amerikanische Präsidenten nach einer »friendly fire«-Meldung ihrer Militärs drei Tage Zeit lassen, um der staunenden Welt zu erklären, warum Amerikaner versehentlich Amerikaner erschossen. Im Golf-Krieg wußte Mr. Bush, daß er bei einer solchen Nachricht über CNN noch exakt drei Minuten Zeit hatte, um sich auf das Interview mit dem Reporter vorzubereiten, der ihn vor dem Oval Office erwartete...

Anders ausgedrückt: Die Welt brauchte Anfang der neunziger Jahre einen amerikanischen Präsidenten, der in drei Minuten genauso richtig entscheiden konnte, wie seine Vorgänger in drei Tagen – definitiv ein Sprung im präsidialen Kompetenzprofil.

Erforderte die Nachrichten-Taktrate vor zehn Jahren einen kompetenteren amerikanischen Präsidenten, so verlangt unser E-Mail-Standard heute Millionen kompetenterer Sachbearbeiter: Ich habe fast zwei Jahre gebraucht, um herauszufinden, warum einige meiner Kunden mit den abenteuerlichsten Begründungen ihren Mitarbeitern nicht das Recht zugestehen, Kunden-E-Mails direkt zu beantworten. Wer seine Sachbearbeiter 30 Jahre lang durch ein ausgeklügeltes System von Postausgangskontrollen und Abteilungsleiter-»ppa's« überwacht hat, der tut sich naturgemäß nicht leicht, auf diese Kontrollen von heute auf morgen zu verzichten. Und 150 E-Mails, die täglich im Postkorb des Abteilungsleiters auf ihre Weiterleitung warten, kommen oft nicht in der Zeit beim Kunden an, die der auf ein E-Mail zu warten bereit ist...

Fragen Sie sich also:

Wo müssen Sie kompetenter werden, um die Hochgeschwindigkeitsabläufe in den Prozessen von morgen souverän zu beherrschen?

Leistungsfähigere Systeme

Die Leistungsfähigkeit unserer Systeme und Werkzeuge hat einen entscheidenden Einfluß auf das Tempo, mit dem wir unterwegs sind – eine Erkenntnis, die ebenfalls nicht beschränkt ist auf die Formel 1: Da dieses Buch seinen Schwerpunkt in den Marketingspielregeln für die Zukunft hat, beschränke ich mich auf wenige Denkanstöße zur Organisationsentwicklung von Hochgeschwindigkeitssystemen. Ob Einzelunternehmer oder Freiberufler, Mittelstand oder Weltkonzern: Wir alle tun gut daran, immer wieder zu überlegen, wie gut unser Unternehmen gerüstet ist, wenn es um die Herausforderung Geschwindigkeit geht. Mindestens drei Tempoebenen sollten wir überprüfen:

a) Die Tempoebene von Informationsfluß und Entscheidungszeiten

Hier können wir zum Beispiel zunächst unsere eigene Entscheidungs-
praxis überprüfen: Spielen ihre Mitarbeiter auch häufig: »Warten auf
den Chef«? Soll heißen: Sind Sie Flaschenhals bei wichtigen Entschei-
dungsprozessen? Wenn ja, dann stellen Sie sich der Herausforderung,
die für viele Unternehmer und Manager immer wichtiger wird:

Organisieren Sie sich und Ihre Arbeit so, daß Sie *alles, jederzeit* und
überall tun können!

Wie sieht es mit der Entscheidungsqualifikation ihrer Mitarbeiter aus:
• Würde Ihr Unternehmen deutlich schneller, wenn an den wichtigen
  Stellen ausschließlich erfahrene Profis tätig wären?
• Wie schnell, leicht und unkompliziert kann sich ein Kunde für Ihr
  Unternehmen entscheiden?
• Wie schnell bekommt er alle entscheidungsrelevanten Daten?
• Bekommt er *alle* Daten, die er braucht, um sich schnell und sicher
  für Sie entscheiden zu können?
• Bekommt der Interessent seine Fragen *immer, überall* und – bei Be-
  darf – *in jeder Sprache* beantwortet?

Organisieren Sie Ihr Angebot so, daß der Kunde sich *schnell, überall*
und aufgrund *aller relevanten Daten* für Sie entscheiden kann!

b) Die Tempoebene Produktion

• Können sie Ihr bisheriges System, Produkte herzustellen und Dienst-
  leistungen zu erbringen, optimieren?
• Könnten Sie Warteschleifen eliminieren, das Tempo erhöhen oder
  das System streamlinen?
• Helfen Ihnen schnellere Werkzeuge im bisherigen System?
• Brauchen Sie kompetentere Systembediener?
• Wie ist es um Ihre Systemevolution bestellt?

- Praktizieren sie die Philosophie der täglichen Beschleunigung und Verbesserung in Milimeterschritten?
- Leben Sie Ihre TQM-Philosophie?
- Brauchen Sie den Quantensprung zu einem völlig neuen, schnelleren System?

»Halbieren sie Ihre Produktionszeiten. Und dann noch einmal. Und dann noch einmal!«

c) Die Tempoebene Innovation

Viele meiner Kunden, die seit Jahren ihre Produktions-und Dienstleistungsprozesse optimieren, agieren bei der Entwicklung und Einführung von neuen Produkten erstaunlich laienhaft. So irritiert mich seit Jahren immer wieder, daß einige meiner Kunden in der Versicherungsbranche nach wie vor kein ausgefeiltes Kommunikationssystem haben, um neue Produkte in den Vertrieb einzuführen: Nach der Highlight-Show mit großem Buffet gibt es einige Fachinformationen und die Hoffnung, der Vertrieb möge mit dem Verkaufen beginnen. Legt sich der Staub, den die anfängliche Euphorie aufgewirbelt hat, so zeigt sich Monate später, daß mit dem systematischen Verkauf des Produktes noch nicht einmal begonnen wurde. Fragen Sie sich also:

Haben wir leistungsfähige Innovationssysteme?

Und:

Werden Innovationen so wirkungsvoll kommuniziert, daß sie anschließend zeitnah umgesetzt werden?

Das emotionale »Ja« zur Geschwindigkeit

Angenommen, jemand sagt zu Ihnen: »Die Welt wird immer schneller, und das bißchen Tempo von heute ist nur ein müder Vorgeschmack auf den Wahnsinns-Speed, der uns morgen und übermorgen erwartet!«

Hand aufs Herz: Bekommen Sie jetzt leuchtende Augen, ein strahlendes Lächeln, den richtigen Adrenalin-Kick mit Schmetterlingen der Vorfreude? Reagieren Sie wie ein Stuntman, der gerade die Erlaubnis bekommen hat, mit seinem Moto-Cross-Motorrad über 20 Busse springen zu dürfen? Durchdringt Sie überschäumende Lebensfreude wie Michael Schumacher, wenn Sie am Start stehen und mit klopfendem Herzen darauf warten, mit Durchschnittsgeschwindigkeiten von mehr als 200 Stundenkilometern dem Ziel entgegenzurasen?

Oder bekommen Sie eher etwas Muffensausen?

Falls Ihnen etwas mulmig wird, dann sollten Sie noch einmal Ihr Mind-set, Ihre emotionale Grundorientierung zum Thema Geschwindigkeit überprüfen.

Denken Sie noch einmal zurück an Ihre Kindheit. Waren Sie nicht so wie alle anderen Kinder auch? Kaum, daß Sie gehen konnten, haben sie begonnen zu rennen, so schnell die kleinen Beine trugen? Und dann wollten Sie schnellstmöglich radfahren lernen: den Berg hinuntersausen, die natürlichen Geschwindigkeitsgrenzen ihres Körpers überschreiten und sich den Wind um die Nase wehen lassen. Erinnern Sie sich noch an die Zeit, als die Tränen des Fahrtwinds reines Glück bedeuteten? Dieses unbändige Freiheitsgefühl von Geschwindigkeit, das für viele Menschen nur noch zu überbieten ist, wenn sie sich den Vögeln gleich in die Lüfte erheben und mit ihrem Fluggerät die Schwerkraft endgültig hinter sich lassen.

Haben Sie schon einmal im Winter an einer Rodelwiese Erwachsenen und Kindern zugeschaut, das Gejauchze und Gejohle gehört, wenn sich junge und alte Kinder auf Schlitten oder Autoreifen den Fun-Faktor Geschwindigkeit gönnen?

Warum strömen Menschen scharenweise in Vergnügungsparks, oder stehen beim Oktoberfest stundenlang an, nur um einmal Achterbahn fahren zu dürfen?

Warum zieht die Formel 1 weltweit bei jedem Rennen Milliarden Menschen in ihren Bann?

Weil Geschwindigkeit ein zerstörerischer Streßfaktor ist, wie uns die Bremser dieser Welt einreden wollen?

Wußten Sie, daß die Gegner der ersten Eisenbahn im 19. Jahrhundert argumentierten, 35 Stundenkilometer seien ein Teufelstempo, das den menschlichen Organismus zerstören würde, da wir aus eigener Kraft ein so hohes Tempo nicht erreichen könnten?

Wissen Sie, daß ein bekannter deutscher Regierungspräsident (Franz-Josef Antwerpes aus Köln) die Auffassung vertreten hat, daß jemand, der auf sonniger, leerer Autobahn den Wunsch verspüre, schneller als 120 Stundenkilometer fahren zu wollen, ein erhebliches Potential zur Selbstzerstörung offenbare?

Um Mißverständnissen vorzubeugen: Mein Ziel ist es nicht, Sie zu einem Geschwindigkeitsfan zu machen, wenn Sie dies nicht von Hause aus sind. Mir geht es zunächst nur darum, bewußt zu machen, daß Geschwindigkeit bei den meisten Menschen eine Eigenschaft ist, die in der Kindheit spontan mit Freiheits- und anderen Positivgefühlen besetzt worden ist. Ich möchte Sie weiter sensibilisieren für die Scheuklappen einer weitverbreiteten Bremser-Kultur, die Sie emotional ins Aus befördern kann, wenn es um die Chancen in der High-Speed Gesellschaft von morgen geht.

Wenn mein Plädoyer für eine emotional positive Grundhaltung zur Geschwindigkeit Sie zu der Vermutung kommen läßt, High-Speed sei per se und aus sich heraus gut, dann möchte ich dem massiv entgegentreten. Sprüche wie: »In Zukunft gibt es zwei Arten von Unternehmen – die Schnellen und die Toten«, stiften mehr Schaden als Nutzen. Ich habe als Sponsor des Münchener Business-Plan-Wettbewerbs in den letzten Jahren eine ganze Reihe von Start-Ups verfolgen können und dabei eine ganze Reihe von schnellen und auch schnell toten Unternehmen kennengelernt: Wer die Tempomaxime als Freibrief für oberflächliches Nachdenken versteht, hat langfristig keinen Erfolg. Nach wie vor gibt es die beiden Arten von Unternehmen, die es immer schon gab: Die guten und die schlechten.

Die guten Unternehmen von morgen werden die Dimension Geschwindigkeit beherrschen müssen.

Lassen Sie uns also – unterstützt durch einige Parallelen zum Sport – etwas Licht in die Dinge bringen:

1. Geschwindigkeit – definiert von Physikern als das Verhältnis von Ortsveränderung zur Zeit – ist an sich weder gefährlich noch streß- auslösend. Entscheidend ist allein, *ob wir das gewählte Tempo im Rahmen des jeweiligen Umfeldes beherrschen:* 130 Stundenkilometer auf regennasser Landstraße mit Walter Röhrl am Steuer zu fahren, dürfte genauso ungefährlich wie entspannend sein. An der selben Stelle bei 80 Stundenkilometern Beifahrer eines Rentners zu sein, der bei hereinbrechender Dunkelheit wenig sieht, kann dagegen Lebensgefahr und Streß pur bedeuten. Ähnliches gilt für Geschäfts- prozesse: Auch hier entscheidet nicht das Tempo über die Gefähr- lichkeit und den Streßlevel, sondern unsere Fähigkeit, den Geschäfts- prozeß souverän zu beherrschen.

2. Jeder Trend weckt einen Gegentrend. Nachdem man uns viele Jahre unkritisch gepredigt hat: »Tempo ist alles«, kommt jetzt die Gegen- bewegung der »Entschleunigung« in Mode. Sie enthält ein lähmen- des Gedankengift, wenn sie fälschlich verstanden wird als Auffor- derung, sich von den Geschwindigkeitserwartungen des Marktes zurückzuziehen. Eine Analogie zum Sport: Angenommen, ein Athlet beherrscht in seiner Disziplin Langläufe mit einem Tempo von acht Stundenkilometern. Jetzt steigen die Anforderungen seines Sport- marktes auf Dauerläufe mit zehn Stundenkilometern. Soll ich ihm wirklich zur »Entschleunigung« raten, nach dem Motto: »Bleibe du bei deinen acht Stundenkilometern«, und dann zusehen, wie er immer weiter zurückfällt? Oder heißt die Alternative: »Trainiere so lange mit zwölf Stundenkilometern, bis du die geforderten zehn km/h lässig, souverän und ohne Streß bewältigst«? Die Ängstlichen werden jetzt einwenden: Aber wie kann ich verhindern, daß mir der Athlet bei diesem Intensitätstraining ausbrennt? Die Antwort darauf kann Ihnen jeder Trainer von Top-Athleten geben: *Das Geheimnis, Übertraining zu vermeiden, besteht darin, die Erholungsphasen zwischen den Trainingseinheiten genauso intensiv zu gestalten, wie das Training selbst.*

3. Damit kommen wir zu einem der größten Produzenten von Mittel-
mäßigkeit in unserem Land. Die meisten Deutschen glauben nämlich: Streß sei ungesund, Streß mache auf Dauer krank und könne
langfristig zum Tod führen. Fragt man dann nach, von welchem Streß
hier die Rede ist, dann sagt der 14jährige: »Meine Mathearbeit«, der
18jährige: »Die Niederlage beim Tischtennisturnier«, der Examens-
kandidat: »Die mündliche Prüfung«, der Abteilungsleiter: »Mein
Referat auf der Ingenieurstagung« und der Direktor: »Der Reorga-
nisationsprozeß in unserem Werk in Karlsruhe« – alles Beispiele,
die mit Hans Selyes Streßdefinition nicht das geringste zu tun haben, sondern in jedem Biologielehrbuch als *Wachstumsreize* bezeichnet werden. Dort findet sich als Lektüre für Zweitsemester nämlich
die Regel:

> Starke Reize führen zur Anpassung, schwache Reize zur Verkümme-
> rung – und überstarke Reize zerstören.

Streß im Sinne von Hans Selye sind dagegen *langandauernde, lineare
Belastungen, die den Organismus zermürben,* also zum Beispiel in der
Einzelhaft der tropfende Wasserhahn, der Menschen in chinesischen
Foltercamps nach Monaten in den Wahnsinn treiben kann.

Nutzen sie also für den Umgang mit der neuen High-Speed-Wirt-
schaft eine zentrale Unterscheidung, die den meisten Menschen fehlt:[13]

> Linearer Streß ist Ihr Feind; oszillierender Streß ist Ihr Freund.

> Suchen sie sich starke Wachstumsreize. Werden sie ein aktiver »Streß-
> seeker«.

Wie wollen Sie jemals lässig, souverän und ohne überflüssiges Lam-
penfieber vor großen Gruppen sprechen, wenn sie nicht aktiv und freudig

---

[13] Vgl. dazu die bahnbrechende Arbeit von James E. Loehr: Stress for Success.
Random House, New York 1997.

jede Gelegenheit dazu nutzen? Das Problem des Ausbrennens bekommen sie nur, wenn sie 30 Tage hintereinander vor solchen Gruppen sprechen, ohne Gelegenheit, Ihre Batterien wieder aufzuladen.

Das Problem ist nicht, daß wir in der High-Speed-Welt von Montag bis Freitag Gas geben ohne Ende.
Unser Problem ist, daß wir am Wochenende nicht genauso intensiv relaxen.

Wer »Entschleunigung« definiert als fünf Tage Vollgas mit anschließendem intensiven Relaxen, der gewinnt.
Wer »Entschleunigung« definiert als sieben Tage Halbgas, der verliert.

Eine letzte persönliche Erfahrung zum Thema Geschwindigkeit: Nachdem ich jetzt seit 19 Jahren als Performance-Coach arbeite und viele Spitzenleister in der Wirtschaft und im Sport kennenlernen durfte, habe ich eine Beobachtung immer wieder bestätigt gefunden: Über 90 Prozent der Top-Performer, die ich persönlich habe kennenlernen dürfen, haben eine emotional positive Bindung an Geschwindigkeit. Vom persönlichen Arbeitstempo über die Erwartungen an Mitarbeiter und Lieferanten, den Stil ihrer Konferenzen bis hin zum persönlichen Fahrstil oder zu Lieblingssportarten: *Performer geben Gas!* Beruflich und privat. Denn Sie wissen:

Geschwindigkeit ist Fun!

Alchemisten-Ressource Nummer 2: Information

Seit mindestens 20 Jahren weiß in unserem Land jeder, daß wir im Informationszeitalter leben. Schaue ich mir allerdings an, welche Auswirkungen diese Erkenntnis auf das Handeln unseres Staates, unserer Unternehmen und jedes einzelnen hat, komme ich zu dem Ergebnis:

Die meisten von uns befassen sich eher oberflächlich mit dem Thema »Information«.

Halten wir uns zunächst einmal Begriffe wie Steinzeit, Eisenzeit oder Bronzezeit vor Augen. Warum neigen Historiker dazu, bestimmte Epochen danach zu bezeichnen, welche Materialien wir damals gerade zu Werkzeugen verarbeiten konnten? Offensichtlich doch deswegen, weil die Werkzeuge, die wir in einer bestimmten Phase unserer Entwicklung zur Verfügung hatten, entscheidend die mit ihnen geschaffene Kulturstufe geprägt haben.

Ein Beispiel: Bevor Menschen in der Lage waren, Trinkgefäße herzustellen, waren wir darauf angewiesen, wann immer wir Durst bekamen, zum Fluß zu laufen, unser Gesicht ins Wasser zu halten und zu trinken wie das liebe Vieh.

Unsere Welt endete in einer Entfernung von etwa zwei Stunden Fußmarsch von der nächsten Quelle, weil wir spätestens dann – Entdeckerdrang hin oder her – durch Durst und Einsicht zur Umkehr angehalten wurden. Welcher Kultursprung, welche Expansion unserer Welt wurde mit der Erfindung der ersten Trinkgefäße möglich: Wir hatten auf einmal Transportmöglichkeiten für den wertvollen Energiespender Wasser. Wir konnten uns den Ranzen volladen und von nun an die Welt im Umkreis von drei Tagen von der Quelle entdecken. Welcher Fortschritt!

Werfen wir jetzt noch einmal einen Blick auf unser Informationszeitalter: Wir sind heute so weit, die Informationen, die immer schon da waren, beliebig aufzunehmen und zu speichern.

Der Zickzackkurs, mit dem ein australisches Schaf über die Weide spaziert, war schon immer eine dem Schäfer zugängliche Information. Doch heute können wir diese Information *speichern*: Wir heften dem Schaf einen Microchip ans Ohr, der seinen Standort einem Computer meldet. Weichen die Bewegungsmuster des Schafes dann von seiner Routine ab, weil es besonders unruhig oder besonders lethargisch wird, informiert der Rechner den Schäfer oder direkt den Tierarzt, damit diese sich um das verletzte oder kranke Tier kümmern können.

Die Entwicklung von Microchips hat uns nicht nur geholfen, den wertvollen Rohstoff Information preiswert *zu erfassen* und *zu speichern.* Wir können die in der Welt vorgefundenen Informationen (»Wie bewegen sich die Schafe in dieser Herde?«) in unseren Computern auch beliebig *bearbeiten, verdichten* und *vermehren: Allein unsere Kreativität und Innovationskraft entscheidet darüber, wieviel neue und wertvolle Informationen der Computer generiert.*

Brauchen wir wirklich Tagesstatistiken mit der zurückgelegten Laufstrecke aller Schafe verteilt über die Tageszeit, nur weil der Computer dies leicht errechnen kann?

Seitdem wir das Internet entwickelt haben, lassen wir unsere Computer auch nicht mehr nur – wie in den ersten 40 Jahren ihrer Existenz – allein und einsam vor sich hinrechnen, sondern wir vernetzen sie miteinander. Und das erlaubt uns heute, den wertvollen Rohstoff »Information« auch noch so preiswert *zu transportieren*, wie nie zuvor in unserer Geschichte.

Im historischen Vergleich:

Der Wasserbehälter des Steinzeitmenschen ist unser Microchip als Informationstasse; das Äquivalent der ägyptischen und römischen Wasserleitsysteme ist unser World Wide Web. Und dann haben wir noch als Krönung unseren Computer – die sich selbst füllende Tasse mit eingebauter Wasservermehrungsquelle.

Wir alle wissen, daß die Regeln der Informationsökonomie deutlich anders sind als die der Güterökonomie. Wir haben gelernt, daß in der Güterökonomie der Verkäufer eines Gutes nicht Eigentümer bleibt, während eine Information dem Veräußerer nach wie vor gehört. Wir wissen, daß Güter nur zu Herstellkosten reproduzierbar sind (da kommt nicht nur bei Häusern und Autos so einiges zusammen), während Informationen fast kostenlos reproduziert werden können. Uns ist bekannt, daß sich Gegenstände abnutzen, Informationen dagegen nicht (sie können jedoch veralten). Güter sind an einem bestimmten Platz, Informationen sind jedoch überall und nirgends. Für Güter gilt das

Gesetz der abnehmenden Skalenerträge (weil die Kostenvorteile größerer Stückzahlen irgendwann vom erhöhten Distributionsaufwand verzehrt werden).[14] Für Informationen gilt – wie wir seit Brian Arthur wissen – dagegen das Gesetz der zunehmenden Skalenerträge.

All das wissen wir. Aber haben wir es verinnerlicht? Arbeiten und leben wir nach diesen Erkenntnissen?

In der Informationsökonomie bleibt der Verkäufer Eigentümer

Erinnern Sie sich noch an die Wunder Jesu? Eines davon war die wundersame Brotvermehrung. Jesus speiste damals – so die Erzählung – mit fünf Broten eine Menschenmenge von 7000 Personen. Und nicht nur das: Als alle gesättigt waren, sammelten die Jünger Jesu die übriggebliebenen Brotreste ein und füllten zwölf Körbe damit.

Meine Frage ist: Angenommen, Sie hätten die Möglichkeit, eine Bäckerei zu eröffnen und jemanden mit ähnlichen Fähigkeiten als Bäckergesellen einzustellen. Sie würden ihm einmal fünf Brote geben, und er würde aus diesen fünf Broten anschließend 7000 Kunden Brot verkaufen, dann die Reste einsammeln und bei ihnen zwölf Körbe abliefern. Würde Ihnen dieses paradiesische Geschäft Spaß machen?

Könnten Sie mit einer Bäckerei dieser Art richtig Geld verdienen und reich werden?

Wenn Sie jetzt mit breitem Schmunzeln zustimmen und sich überlegen, ob der Christiani noch dümmere Fragen stellen kann, lautet die Antwort: Ja, kann er. Zum Beispiel diese hier:

Wenn Ihnen das Prinzip der Jesus-Bäckerei so gut gefällt: Warum arbeiten Sie nicht in der Informationsbranche, die genau so funktioniert?

[14] Stan Davis/Christopher Meyer: Das Prinzip Unschärfe. Gabler, Wiesbaden 1998, S. 85f.

Jedes Informationsbusiness funktioniert exakt nach den Regeln der wunderbaren Brotvermehrung: Angenommen, ein Unternehmensberater hat sich auf Markteintrittsstrategien in den osteuropäischen Markt spezialisiert. Firma A, die seit drei Jahren in Rußland Fuß zu fassen versucht, bucht den Experten für ein eintägiges Vorstandscoaching. Die Unternehmensleitung erkennt, woran es bislang gefehlt hat, und zahlt gerne das Expertenhonorar von 12.500 Euro.

Am nächsten Tag verkauft der Experte das gleiche Know-how erneut – diesmal an die Firma B. Da er in der Diskussion mit den Vorständen der Firma A wieder etwas dazugelernt hat, erhöht er bei B fairerweise das Honorar auf 13.000 Euro …

Informationsgüter sind fast kostenlos reproduzierbar

Einige meiner Kunden sind engagierte Geldanleger und ausgebuffte Aktienprofis. Sie kennen sich mit der Fundamentalanalyse genauso aus wie mit den Prinzipien der modernen Chart-Analyse. Einige von ihnen nutzen sogar ausgeklügelte Verfahren, um emotionale Markttrends einzuschätzen. Ein struktureller Unterschied im Business von Jürgen Schrempp und Bill Gates beschäftigt manche dieser Experten allerdings nicht: Entwickeln nämlich beide für eine Milliarde Dollar ein neues Produkt, spielt Bill Gates im anschließenden Produktionsprozeß in einer anderen Liga: Dem Herstellungspreis für 100.000 plus X Euro bei DaimlerCrysler für ein Exemplar der neuen S-Klasse stehen ca. fünf Euro für 2 CD-ROMs bei Windows 2000 gegenüber.

Informationen sind überall und nirgends

In Nordschweden, in der Gemeinde Årjeplog, führt die internationale Automobilindustrie von Dezember bis April ihre Wintererprobung durch. Alle Tests, die mit Niedrigreibwerten – sprich dem Fahren auf Eis und Schnee – zu tun haben, werden dort auf zugefrorenen Seen durchgeführt. Etwa 450 Techniker und rund 50 Testfahrer bevölkern dann diesen eher ruhigen Ort. Sie ermitteln in Autos, die mit zentnerschwerer Meß- und Regeltechnik vollgepfropft sind, Optimierungen für ABS, Bremsen oder Anti-Schleuderprogramme. Die Firma Bosch hat in Årjeplog deswegen eines ihrer weltweit größten Rechenzentren eingerichtet. Allabendlich werden dort die Meßwerte der täglichen Testfahrten eingegeben und nach Deutschland weiterverschickt.

Dieser Transfer von Informationen und Daten, die mit einem Aufwand von vielen hunderttausend Euro pro Tag in Schweden gewonnen werden, interessiert niemanden. Wenn die Testfahrer bei ihrer Einreise nach Schweden jedoch mit einer Flasche Mariacron (Alkohol ist in Schweden sehr teuer) erwischt werden, dann gibt's einen saftigen Denkzettel für diese Schmuggelei:

> Das Bild eines Zöllners, der sich freut, weil er den Schmuggel einer Flasche Schnaps aufgedeckt hat, während er auf einer Internetdatenleitung steht, die täglich Meßergebnisse im Wert von vielen hunderttausend Euro exportiert, sollte einige Verantwortliche nachdenklich machen.

Das Gesetz der zunehmenden Skalenerträge in der Informationsökonomie

Das Gesetz der abnehmenden Skalenerträge gehörte schon im 19. Jahrhundert zu den Grundeinsichten der Wirtschaftswissenschaft. Dahinter steht die Erkenntnis, daß mit größeren Stückzahlen in der Produktion regelmäßig Größenvorteile verbunden sind. Diese Vorteile werden mit zunehmender Größe aber immer unbedeutender werden. Darüber hinaus steigen ab einer gewissen Größe die Logistik- und Transportkosten überproportional, was erklärt, warum auch bei Weltkonzernen die Bäume nicht in den Himmel wachsen.

Brian Arthur, Professor für Wirtschaftswissenschaften an der Stanford University, verdanken wir die Erkenntnis, daß in unserem durch

Geschwindigkeit und Vernetzung bestimmten Informationszeitalter das klassische Muster der abnehmenden Skalenerträge verschwindet: Zum einen betragen die Koordinations- und Transportkosten für Informationsprodukte nur einen Bruchteil dessen, was die Logistik und der Transport von Gütern verschlingt; zum anderen führt die Vernetzung unserer Informationsstrukturen dazu, daß der Wert jedes *Einzelproduktes mit dem Ausbau des Netzwerkes steigt.* Denken Sie nur an das Faxgerät: Solange Sie der einzige waren, der eines besaß, war es schön, aber es half nicht viel. Aber je mehr Menschen sich ein Faxgerät zulegten und damit *den Standard dieser Kommunikationsform verbreiteten,* um so wertvoller und universeller nutzbar wurde Ihr Faxgerät. Stan Davis und Christopher Meyer, Consultants und Forscher bei Ernst & Young, vertreten in ihrem exzellenten Buch »Das Prinzip Unschärfe« deswegen folgende These: Der Trend geht dahin, in klassische Güter – wie zum Beispiel Autos – immer mehr Informationsprodukte (wie Computer, Navigationssysteme etc.) einzubauen. Beide Autoren vermuten deshalb, daß Güter immer mehr dem Gesetz der zunehmenden Skalenerträge folgen werden, wenn sie mit Eigenschaften von Informationsprodukten »hochgerüstet« werden.

Die bislang beschriebenen Merkmale der Informationsökonomie sind – wie schon ausgeführt – den meisten Unternehmern geläufig, *auch wenn sie bislang noch wenig Einfluß auf das unternehmerische Handeln nehmen.*

Ein weiterer Aspekt der Informationsökonomie ist dagegen eher unbekannt: Die Frage nämlich, wie unsere Wirtschaft durch die *Neuformatierung der Informationsspielregeln komplett neu strukturiert wird.* Dieses große Einmaleins der neuen Informationsökonomie werden wir uns deshalb im nächsten Kapitel in allen Einzelheiten anschauen.

Alchemisten Ressource-Nummer 3: Vernetzung

Was ist – systemtheoretisch gesehen – der Unterschied zwischen einem Ameisenhaufen und einem Haufen Sand?

Antwort: Der Sandhaufen ist kein System, weil die einzelnen Sand-körner nicht miteinander agieren; der Ameisenhaufen ist ein System, weil die Ameisen als Systemelemente miteinander in Verbindung stehen, agieren und aufeinander reagieren.

Die paar Millionen Computer, die bis Ende der achtziger Jahre weitgehend allein und jeder für sich vor sich hinrechneten, entsprachen dem Sandhaufen. Die paar Millionen Computer, die heute über das World Wide Web miteinander Verbindung aufnehmen und Informationen austauschen können, gleichen dem Ameisenhaufen: Die Informations- und Datenmengen, die in diesem Netzwerk ausgetauscht werden, übersteigen unser Vorstellungsvermögen bei weitem. Trotz der explosionsartigen Verbreitung der Mobiltelefone und der damit verbundenen Ausweitung des Telefonverkehrs gehen Trendforscher davon aus, daß Telefongespräche im Jahr 2003 nur noch zwei Prozent des weltweiten Datenverkehrs ausmachen und wir 50mal mehr Daten über unsere Computer austauschen.

Das Phänomen der Vernetzung spüren wir alle am eigenen Leib, wenn wir umziehen oder einen neuen Arbeitsplatz haben. Erst kennen wir niemanden und fühlen uns wie ein Sandkorn im Ameisenhaufen. Dann knüpfen wir die ersten Kontakte und werden weitergereicht in die Netzwerke der anderen, und ehe wir uns versehen, wissen wir vor lauter Netzwerkverpflichtungen schon nicht mehr, zu wessen Party wir überhaupt noch gehen sollen.

Dieser Prozeß der informatorischen Vernetzung von Menschen über das Internet wirkt als Katalysator und führt zur Vernetzung auf einer Vielzahl anderer Ebenen. Früher haben wir mit unseren Nachbarn gesprochen, weil es nur wenig Alternativen gab. War der andere aktiver Motorrad-Rennfahrer und wir Brieftaubenzüchter, war die menschliche Nähe beim gemeinsamen Bier zwar schön, aber die Gelegenheit zum Austausch über das, was uns in der Freizeit wirklich bewegt, eher begrenzt.

Heute bietet das Internet mit seinen Foren und Chat-Rooms eine kaum noch überschaubare Vielfalt, um diejenigen zu finden, die exakt auf unserer Wellenlänge liegen. Und selbst wenn Ihr Hobby Wildwasserfahren der Stromschnellenklasse 5 und 6 ist, Sie aus Prinzip nur in Australien Urlaub machen und berufsbedingt nur im Dezember und Januar wegfahren können: Die Verrückten, die es Ihnen gleichtun wollen, finden Sie im Netz. Machen Sie dann gemeinsam Urlaub, ergibt sich aus dem Informationsnetzwerk das Kommunikationsnetzwerk, aus Bekannten werden Geschäftspartner und Freunde…

Ahnen Sie jetzt, was es bedeutet, wenn Zukunftsforscher feststellen:

> Die meisten Märkte der Zukunft werden genauso transparent sein, wie es heute die Finanzmärkte schon sind!

Angenommen, Ihre Kunden würden sich zum Erfahrungsaustausch über ihre Produkte und Dienstleistungen im Internet treffen:

- Würde die Mehrheit vorschlagen, den Fanclub Ihrer Firma zu gründen und Sie jedes Jahr am Geburtstag hochleben zu lassen, damit Sie Ihren Kunden noch lange Freude bereiten?
- Oder würde die Mehrheit feststellen, daß Sie auch nur mit Wasser kochen und es Ihr Angebot woanders günstiger gibt?
- Würde die Mehrheit Ihrer Kunden den Club der Firma-X-Geschädigten gründen und sich einen Anwalt suchen wollen, der Ihre berechtigten Interessen vertritt?
- Oder könnte es sein, daß die Mehrheit Ihrer Kunden Ihre Nachfrage über ein Portal bündelt und mit Ihnen über Großabnehmerkonditionen verhandeln wird…?

Das Prinzip der zunehmenden Vernetzung unserer Welt enthält eine weitere trostreiche Botschaft für alle Experten, die Ihren Kunden echten Nutzen bringen:

> Je besser das Informations-und Kommunikationsnetzwerk, um so leichter und preiswerter verbreitet sich der Expertenstatus.

Einzelunternehmer und Mittelständler – insbesondere jene, die ein Nischenangebot für einen weltweiten Markt haben – können heute mit ihrer Zielgruppe zu Konditionen kommunizieren, die noch vor zehn Jahren undenkbar waren. Angenommen, Sie offerieren die oben beschriebenen Wildwassertouren in Australien im Dezember und Januar. Wahrscheinlich gibt es nur einige hundert Interessenten für diesen – wie meine Mutter sagen würde – »Unfug«; aber die finden Sie heute bequem und preiswert!

Die Vernetzung erklärt im übrigen auch, warum die Reichen immer reicher werden: Das künstlerische Talent eines Michael Jackson ist auf einer Insel mit 20 Eingeborenen allabendlich bestenfalls ein Abendessen wert. Ein Telefonkabel zur Nachbarinsel, das den Bewohnern des nächsten Atolls erlaubt, Michael Jacksons Klängen ebenfalls zu lauschen, gibt dann schon eine kleine Tantieme. Michael Jackson live vernetzt mit all den hundert Millionen, die er begeistert, heißt dann Geld ohne Ende (und natürlich haben die Soziologen recht, daß die Armen immer ärmer werden: Mit jeder Vernetzung eines weiteren Lagerfeuers, an dem die Konsumenten beschließen, lieber Michael Jackson singen zu hören als den örtlichen Klampfenspieler, verliert ein nicht so guter Künstler einen Teil seines Jobs!).

Ein letzter Gedanke zur Vernetzung:

Biologen studieren seit vielen Jahren natürliche Systeme, die einen hohen Grad an Vernetzung aufweisen. Sie haben dabei entdeckt, daß *Teile eines vernetzten Systems, die dieselbe Rolle innehaben, auf allen Systemebenen dieselbe Struktur besitzen* – Chaostheoretiker sprechen von der sogenannten »fraktalen Eigenschaft« vieler Dinge.

Ein Beispiel: Ein Baum weist auf der Ebene des Stammes, der Äste, Zweige und Blätter exakt dieselbe Struktur auf, weil alle Systemelemente ihre Rolle des Flüssigkeitstransportes nur dann erfüllen können, wenn sie mit derselben Struktur arbeiten und dadurch vernetzbar sind.

Das Prinzip der Fraktale (eine Gestalt auf verschiedenen Ebenen weist dieselbe Struktur auf) bedeutet zum Beispiel, daß die Grundprinzipien des Informations- und Energieaustauschs auf der Ebene der menschlichen Zelle die gleichen sind wie auf der Ebene des Blutkreislaufs, der Atmung oder jeder anderen Ebene des Organismus.

Diese Erkenntnis bedeutet für das ökonomische Netz, daß es ebenfalls fraktal aufgebaut sein muß, weil es auf allen Ebenen dieselbe Rolle innehat: Ob auf der Ebene des Individuums, des Unternehmens, der Branche, des nationalen oder des Weltmarktes: Das ökonomische Prinzip der Wertschöpfung zur Bedürfnisbefriedigung hat auf allen Ebenen die gleiche fraktale Struktur:

> Von der fortschreitenden Vernetzung seines Marktes wird nur das Unternehmen profitieren, das die »Vernetzung nach innen« genauso erfolgreich betreibt wie die »Vernetzung nach außen«.

Die Zellen in unserem Körper beispielsweise sind von einer durchlässigen Membran umgeben, die der Zelle den Informations- und Energieaustausch mit ihrer Umwelt ermöglicht: Sauerstoff, Zucker und alle wichtigen Substanzen dürfen hinein, während andere blockiert werden. Die Grenzen unserer Zellen müssen durchlässig sein, damit alle benötigten Informationen hindurchgelangen: Bei Energieblockaden kann die Zelle nicht den Anforderungen der größeren Systemeinheit Körper entsprechen – und nimmt Schaden. Deshalb die Frage:

> Wie steht es um das Energie- und Informationsnetz Ihres Unternehmens?
> Sind bei ihnen alle Abteilungen wie gesunde Zellen so miteinander verbunden und vernetzt, daß
> a) alle benötigten Informationen und
> b) alle benötigten Emotionen (Vertrauen, Motivation etc.) fließen können?
> Oder sind Ihre Abteilungen immer noch abgeteilt?

Merke: Die rigiden Strukturen der sowjetischen Zentralverwaltungswirtschaft sind zusammengebrochen, weil sie dem multidimensionalen Informationsaustausch eines eng verflochtenen Wirtschaftsnetzes nicht gewachsen waren: Willkürliche Richtlinien und Hierarchien sind wie chirurgische Schnitte durch Zellen, Blutgefäße und Nervenbahnen.

Wenn die Geschwindigkeit – die Taktrate eines Systems also – steigt, kommt das System dort an seine Grenze, wo der freie Fluß von Informationen und Energien stockt. Ob Herzinfarkt, Kreislaufkollaps oder Schlaganfall: Die Folgen verstopfter Systeme sind unschön – für überforderte Menschen genauso wie für kollabierende Unternehmen. Wie wir aus der Erforschung natürlicher Systeme wissen, bilden sich die Ab-Teilungen eines Systems nicht von heute auf morgen. Manchmal sind die Warnsignale unscheinbar. Deswegen:

Schaffen Sie Ihre Ab-Teilungen ab, bevor es zu spät ist!

Alchemisten-Ressource Nummer 4: Emotion

Information ist im Hochgeschwindigkeitsnetzwerk der neuen Wirtschaft das Gold der Zukunft – ja eigentlich noch wertvoller als dieses Edelmetall: Wir können Informationen herstellen, die erheblich wertvoller sind als Gold, wir können Informationen leichter transportieren als Gold, und wir haben unsere Computer, die so viel neues Informationsgold *generieren,* wie wir mit unserem Erfindungsgeist zulassen. Wahrlich, erstmals in der Geschichte der Menschheit leben wir ökonomisch gesehen im Zeitalter der Alchemie.

Auf jedem unserer Schreibtische steht eine Gelddruckmaschine der besonderen Art: Ein Computer, der nach unseren Anweisungen und Ideen höchst nützliche Informationen sucht, verdichtet, neu generiert und an Kunden versendet, die dafür gegebenenfalls ein Vermögen zahlen.

Ketzerische Frage: Können wir uns überhaupt eine Welt vorstellen, die noch alchemistischer und paradiesischer funktioniert als das Informationszeitalter?

Gibt es eine Ressource, die aus sich selbst heraus immer weiter vermehrbar ist und der Menschen einen noch größeren Wert beimessen als der Information?

Gibt es so etwas wie das Platin der neuen Wirtschaft – ein Edelmetall, dem die Menschen einen noch größeren Wert zumessen als Gold?

Die Antwort lautet »Ja«, und sie hat mit unserer genetischen Grund-disposition zu tun:

Information erreicht unseren Kopf – Emotionen treffen ins Herz.

Wenn Emotionen uns so viel stärker beeinflussen, steuern und faszi-nieren als bloße rationale Einsichten, dann können wir die Werkzeuge des Informationszeitalters nutzen, um Bilder und Geschichten zu ent-wickeln, die den Kunden direkt ins Herz treffen. Und so könnten wir nach und nach das bloße Informationszeitalter hinter uns lassen und ins *Emotionszeitalter* hineinwachsen, um dort eine noch höhere Wert-schöpfung zu erreichen.

Rolf Jensen, der Direktor des renommierten Kopenhagener Instituts für Zukunftsstudien, bezeichnet dieses Emotionszeitalter als »Dream Society«. Er gibt in seinem gleichnamigen Buch eine Fülle von Bei-spielen und Indikatoren, die eindrucksvoll belegen, daß der Übergang ins Emotionszeitalter bereits in vollem Gange ist.

Auch hier werden wieder diejenigen die Nase vorn haben, die als erste die neuen Spielregeln erkennen und für sich nutzen und damit schneller als die anderen von Ledersohlen zu Schlittschuhen wechseln...

In dieser Einführung möchte ich Ihnen zunächst drei Aspekte der Alchemisten-Ressource Emotion näherbringen. Der Hohen Schule die-ses Rohstoffs ist dann das fünfte Kapitel gewidmet.

Die Scheuklappen des Abendlandes

Wie war Ihre spontane Reaktion auf die These, Emotion sei für die Zukunft der Wirtschaft ein noch wichtigerer Rohstoff als Information? Haben Sie gedacht: Ja, klar. Weiß ich doch. Im Kampf Verstand gegen Gefühl siegt immer das Gefühl. Ist doch im Prinzip nichts Neues. Klar sind Gefühle wichtig, aber das weiß und nutzt die Werbung doch schon seit Jahren...

Die Einsicht, daß Emotionen wichtig sind, ist in unserer Gesellschaft *an der Oberfläche* weit verbreitet. Davon abgesehen, widerspricht sie jedoch dem Menschenbild, das wir seit Aristoteles im christlichen Abendland vom »homo sapiens« aufgebaut haben:

1. Die Ökonomie arbeitet heute noch mit einer Vielzahl von Modellen, die den Kunden als *rationalen Entscheider* sehen.
2. Auch Ärzte appellieren durchweg an die rationale Einsicht ihrer Patienten. Sie *erklären* beispielsweise erwachsenen Patienten wie kleinen Kindern, daß sie ihr Penicillin nehmen müssen, bis die Packung aufgebraucht ist. Sind die Halsschmerzen nach zwei Tagen weg, hören viele mit der Antibiotika-Einnahme auf, auch auf die Gefahr hin, penicillinresistente Bakterienstämme zu züchten. Und obwohl Ärzte in ihrer Praxis nahezu täglich Zeuge solch irrationaler Verhaltensweisen werden, bleiben sie über Jahrzehnte ihrem Ansatz treu: »Ihre überwiegend sitzende Tätigkeit beeinträchtigt ihre Gesundheit. Sie sollten sich mehr bewegen.« Wir nicken, legen uns aufs Sofa und bewegen die Bierflasche...
3. Krankenkassen, Schulen und Eltern erklären uns, daß Rauchen gesundheitsschädlich ist. Der Bundesgesundheitsminister hält es sogar für eine gute Idee, dies auf jede Zigarettenpackung drucken zu lassen, damit unser Kopf es einsieht. (Doch der Finanzminister ist cleverer: Er weiß, daß Marlboro uns den Geschmack von Freiheit und Abenteuer mit coolen Bildern nahebringen darf. Und solange das Rauchen cool ist, braucht er sich um die Einkünfte aus der Tabaksteuer keine Gedanken zu machen...)
4. Politiker arbeiten Wochen und Monate hart an ihren Inhalten und Parteiprogrammen, um uns Wähler zu überzeugen. Wahlforscher wissen, daß wir die meisten Konzepte ohnehin nicht lesen. Unser Bauch sagt: Den Schröder finden wir menschlich sympathisch, Scharping ist langweilig, Bayern sind gut, aber nicht hundertprozentig vertrauenswürdig für Nordlichter, und Angela Merkel hat für ihre Karriere den falschen Friseur...
5. Kernkraftwerks-Betreiber entwickeln 400seitige Dokumentationen mit der Max Planck-Gesellschaft, die zeigen, daß Kernkraft sicher ist – doch wir haben weiterhin Angst...

6. Unternehmensberater fertigen für viele Millionen Euro brillante Analysen. Die Mitarbeiter sind beeindruckt, vom Bauch her aber trotzdem gegen Veränderungen, und deswegen ist zwei Jahre später alles wieder beim alten. (Und dann kommt einer wie Lee Iacocca zu Chrysler und akzeptiert aus innerer Überzeugung ein symbolisches Jahresgehalt von einem Dollar. Als er Wochen später 60.000 Chrysler-Mitarbeiter von einem vierzigprozentigen Gehaltsverzicht überzeugen muß, wird sein Beispiel bekannt – und Iacocca gewinnt die Belegschaft für sein Vorhaben.)

Diese wenigen Beispiele mögen genügen: Überprüfen wir unser Verhalten als Eltern, Lehrer, Erzieher, Berater, Ärzte, Unternehmer oder Politiker, dann stellen wir fest, daß wir *immer wieder an die rationale Einsicht anderer appellieren, obwohl wir täglich Zeuge des geringen Erfolges solcher Bemühungen sind.*

Einer meiner Lehrer, der amerikanische Sportcoach James E. Loehr, den viele für den weltweit führenden Sportpsychologen halten, sagt in diesem Zusammenhang über sich selbst: »Als ich verstand, daß [gilt] »emotions run the show«, war dies ohne Frage der größte Durchbruch in meiner Karriere. Es wurde langfristig das zentrale Organisationsprinzip für alles, was ich lernte und im Coaching für meine Kunden tat.«[15]

Auf tausend Manager mit Millionengehältern, die ihre Mitarbeiter dafür gewinnen wollen, persönliche Opfer zu bringen, kommt eben nur ein Lee Iacocca, der begreift, daß Überzeugen nicht von Sachargumenten zum Shareholder Value abhängt, sondern zum Beispiel vom persönlichen Vorbild, mit dem man die Herzen gewinnt....

Lassen Sie uns deshalb festhalten:
• Die besten Produkte sind diejenigen, *die ihre Käufer emotional binden:* Wie anders ist es zu erklären, daß Dietrich Mateschitz für sein »Red Bull« einen zehnmal höheren Deckungsbeitrag erwirtschaftet als die Hersteller »normaler« Erfrischungsgetränke und er – wie er

---

[15] Loehr, a.a.O., S. 46.

kürzlich im Club 55 der europäischen Marketing-und Verkaufsexperten berichtete – beim hundertvierzigsten (!) Nachahmer auf-
hören konnte, die erfolglosen Kopierversuche der Konkurrenz zu
zählen.

- Die besten Marken sind diejenigen, *die ihre Kunden emotional an
  sich binden.* Die Firma Apple erreicht beispielsweise bei ihren Kunden eine solche *emotionale Markentiefe,* die es ihr erlaubt hat, eine
  Wiederbelebungsphase zu überstehen, an der andere Marken geschei-
  tert wären.
- Die besten Verkäufer sind die, *die ihre Kunden emotional an sich
  binden.* Dazu brauchen sie – wie Daniel Goleman festgestellt hat –
  emotionale Intelligenz. (Der Welterfolg von Golemans Buch zeigt
  deutlich, daß wir in unserer Kultur eben nicht nach dieser Erkenntnis
  leben und handeln!)
- Die wichtigste Komponente beim Kundenservice ist ebenfalls *Emotion:* Gleichgültig, was wir tun, um unsere Kunden zufriedenzustel-
  len, ist *das Gefühl* entscheidend, *das wir ihnen vermitteln.*
- Die wichtigste Komponente beim transparenten und analytisch aus-
  rechenbaren Finanzmarkt: *Emotion.* Unsere Aktienmärkte werden
  weit weniger durch irgendwelche Ereignisse bestimmt, als dadurch,
  wie Menschen auf diese Ereignisse *emotional reagieren.* (Denken
  Sie an Aussagen von Finanzanalysten wie: Der Dollar ist zur Zeit
  [Juni 2001] ca. 30 Prozent überbewertet.)
- Sogar im Internet, dem Informationsmedium par excellence, haben
  zuerst – und bis heute überwiegend – diejenigen richtig Geld verdient, die mit ihren Sex-Websites für emotionale Erlebniswelten sorgen konnten – ein Befund, der, so Gary Hamel, nur diejenigen erstaunen kann, die sich eher wenig mit der Geschichte und der Natur
  des Menschen beschäftigt haben.

Emotions run the show!

Ich kann mir gut vorstellen, daß diese Analyse Sie *emotional* nicht sehr
zufriedenstellt – haben wir doch alle gelernt, daß wir in der stammes-

geschichtlichen Entwicklung vom emotionalen Wilden zum vernunft-geleiteten, zivilisierten Menschen deutliche Fortschritte gemacht haben. Vielleicht erwarten Sie deshalb jetzt dramatische Beispiele von mir, um Ihre Restzweifel zu zerstreuen. Vielleicht den Hinweis auf die vielen hundert Krisenherde dieser Welt, an denen Menschen sich tagtäglich emotional und ohne jede rationale Einsicht den Schädel einschlagen.

Oder die Frage, warum – wenn die Atombomben auf Hiroshioma und Nagasaki lediglich aus Abschreckungsgründen eingesetzt wurden – die zweite Bombe noch erforderlich war.

Oder Sie erwarten den Hinweis, wieso die NASA über 87 Milliar-den Dollar in die Mondlandungen zu Forschungszwecken investiert hat, nur um festzustellen, daß es dort oben kalt und ungemütlich ist. Als die Amerikaner dann nach der dritten Mondlandung den Russen gezeigt hatten, wer die Nummer 1 ist, konnte das Forschungsprojekt eingestellt werden…

Ich werde auf solche und ähnlich dramatische Hinweise komplett verzichten. Es würde mir genügen, wenn Sie noch immer bei uns Men-schen von einem so rational dominierten Verhalten ausgehen, daß Sie sich in einer ruhigen Minute einmal folgende Fragen zu Gemüte führen:

• Wie können wir die weltweite Anteilnahme am Tod von Lady Diana Spencer rational erklären?

• Wie erklärt sich der Milliardenerfolg des Computerkükens »Tama-gotchi«?

• Wie ist zu erklären, daß sich die Weltöffentlickeit 18 Monate mit der Frage beschäftigte, ob der amerikanische Präsident ein Verhältnis mit seiner Praktikantin hatte – und das in einer Zeit, in der täglich 40.000 Menschen den Hungertod gestorben sind, Dutzende von Kriegen statt-gefunden haben und uns allen das ganze Ausmaß der Weltklima-Katastrophe bekannt geworden ist?

Schlußfolgerung: Gleichgültig, für wie rational wir uns gerne halten: Unser biologisches Erbe sitzt tief, und wir tun gut daran, unser ökono-misches (und selbstverständlich auch unser politisches, privates…) Handeln danach auszurichten.

Das Gesetz vom abnehmenden Erlebniswert bei hoher Produktreife
und Marktdurchdringung

Können Sie sich noch daran erinnern, als Mitte der sechziger Jahre die ersten Farbfernseher auf den Markt kamen? Ich hatte gerade meine Leidenschaft für den Fußball entdeckt. Die beiden Nachbarn, die sich zur Fußball-WM 1966 einen Farbfernseher zugelegt hatten, waren die ungekrönten Könige in unserer Straße.

Die Nachricht, Sie hätten sich einen neuen Fernseher zugelegt, wird heute vermutlich nur noch wenige Menschen motivieren, bei Ihnen vorbeizuschauen. Gleichgültig, ob Großbildschirm, Dolby-Stereo-Sound oder sonstige High-Tech-Features: *Was alle kennen, weil alle es haben, ist emotional so viel wert wie Sand in der Wüste.* Und eine fünfprozentige Verbesserung einer ohnehin guten Technik reißt uns eben nicht vom Hocker.

Diese Entwicklung hat stattgefunden für Kühlschränke, Tiefkühltruhen, Geschirrspüler, Stereoanlagen, Faxgeräte, Mobiltelefone, Autos und Dutzende anderer Errungenschaften, die heute Standard sind: *Was uns zu Beginn der Marktdurchdringung mit Besitzerstolz erfüllt hat, was anfangs gut war für die Selbstdarstellung am Biertisch, damit locken wir einige Jahre später keine Katze hinter dem Ofen hervor.* (Der Prestigewert eines PC ist heute auch nicht mehr das, was er einmal war. Auch die Funktionslust, die einst durch tolle neue Computerspiele geweckt wurde, befindet sich bei vielen von uns bereits auf einem absteigenden Ast.)

Um es auf eine einfache Formel zu bringen: Wer nach dem Zweiten Weltkrieg eine heile Hose hatte, war ein heimlich oder offen bewunderter Star, dem es richtig gut ging. 30 Jahre später brauchte man für den Status des »Es-geht-mir-richtig-gut« schon mindestens zehn Hosen in den unterschiedlichsten Formen und Farben, um gut dabei zu sein.

Heute liegt die Latte noch höher: Wer sich weder Diesel-Jeans noch Tommy-Hilfiger-Shirts als Ausdruck seines emotionalen Lebensgefühls leisten kann, ist schlichtweg »out«.

Bei großer Marktdurchdringung und hoher Produktreife sinkt der emotionale Erlebniswert immer weiter ab.

Je perfekter und damit langweiliger Produkte und Dienstleistungen werden (und je stärker sie den Markt durchdringen), um so größer wird der Bedarf, sie emotional aufzubauen.

Beispiel: Bis in die siebziger und achtziger Jahre hinein waren Motorräder auf einem so unausgereiften Stand der Technik, daß jede neue Generation einer 750er Honda, Suzuki oder Kawasaki im Fahrverhalten eine neue Welt eröffnete. Je kleiner die Entwicklungssprünge mit jedem Nachfolgemodell wurden, um so geringer der Besitzerstolz und das »add-on« beim Fahrspaß mit dem neuen Modell.

Damit schlug dann die Stunde von Harley Davidson, Norton, NSA, Royal Enfield und MV Agusta: Hersteller, die neben einem guten Motorrad eine gute Geschichte anzubieten hatten, waren auf einmal »in«. Denn wer Harley Davidson fährt und sich das Firmenwappen unauslöschlich auf den Oberarm tätowieren läßt, der hat nicht nur eine Fortbewegungsmöglichkeit von A nach B gekauft, sondern ein Lifestyle-Konzept. Harley-Fahrer genießen ihre Freiheit, das Abenteuer und den Stolz, anders zu sein als andere. Sie kaufen einen Lebensstil, die Zugehörigkeit zu ihrer Clique und ein Lebensgefühl, das sich jeder Rationalität fröhlich verschließt.

Bei ausgereiften Produkten und Märkten ist die Story der Unterschied, der den Unterschied ausmacht!

Der Erlebnistrend als Gegengewicht zur Zivilisations-Langeweile

Angenommen, Sie hätten vor 10.000 Jahren gelebt und wären an einem schneidend kalten Wintertag in der Eiger Nordwand herumgeklettert, um einen Gamsbock zu erlegen: Hätten Sie abends am Lagerfeuer den Drang verspürt, unbedingt einen Luis-Trenker-Film zum Thema »Meine

Heimat in den Bergen« anzuschauen? Oder hätten Sie nach einem solchen Tag Abenteuer pur lieber die Sicherheit und Behaglichkeit Ihrer Berghütte genießen wollen?

Oder angenommen, sie haben gerade den Iron Man auf Hawaii erfolgreich beendet. Im Hotelfernsehen läuft: »Harte Männer – harte Frauen: Was Leistungssportler mit der Kraft ihres Willens vollbringen...« Würden sie sich – Erdnüsse futternd – inspirieren lassen, oder würden Sie erst einmal ein Nickerchen machen wollen?

Es gehört zum gesicherten Grundwissen der Psychologie, daß wir Menschen zwei tiefverwurzelte Grundbedürfnisse haben, die in entgegengesetzte Richtungen streben: Einerseits das Bedürfnis nach Sicherheit und andererseits den Drang nach Abwechslung und Abenteuer. Bei Stuntman Evil Kneavel, dem Weltrekordinhaber im Motorradweitsprung, der bei seinen öffentlichen Auftritten in der Liste seiner Erfolge unter anderem auf 45 Operationen und 3,7 kg Silber in seinem Körper hinweist, dürfte der Wunsch nach Abenteuer überwiegen. Bei anderen, zum Beispiel einem mir bekannten Buchhalter, der bei jedem Tankstop an seinem Audi 80 ängstlich überprüft, ob der Reifendruck noch stimmt, wird der Wunsch nach Sicherheit überwiegen.

Doch gleichgültig, wie sehr bei uns das eine oder andere Bedürfnis dominiert: *Zuviel Sicherheit führt auf Dauer zu Langeweile, und ständiger Abenteuerstreß läßt auch im größten Helden zur Abwechslung den Wunsch nach Ruhe und Sicherheit aufkommen.* Sogar James Bond gönnt sich am Ende seiner Filme etwas Zeit zum »Relaxen«...

Die Balance von Sicherheit und Abenteuer ist in allen zivilisierten Gesellschaften in den letzten Jahren und Jahrzehnten stark in Mitleidenschaft gezogen worden:

- In unserem Auto sind wir inzwischen umgeben von acht Airbags, ABS, dem Bremsassistenten, Dreipunktgurten mit Gurtspannern, elektronischer Stabilitätskontrolle, Abstandswarnern und Einparkhilfen.
- Am Arbeitsplatz dürfen wir uns nur noch bewegen mit Stahlkappenschuhen, Augenschutz, Gehörschutz, Helm, Handschuhen und Sicherheitsbekleidung.

- In der Freizeit vermummen wir uns nicht nur beim Motorradfahren mit Helm und Kevlar-verstärkter Lederkombi; ob beim Radfahren, Inlineskaten oder Skifahren, der Helm gehört inzwischen zum guten Ton. Besorgte amerikanische Eltern lassen ihre Kinder ohne Helm noch nicht einmal mehr zum Roller- oder Schlittenfahren. Fehlen nur noch findige Unternehmer, die für unsere Zweijährigen den »Abenteuerspielplatzanzug« mit integriertem Helm entwickeln, damit unseren Jüngsten auf der Rutsche nichts zustößt.

All diese Sicherheitsnetze unserer Zivilisation sind zweifelsohne vernünftig und werden – von einigen Übertreibungen abgesehen – von der großen Mehrheit auch begrüßt. Aber was rational und vernünftig ist, ist zumeist eben auch sterbenslangweilig. Schwere Zeiten also beispielsweise für die 80 Prozent aller Männer, die sich in ihrer Selbsteinschätzung für weit überdurchschnittliche Autofahrer halten und denen jetzt der Computer in Eis und Schnee auch den kleinsten Drift zunichtemacht. Was bleibt ihnen im Leben?

- Sollen sie sich ein Mountainbike kaufen und halsbrecherisch über Geröllhalden zu Tal rasen, die jede vernünftige Gemse meiden würde?
- Sollen sie sich nach der Arbeit in alten Fabrikhallen als Klein-Schumis bei Go-Cart-Rennen duellieren?
- Oder besser für den Iron Man trainieren, sich eine Everest-Expedition für Laien gönnen, zu Fuß durch die Wüste Gobi oder zum Nordpol marschieren?
- Oder sollen sie aufgeben, resignieren und sich damit begnügen, die Abenteuer anderer Menschen vor dem Fernseher zu verfolgen (natürlich stilgerecht im Jogging-Anzug mit Adiletten)?

Wie diese wenigen Beispiele zeigen, läßt sich in unserer westlichen Welt seit einigen Jahren ein starker Trend beobachten:

Je sicherer unsere Welt wird, um so größer wird unser Erlebnishunger und der Hang zum Abenteuer.

Die Vorboten dieser Entwicklung sind bereits deutlich zu sehen:

- Die Tourismusindustrie erwartet bis zum Jahr 2010 eine Steigerung des Anteils von Abenteuerreisen am Gesamtreisemarkt bis auf 30 Prozent.

- Und für alle, bei denen es nur zu Minireisen reicht: Der Wiener Mediendramaturg Christian Nikunda rät weltweit Architekten, Einkaufsparks nach den Spielregeln zu gestalten, die vom Altertum bis zur Neuzeit jedem Drama Spannung geben. Ob es um die Mall of America geht, die Weltexpo in Sevilla, den Louvre, das Luxorhotel in Las Vegas oder den Wallfahrtsort Lourdes: Die Prinzipien und Gesetzmäßigkeiten, von denen wir Menschen uns in faszinierenden Erlebniswelten gefangennehmen lassen, sind bekannt und werden von Profis immer öfter systematisch genutzt.

- Kreuzfahrten – ursprünglich der Inbegriff von Erlebnisreisen schlechthin – verkaufen sich zunehmend über sorgfältig geplante Zusatzerlebnisse. Die Reederei Cunard wählt das Thema der Musik- und Kunstakademie, und Disneymagic entwirft den Familienschiffsurlaub für Eltern und Kinder aus der Traumwelt der Bilderbuchfamilie. Inzwischen werden große Segelschiffe nachgebaut, auf denen Abenteuerreisen mit echtem Cap-Horn-Training zu horrenden Preisen offeriert werden.

Im Informationszeitalter gilt: Informationen sind wichtiger als Kapital. Im Emotionszeitalter gilt: Emotionen und die Stories, die sie transportieren, sind wichtiger als Informationen.

Damit Sie in Zukunft aus beidem genügend Kapital machen können, folgen die Kapitel 4 und 5.

Kapitel 4:
Information – die Alchemisten-Ressource, die unsere Wirtschaft neu konstruiert

Wir wissen aus der Quantenphysik, daß alle materiellen Dinge dieser Welt aus Atomen bestehen. Und wir wissen weiter, daß Atome neben unendlicher Leere aus Neutronen, Elektronen, Quarks und anderen Kleinteilen bestehen. Diese subatomaren Partikel sind bei allen Atomen gleich. Sie sind – obwohl wir sie Partikel nennen – keine materiellen Dinge, sondern Energie- und Informationsimpulse. Was Gold von Blei unterscheidet, ist die *Menge* und das *Arrangement* dieser Informations- und Energieimpulse. Vor dem Hintergrund der Erkenntnis, daß die Welt im Innersten sowieso von Informationen zusammengehalten wird und die Struktur dieser Information darüber entscheidet, ob das Ergebnis giftiges Blei oder glänzendes Gold ist, sollte es leichtfallen, die Informationsstrukturen unseres Wirtschaftslebens zu erkennen.

Informationen durchdringen alle Wirtschaftsebenen

- Wer sich jemals die Beschreibung von Arbeitsabläufen zur Isozertifizierung angeschaut hat, der weiß, daß nahezu jeder Handgriff in unserem Wirtschaftsleben entweder von Informationen begleitet ist oder zumindest durch sie gesteuert wird.
- Wertschöpfungsketten – die Folge von Aktivitäten, die vom Entwurf eines Produktes über seine Herstellung und seine Lieferung (und gegebenenfalls seinen Service) führt – bestehen im wesentlichen aus Informationen.
- Der entscheidende Unterschied zwischen einer Benchmark-Weltklasse-Wertschöpfungskette und einer Durchschnittsleistung ist regelmäßig ein Know-how-Unterschied – und besteht also aus Informationen.

- Der Unterschied zwischen Experten und Nicht-Experten ist in der Regel auch ein Wissensunterschied. Die Weitergabe von Experten-Informationen – zum Beispiel in Franchise-Systemen – wird deshalb zurecht großzügig honoriert, weil in dieser Know-how-Differenz oft der Unterschied zwischen Erfolg und Niederlage liegt.
- Wettbewerbsvorteile entstehen häufig durch den richtigen Einsatz von Informationen – bei Toyotas Simultaneous Engineering genauso wie beim Total Quality Management.

Information ist die Software, die unsere Wirtschaftsprozesse steuert.

Informationen bestimmen durch Reichweite und Qualität die Struktur des Wirtschaftsprozesses[16]

Bevor Sie jetzt befürchten, es würde zu theoretisch und kompliziert, lassen Sie mich zweierlei versprechen: Erstens, es bleibt so konkret und anschaulich wie möglich. Und zweitens: Das Verständnis, wann und wieso Märkte auseinanderbrechen, ist für Ihre berufliche Zukunft von zentraler Bedeutung. Bleiben Sie also dabei!

Reichweite einer Information meint die Anzahl an Personen, die an einer Information teilhaben.
Qualität einer Information besagt, wie umfangreich die Information ist und wie genau sie zu dem paßt, was ich wissen will.

Beispiel: Wenn ich in einem Tante-Emma-Bekleidungsfachgeschäft in Buxtehude Levi's-Jeans anbiete, dann ist die *Reichweite* dieser Information gering: Sie erreicht nur die wenigen Kunden, die in meinen Laden kommen.

[16] Das Konzept von Info-Reichweite und Info-Qualität wurde von Evans und Wurster entwickelt. Vgl. Philip Evans/Thomas S. Wurster: Webattack. Hanser, München 2000.

Wenn jetzt die Firmen Quelle oder Neckermann kommen und einen Versandhandel eröffnen, indem sie ebenfalls Levi's-Jeans anbieten, dann erreichen sie möglicherweise hunderttausende Menschen und haben damit eine viel größere *Informationsreichweite.*

Bei der Informations*qualität* ist es dagegen genau umgekehrt: Die Chance des Quelle-Kunden, die Verarbeitung der Jeans und ihre Paßform anhand des kleinen Katalogbildes zu überprüfen, ist klein.

Wer dagegen in meinen Tante-Emma-Laden nach Buxtehude kommt, kann den Jeansstoff und die Verarbeitung mit Augen und Händen prüfen und – wenn es erforderlich ist – sieben verschiedene Modelle anprobieren, bis er die Hose findet, die optimal paßt.

Dieses kleine Beispiel erlaubt uns, einige Grundregeln zu formulieren, die generell für die Reichweite und Qualität von Informationen gelten.

1. Hohe Informationsqualität erfordert in aller Regel
   * örtliche Nähe,
   * einen bestimmten Zeitaufwand, um die reichhaltigen Informationen aufzunehmen,
   * (teilweise) bestimmte Informationskanäle, um die Information zu transportieren.

2. Große Reichweite bedeutet in aller Regel wegen der technischen Grenzen zur Informationsbeförderung
   * eine Beschränkung in der Informationsqualtität und
   * gegebenenfalls durch die Art der Beschränkung eine (bewußte oder unbewußte) Informationsverzerrung.

Beispiel:

Erste Stufe: Zwei Vorstände befreundeter Unternehmen verhandeln während eines dreistündigen Arbeitsessens über ein neues Projekt. Die Informationsqualität ist hoch, örtliche Nähe besteht, genügend Zeit zum Verarbeiten des reichhaltigen Informationsangebots ist ebenfalls vorhanden.

Zweite Stufe: Am nächsten Morgen berichtet jeder Vorstand seinen Kollegen von dem Gespräch in einer zehnminütigen Zusammenfassung. Die Reichweite – die Zahl der Menschen, die von dieser Information erfahren – steigt; die Qualität sinkt, weil viele Zwischentöne beim Zusammenfassen auf zehn Minuten wegfallen müssen (insbesondere der wichtigste Faktor – das emotionale Klima zwischen den beiden Verhandlungspartnern – läßt sich nur unzureichend in Sprache abbilden).

Dritte Stufe: Der Vorstand beschließt, ein vierzeiliges Statement an die Presse zu geben. Die Reichweite ist jetzt riesig, weil Hunderttausende von der Information erfahren, ihre Qualität jedoch inzwischen stark reduziert.

3. In jeder Branche gibt es aus ökonomischen und praktischen Gründen bestimmte Qualitäts-und Reichweitenkompromisse.

4. Die durch den Qualitäts-und Reichweitenkompromiß vorgegebene Informationsstruktur führt im Verhältnis von Anbietern und Nachfragern zu einer bestimmten Machtbalance.

5. Der technische Fortschritt bietet ständig neue Möglichkeiten, Informationen mit hoher Qualität eine größere Reichweite zu geben.

6. Setzt sich die neue Informationsstruktur durch, wird das bisherige Muster der Wirtschaftsprozesse komplett aufgelöst.

Beispiel Facheinzelhandel: Nehmen wir ein Fachgeschäft mit hochwertigen HiFi-Anlagen: In der Vergangenheit stellten die Hersteller ihren Kunden Hochglanzbroschüren mit tollen Bildern und einem Minimum an technischen Informationen zur Verfügung. Die Verkäufer wurden dagegen auf mehrtägigen Fachseminaren über alle Produkte intern geschult. Der Verkäufer wußte fast alles, der Kunde fast nichts. Und er konnte diese Machtlosigkeit nur gelegentlich durch einen Vergleich der Stiftung Warentest etwas zu seinen Gunsten abmildern.

Inzwischen erlaubt das Internet, ausführlichste technische Daten und Analysen zur Verfügung zu stellen. Die Hersteller wissen haargenau, daß gerade technikbewußte Kunden bei größeren Anschaffungen das Web zum Infoshopping nutzen. Wer deshalb auf seiner Web-Site mauert oder sonst bei der Bedienerfreundlichkeit spart, ist von vornherein außen vor.

Der Interessent, der drei Geräte in die engere Auswahl genommen hat, erfährt über diese Modelle in wenigen Stunden im Internet mehr, als der Verkäufer jemals lernen kann (der ja schließlich über 90 HiFi-Verstärker seines Angebotes Bescheid wissen muß).

Wenn Sie noch Zweifel haben sollten, wie sehr sich die Machtbalance zwischen Verkäufer und Kunden im Facheinzelhandel verschoben hat, dann sollten Sie sich von dem einen oder anderen Verkäufer einmal erzählen lassen, wie der Wissenskönig Kunde heute auftritt... Deshalb gilt:

> **7. Produkte werden immer seltener *ver*kauft und immer häufiger *ge*kauft.**

Philip Evans und Thomas Wurster, Unternehmensberater der Boston Consulting Group und Autoren von »Web Attack«, haben die Dekonstruktion, das heißt den Abbau und die Neuformulierung der traditionellen Wirtschaftsstrukturen durch die Veränderungen in der Informationsqualität und der Reichweite, in verschiedenen Branchen gründlich untersucht.

Im Autohandel haben sie beispielsweise das folgende Leistungspaket entdeckt. Der Autohändler bietet:
- Informationen über neue Automodelle und Ausstattungsmöglichkeiten,
- Testfahrten,
- Finanzierungsvermittlung,
- Gebrauchtwagen und
- Wartungs-und Reparaturarbeiten

in einem Paket an, weil es für den Verbraucher in der Vergangenheit einfach und bequem war, im »one-stop-shopping« all diese Leistungen unter einem Dach vorzufinden. Wenn der Kunde sich erst einmal für ein bestimmtes Automodell entschieden hatte, ging es ihm nur noch darum, bei dieser teuren Anschaffung einen günstigen Preis zu erzielen. So spielte er einen Händler gegen den anderen aus, bis dieser am Autoverkauf selbst keinen oder nur mehr einen geringen Gewinn erzielte. Zum Ausgleich verfiel der Händler dann auf das Konzept der Quersubventionierung. Um die Kosten für seinen aufwendigen Neuwagenpalast wieder hereinzubekommen, verkauft er

*   teure Sonderausstattungen,
*   überteuerte Finanzierungen und
*   mit großen Margen kalkulierte Wartungs-und Reparaturleistungen.
*   Beim Gebrauchtwagenankauf achtet er schließlich darauf, seinen Wissensvorsprung zu nutzen und bestmögliche Einkaufskonditionen herauszuschlagen.

Dieses Gesamtpaket leidet darüber hinaus an weiteren Kompromissen:
*   Für Wartung und Reparaturen nach dem Kauf wären kleinere Werkstätten in Kundennähe ideal (die ohne die Fixkostenbelastung repräsentativer Neuwagen-Verkaufspaläste auskommen würden).
*   Neuwagen würden logistisch optimal durch eine Handvoll großer Regionalläger ausgeliefert.

Schauen wir uns jetzt einmal an, wie durch die neuen Reichweiten-Qualitätskompromisse im Internet die bisherigen Informationsstrukturen des Autohandels aufgelöst werden:
1. Die Hersteller können im Internet – ähnlich wie Michael Dell – Interessenten so ausführlich über neue Modelle, Sonderausstattungen und andere Optionen informieren, daß der Händler den Hersteller bestenfalls noch für die Probefahrt braucht (und diesen Service könnte DaimlerChrysler besser und preiswerter durch eine Kooperation mit einem Autovermieter anbieten: Warum sollte Erich Sixt einem Mercedes-Interessenten dessen Wunschfahrzeug nicht einige Stunden zur Probefahrt überlassen?).

2. Die Finanzierung könnte – bei Neuwagen und gut erhaltenen Gebrauchtwagen unproblematisch, da der Beleihungswert feststeht –
nach einer Bonitätsprüfung des Kunden über entsprechende Portale
mit Quicken oder Microsoft Money abgewickelt werden.

3. Der private Gebrauchtwagenmarkt mit regionalen und überregio-
nalen Übersichten ist ebenfalls durch die Informationsbündelung im
Internet für alle Anbieter und Nachfrager leicht abwickelbar.

Diese Überlegungen zeigen, daß durch die neuen Informationsmög-
lichkeiten die Tendenz besteht, das bisherige *Angebotsbündel aufzu-
lösen und die einzelnen Teilleistungen jeweils optimiert anzubieten*:
Wer sollte einen Hersteller daran hindern,

- seine Fahrzeuge wie Computer über das Internet anzubieten,
- die Autos dann über wenige Zentralläger an seine Kunden mit Preis-
vorteil auszuliefern,
- die Finanzierung über ein eigenes Webportal mit verschiedenen Bankpartnern zu organisieren,
- Probefahrten in Kooperation mit einem Autovermieter durchzuführen,
- Wartungs- und Reparaturarbeiten in Kooperation mit kleinen Werkstätten vor Ort in Kundennähe zu organisieren (zum Beispiel mit den
Bosch-Diensten),
- für neue Gebrauchtwagen überregionale Verkaufszentren zu organisieren, die das Angebot mit Garantien und Großauswahl in ganz
Deutschland verfügbar machen,
- alte Gebrauchtwagen, die wegen größerer Mängel vom Wert her
schwer einzuschätzen sind, wie bislang dem Geschäft »von Privat an
Privat« zu überlassen.

Auch wenn Hersteller teilweise durch Franchiseverträge an ihre Händler in einer Weise gebunden sind, die diese Entwicklung verzögert: Die
Frage ist, wie lange sie aufzuhalten ist, wenn der erste Michael Dell
der Automobilbranche das Gesetz des Handelns übernimmt.

Der Umbau der traditionellen Wirtschaftsstrukturen birgt noch eine weitere Gefahr, die viele Unternehmer unterschätzen. Wir überprüfen bei neuen wirtschaftlichen Entwicklungen gerne das Substitutionspotential einer neuen Technik:

Ersetzt die CD die gute alte Schallplatte, dann läuten unsere Alarmglocken.

Wird die Digitalphotographie eingeführt, sehen wir die Branche der Fotogeschäfte in Gefahr; werden Steuerverwaltungsprogramme modern, geht es an die Existenzgrundlage unserer Steuerberater...

Bei diesem Denken wird weithin unterschätzt, daß durch die neuen Informationsstrukturen Leistungspakete oft in ihre Einzelbausteine zerlegt werden. Dabei kann es passieren, daß der Verlust eines profitablen Einzelbausteins, der aus dem Leistungsbündel herausgebrochen wird, bereits die Profitabilität der bisherigen Gesamtlösung bedroht.

Dies läßt sich besonders gut am Beispiel der Tageszeitung beobachten. Zeitungsverleger bekamen vor einigen Jahren einen mächtigen Schreck, als Nicholas Negroponte die Vision eines »Daily Me« entwarf – einer im Internet erscheinenden Zeitung, bei der wir uns das Informationsangebot nach eigenen Vorstellungen zusammenstellen. Wer also doppelt so viel Kultur will und dafür keine Formel-1-Berichterstattung, dem kann genauso geholfen werden wie dem Tennisfan, der sich montags auch Berichte über alle regionalen Tennisturniere wünscht.

Obwohl die elektronische Tageszeitung schon seit einigen Jahren im Gespräch ist, ist sie bis heute genauso wenig Realität geworden wie das papierlose Büro: Das Bauchgefühl, mit seiner Zeitung sonntags Marmeladenbrot-kleckernd auf dem Sofa zu relaxen, ist mit simplen rationalen Informationsvorteilen eben nicht auszuhebeln...

Zeitungsverleger haben deswegen recht, wenn sie argumentieren, kaum ein Manager werde eine halbe Stunde vor Abflug am Gate seinen Rechner hochbooten, um sein individuelles Handelsblatt anzuschauen, wenn die gedruckte Ausgabe fünf Meter weiter griffbereit liegt.

Daraus allerdings zu folgern, die Zeitungen wären aus dem Schneider, ist verfehlt:

Solange es das Internet nicht gab, waren Kleinanzeigen aus der »Natur der Sache« ein Zeitungsprodukt, weil es kaum Alternativen gab, sein Auto, Haus oder Segelboot regional oder überregional zu vertretbaren Preisen zum Verkauf anzubieten. Da die Zeitungen ein Quasi-Monopol für diesen Distributionskanal besaßen, mußten die Anzeigenkunden monopolähnliche Preise akzeptieren: Obwohl das Anzeigengeschäft nur rund zehn Prozent der Kosten ausmacht, erwirtschaften Zeitungen hier 40 Prozent ihrer Einnahmen.[17]

Kleinanzeigen sind ein ideales Online-Produkt. Wird meine Segeljacht nicht am ersten Wochenende verkauft, brauche ich in der nächsten Woche nicht wieder eine Anzeige zu schalten. Mein Angebot bleibt bis zum Abschluß der Transaktion im Netz. Da Inserate in Minuten aus dem Netz entfernt werden können, bedeutet es umgekehrt für den Interessenten, daß er die Gewähr einer sehr aktuellen Angebotsliste hat. Elektronische Suchfunktionen, Texte und Bilder, auf Wunsch – zum Beispiel bei wertvollen Häusern – sogar Videoclips ermöglichen durch ihr reiches Informationsangebot eine Qualität in der Vorauswahl, die die Tageszeitung niemals bieten könnte.

Der naheliegende Gedanke: »Na ja, wenn die Süddeutsche Zeitung hunderttausende Leser hat, die sich für ihren Immobilienmarkt interessieren, dann hat sie doch die besten Chancen, das Online-Kleinanzeigengeschäft zu übernehmen«, hilft nur bedingt weiter: Richtig ist zwar, daß die Süddeutsche die besten Startbedingungen hat. Klar ist aber auch, daß sie sich bei der Kalkulation ihres Online-Angebots an Mitbewerbern messen lassen muß, die nicht den Klotz am Bein haben, mit den Kleinanzeigen das kulturell aufwendige Feuilleton subventionieren zu müssen. Anders ausgedrückt: Die bisherigen Deckungsbeiträge sind auch dann in Gefahr, wenn die Süddeutsche das Kleinanzeigen-Portal in ihr Geschäft integriert.

Ein ähnlicher Cash-Cow-Verlust droht den Banken: Bislang nutzen zwar nur zwölf Prozent aller (amerikanischen) Haushalte eine persönliche Finanzverwaltungssoftware. Aber diese zwölf Prozent sind weitgehend vermögende Privatkunden, die ungefähr ein *Dreiviertel* zum Ertrag beitragen. Die Beruhigungsformel: »Die wenigsten unserer

---

[17] Vgl. Evans/Wurster, S. 47.

Kunden nutzen ihren PC zum Homebanking«, ist vor diesem Hintergrund zwar sachlich richtig, aber keinesfalls beruhigend, wenn man
sich den Verlust der Deckungsbeiträge vor Augen hält.

Vor dem Hintergrund dieser Überlegungen gibt es für jeden Unternehmer – als Einzelkämpfer, Mittelständler oder Konzernchef – einige
strategische Hausaufgaben zu erledigen. Analysieren Sie deshalb anhand folgender Fragen, wie sehr ihr Geschäft durch den Umbau der
bisherigen Informationsstrukturen verwundbar ist:

1. Welche Kompromisse gibt es in Ihrer Branche zwischen Informationsqualität und Informationsreichweite?
2. Können neue Technologien diese Kompromisse verschieben oder
   auflösen, indem sie die Reichweite hochqualitativer Informationen vergrößern?
   a) Wie schnell kann sich dieser Prozeß vollziehen?
   b) Gibt es erste Ansätze?
   c) In welcher Reihenfolge ist die Umstrukturierung zu erwarten?
   d) Wie können bisherige Leistungsbündel in neue separate Akti-
      vitäten aufgegliedert werden?
   e) Bei welchen Aktivitäten können und sollten Sie Marktführer-
      schaft anstreben?

Der Umbau der klassischen Wirtschaftsstrukturen durch die Neukonstruktion der ihnen zugrunde liegenden Informationsmuster wird zu
neuen Wettbewerbsvorteilen führen.

Bisherige Wertebündel zerfallen in mehrere Geschäfte mit unterschiedlichen Wettbewerbsvorteilen.

Es gibt keinen durchschnittlichen Wettbewerbsvorteil mehr.

Es gibt für jedes Teilgeschäft neue Mitbewerber.

Wer konkurrenzfähig bleiben will, muß in jedem einzelnen Geschäftsfeld überzeugenden Nutzen bieten.

Durch die Neukonstruktion der Informationsstrukturen unserer Wirtschaft wird es weitere Gewinner und Verlierer geben: Wenn Hersteller
und Kunden direkt miteinander ins Geschäft kommen (zum Beispiel
Autohersteller mit ihren Kunden, PC-Käufer mit Dell) und sich in der
jeweiligen Branche dadurch die Warenströme rationalisieren lassen,
wird eine Vielzahl von Vermittlern und Einzelhändlern nicht mehr be-
nötigt werden.

Viele etablierte Vermittler werden überflüssig.

Während die Mehrheit der Vermittler sich nicht halten wird, werden
auf der anderen Seite neue Navigatoren die großen Gewinner sein:
Suchmaschinen wie Yahoo! oder Datenbanken wie Autotraider oder
sonstige Navigatoren wie Quicken oder Money, die dafür sorgen, daß
Hersteller und Verbraucher schnell, mühelos und übersichtlich in Kontakt treten, werden immer stärker nachgefragt.

Auch für persönliche Navigatoren besteht eine enorme Nachfrage:
Wenn ich eine halbe Million Mark für eine Baufinanzierung brauche
und selbst zu wenig Spezialist bin, um mir alle erforderlichen Informationen zusammenzutragen, dann kann es sehr preiswert sein, für einige
Stunden einen kompetenten Navigator zu engagieren – selbst wenn der
150 Euro pro Stunde verrechnet. Daß diese Entwicklung schon in vollem Gange ist und moderne Navigatoren strategisch die Chance haben,
als Zielgruppenbesitzer zu einem wichtigen Marktfaktor zu werden,
zeigt der amerikanische Finanzmarkt.

Dort gab es ursprünglich den Full-Service-Broker mit persönlichem
Beratungsservice, bei dem die Transaktion 140 Dollar kostete. Dann
kamen Discount-Broker, die keine persönliche Beratung offerierten und
pro Transaktion 20 bis 30 Dollar verrechneten. Mittlerweile gibt es
auch reine Internet-Broker, die noch preiswerter sind. Im Laufe der
Jahre haben Discount-Broker wie Charles Schwab ein so hervorragen-

des Informations-Service-Angebot auf ihren Web-Sites geschaffen, daß derzeit in den Vereinigten Staaten ein interessanter Trend zu verzeichnen ist.

Viele Top-Berater in Full-Service-Brokerhäusern, die über Jahre ein großes und gutes Netz an Kundenbeziehungen aufgebaut haben, wissen um ihre Attraktivität am Markt: Steigt das Brokerhaus nicht auf die beträchtlichen Honorarforderungen dieser Top-Consultants ein, machen diese sich selbständig und nehmen ihre Kunden mit. Morgens studieren sie dann das umfangreiche Informationsangebot von Charles Schwab, rufen anschließend ihre Kunden an, denen sie gegen Honorar und mit dem Touch der persönlichen Beziehung einen Teil der Informationen anbieten, die es bei Charles Schwab kostenlos gegeben hätte…

Neue Navigatoren werden die Gewinner der Restrukturierung der Informationswirtschaft sein.

Navigatoren, die zugleich Zielgruppenbesitzer sind, stehen in der vordersten Startreihe, wenn es um den Markterfolg von morgen geht.

Kapitel 5:
Die evolutionäre Entwicklung der Wirtschaft zur Erlebnisindustrie

Auf dieses Kapitel möchte ich Sie mit einer zentralen, aber ungewöhnlichen Perspektive einstimmen:

Wirtschaftlicher Fortschritt bedeutet, daß wir bereit sind, Geld für etwas zu bezahlen, was früher kostenlos war.

Was auf den ersten Blick wie ein Rückschritt erscheint, entpuppt sich bei näherem Hinsehen jedoch als zentraler Fortschritt, für den einzelnen Kunden genauso wie für die gesamte Wirtschaft. Es ist deshalb nur folgerichtig, daß wir als Kunden *darauf drängen, endlich für etwas bezahlen zu dürfen, das bislang kostenlos war.* Doch viele Unternehmer reagieren eher zögerlich und zurückhaltend, wenn wir Kunden ungeduldig mit Geldscheinen winken und Sprechchöre anstimmen: »Bitte, laßt uns endlich kaufen«.

Wir wollen deswegen die Gelegenheit nutzen, solche Skeptiker für eine Entwicklung zu sensibilisieren, die sich vor unser aller Augen vollzieht, von vielen aber noch gar nicht zur Kenntnis genommen worden ist, nämlich: *der Trend zur Entwicklung eines neuen wirtschaftlichen Angebotes.*

Schauen wir uns das Ganze zunächst einmal konkret an – zum Beispiel anhand der Entwicklung von Geburtstagspartys.

Stufe 0: Wem es besonders schlecht geht, der kann oder will gar nicht feiern, das heißt: Es ist noch kein wirtschaftlich verwertbares Bedürfnis da. Wer also im Zweiten Weltkrieg seinen Geburtstag beim Bombenhagel im Schützengraben verbrachte, dem war der Geburtstagskuchen relativ egal. Aber kaum war der Krieg vorbei, ging es mit der Party wieder los....

Stufe 1: Wir kauften oder besorgten uns Eier, Zucker, Mehl und andere wichtige Zutaten (»Rohstoffe« in der Sprache der Ökonomen), damit Mama endlich wieder backen konnte. Auf dieser ersten Stufe eines wirtschaftlichen Angebotes gönnten wir uns also die Rohstoffe – sagen wir eine Kuchenteigmischung – für etwa einen Euro, produzierten das Konsumgut Kuchen jedoch genauso selbst wie die übrigen Catering-Dienstleistungen für die Party. Wir sorgten darüber hinaus auch dafür, daß bei der Party richtig die Post abging und alle ein tolles Erlebnis hatten...

Stufe 2: Zwanzig Jahre später ging es uns so gut, daß wir mehr Geld und weniger Zeit zur Verfügung hatten. Die Mama war berufstätig, hatte kaum noch Zeit zum Kuchenbacken, und so interessierten wir uns für die zweite Form wirtschaftlicher Angebote: die Güterebene. Wir kauften den Kuchen, organisierten jedoch nach wie vor die Party selbst und sorgten auch für den Erlebnisspaß.

Stufe 3: Mit weiterem Wohlstand hatten wir noch mehr Geld und noch weniger Zeit, und wir engagierten nicht nur den Bäcker als Güterhersteller, sondern auch einen Caterer als Dienstleister: vom Kuchen bis zum Buffet, von der Bestückung der Bar bis zur Tischdekoration. Statt den ganzen Samstag zu schuften, ließen wir auf dieser Stufe des wirtschaflichen Angebots andere unsere Arbeit machen und konzentrierten uns nur noch darauf, abends als Stimmungskanonen für das Erlebnis der Gäste zu sorgen.

In unserer Gesellschaft, in der vielen der Wohlstand schon fast zu den Ohren herauskommt, liegt natürlich ein verführerischer Gedanke nahe: Wenn ich Rohstoffbesorgung (Stufe 1), Güterbeschaffung (Stufe 2) und Catering-Dienstleistung (Stufe 3) delegieren kann, warum soll ich mich dann abmühen, damit meine Gäste ein tolles Erlebnis haben?

Könnte ich mir nicht gleich das Geburtstagserlebnis kaufen (Stufe 4) und Profis dafür sorgen lassen, daß der Geburtstag meines Zehnjährigen für alle eingeladenen Kinder und Erwachsenen zu einem unvergeßlichen Erlebnis wird?

Die Antwort lautet: Jawohl, das können Sie. Chuck E. Cheeses, Creativities, Discovery Zone und Club Disney bieten Ihnen in Amerika heute schon direkt das Geburtstagserlebnis: Bei Club Disney beispielsweise bekommen Sie im Minimumpaket zwei Stunden top-gestaltete Unterhaltung, für jedes Kind und jeden Erwachsenen ein Stück Pizza, ein Getränk und natürlich den obligatorischen Geburtstagskuchen – alles zusammen zum Paketpreis von mindestens 250 Dollar.

Spätestens jetzt sollten Menschen mit Dollarzeichen in den Augen wach werden: Wenn Dr. Oetker für seine Rohstoffmischung zehn Cent erlöst, der Bäcker für seinen Kuchen einen Deckungsbeitrag von zwei Euro erwirtschaftet, der Caterer bei einer Zwölf-Personen-Party vierzig Euro Profit macht und Club Disney mindestens mit dem *vierfachen Profit* von 160 Euro nach Hause geht, dann lohnt sich doch das Nachdenken.

Geht es hier um einen Einzelfall, der Zufall ist, oder läßt sich *hier ein Trend erkennen, der die wirtschaftliche Zukunft unseres Unternehmens auf eine völlig andere Ebene bringen kann?*

Halten wir zunächst fest: Wirtschaftlicher Fortschritt und wachsender Wohlstand können uns tatsächlich motivieren, Geld für Dinge zu bezahlen, die früher kostenlos waren, damit man uns Arbeit abnimmt, die wir früher selbst erledigen mußten. Darüber hinaus scheint zu gelten:

> Menschen messen höheren wirtschaftlichen Angeboten einen größeren Wert bei. Sie sind deshalb auch bereit, dort höhere Preise zu akzeptieren.
>
> Mit »höheren« wirtschaftlichen Angeboten läßt sich deswegen *tendentiell* eine höhere Wertschöpfung erreichen.

Einzelfälle erlauben uns, Prinzipien und Strukturen zu veranschaulichen, doch leider läßt sich mit ihnen nichts beweisen:

Ist die Diney-Kuchenparty also nur ein einzelnes Beispiel für eine besonders gut bezahlte Dienstleistung, oder ist sie in der Tat Vorbote einer neuen Erlebniswirtschaft, die in vielen Branchen zu Angeboten der Vierten Stufe führen wird?

Werfen wir zunächst einen Blick auf den wirtschaftshistorischen Kontext. Ursprünglich waren Menschen Jäger und Sammler. Es gab kaum oder keine arbeitsteilige Wirtschaft. Die Menschen verwandten den Großteil ihrer Arbeitskraft und -energie darauf, sich Rohstoffe selbst zu besorgen.

Dies änderte sich erst mit der Agrarwirtschaft. Damals haben wir begonnen, Ackerbau und Viehzucht an unsere Bauern zu delegieren: Wir kauften Kartoffeln, doch die Reibekuchen und Kartoffelpuffer machten wir selbst. Wir bezahlten für Erdbeeren und Kirschen, legten aber beim Marmelade-Einkochen wieder selbst Hand an. So kam es, daß im 18. Jahrhundert rund 80 Prozent der arbeitenden Bevölkerung mit der Förderung und der Produktion von Rohstoffen beschäftigt war: Ob *aus der Erde* gefördert (zum Beispiel Kohle), *im Acker* zum Wachsen gebracht (zum Beispiel Getreide) oder *auf der Wiese* großgezogen (Viehzucht) – damals war die Produktion von Massengütern Trumpf. Dann kam der technische Fortschritt und mit ihm massive Produktivitätssteigerungen in der Landwirtschaft. Die Berufspessimisten hatten erstmals Hochkonjunktur, denn was sollte jetzt mit all denen geschehen, die nicht mehr gebraucht wurden?

Nun, die Wirtschaft entwickelte sich evolutionär weiter zum sogenannten Industriezeitalter: Aus Feldarbeitern wurden Fabrikarbeiter. Die Zahl der Beschäftigten in der Landwirtschaft reduzierte sich bis auf (heute) drei Prozent, und die Zahl der industriell Beschäftigten stieg bis auf über 50 Prozent in den fünfziger Jahren. Die Kaufkraft des Fabrikarbeiters lag weit über der des Knechtes auf dem Bauernhof. Weil der Arbeiter mehr Geld hatte, wollte er auf einmal die Marmelade nicht mehr selbst einkaufen, sondern direkt die köstliche »Bad Schwartauer« haben. Dadurch konnte die Güternachfrage rasant steigen, und für kurze Zeit waren alle fast so glücklich wie im Märchen…

Dann schlug leider wieder der technische Fortschritt zu. Die Arbeitsplätze in der Produktion wurden wegrationalisiert, und Berufspessimisten hatten erneut Hochkonjunktur. Doch Gott sein Dank ging die Geschichte der evolutionären Wirtschaftsentwicklung weiter: Weil es den Menschen gutging, wollten sie keine Bohnen mehr kaufen und selbst kochen, sondern auswärts essen gehen. Sie wollten keine Rasenmäher mehr, um die Wiese selbst zu mähen, sondern jemanden, der ihnen die Rasenpflege abnahm.

Und so zog das Zeitalter der Dienstleister herauf – der Wirtschaftssektor, in dem heute über 80 Prozent aller Beschäftigten tätig sind. Und wieder schlägt der technische Fortschritt zu. Bankomaten ersetzen Kassierer, Telefoncomputer das Fräulein vom Amt, Expertensoftware unsere Steuerberater... Die Schwarzseher und Berufs-Angsthasen sind erneut gefragt. Unsere Dienstleister werden wegrationalisiert und arbeitslos.

Kommt jetzt die nächste Stufe der wirtschaftlichen Evolution – die Erlebniswirtschaft? Wird es weitergehen mit Wachstum und der Aufrechterhaltung unseres Wohlstands? Wird sich die Wirtschaft wieder einmal neu erfinden? Mit neuen Branchen und neuen Chancen und Millionen Dienstleistern, die freigesetzt werden, um in der Erlebniswirtschaft aktiv zu werden?

Die Antwort heißt: Ja! Denn die Fakten sprechen eine eindeutige Sprache: Die Erlebniswirtschaft steht nicht länger vor unserer Tür, sie ist schon längst – und für viele von uns unbemerkt – eingetreten. Es wird Zeit, daß wir sie begrüßen, willkommen heißen und *ihre* Chancen zu *unseren* Chancen machen. Die fünf wichtigsten Indikatoren für den Beginn des Erlebniszeitalters werden in den nächsten Abschnitten erläutert.

Erster Indikator: Die Entwicklung der Verbraucherpreisindizes

- Der Verbraucherpreisindex für Rohstoffe wächst seit Jahren langsamer als der für Güter.
- Der Verbraucherpreisindex für Güter wächst seit Jahren langsamer als der für Dienstleistungen.
- Der Verbraucherpreisindex für Dienstleistungen wächst seit Jahren langsamer als der für Erlebnisangebote.[18]

[18] Hier festgemacht am Preisindex für Freizeitveranstaltungen, weil Erlebnisangebote den Ökonomen noch nicht als eigene Kategorie geläufig sind. Vergleiche auch B. Joseph Pine/James H. Gilmore: Erlebniskauf. Econ, München 2000, S. 32.

Diese nüchternen Trends sind der volkswirtschaftliche Beleg dafür, daß
die eben am Beispiel des Geburtstagskuchens beschriebene Bedürfnis-
evolution tatsächlich über alle Branchen hinweg stattfindet und deshalb kein Einzelphänomen darstellt.

Zweiter Indikator: Die Maßnahmen der Unternehmen, um der Massengüterfalle zu entkommen

»Das ist doch reine Massenware« oder »Guck mal, schon wieder so
ein me-too-Produkt, das sich in nichts von seinen Mitbewerbern unterscheidet«, sind zwei der vernichtendsten Urteile, die Kunden über ein
Produkt fällen können.

Unternehmer fürchten kaum etwas mehr, als daß ihr Produkt in den
Ruf gerät, bloße Massenware zu sein. Denn sollte sich dieses Bewußtsein bei den Verbrauchern durchsetzen, weiß jeder Hersteller, was die
Stunde geschlagen hat: Erkennt der Verbraucher keinen einzigen individuellen wertbildenden Faktor mehr, will er das Produkt so billig
haben, wie es eben geht. *Sind Produkte in der Kundenwahrnehmung
technisch gleichwertig, dann entscheidet der Verbraucher nur noch nach
dem Preis.*

Das Schimpfwort Massenware verweist nicht zufällig auf den Mas-
senwarenmarkt der Rohstoffe. Ob Kartoffeln, Kaffeebohnen, Schweinebäuche oder Kohlköpfe: Bei Angeboten, die sich im Bewußtsein des
Verbrauchers nicht unterscheiden, regiert allein der Preis. Deswegen
müssen sich Bauern und andere Rohstoff- und Massengüterproduzen-
ten seit Jahrzehnten mit Hungerlöhnen abspeisen lassen (den wenigsten Massengutproduzenten ist es gelungen, aus ihrer Banane eine
»Chiquita« zu machen).

Markenartikler arbeiten sehr hart daran, erstens eine möglichst un-
vergleichliche Qualität herzustellen und zweitens ihren Anspruch der
Unvergleichbarkeit mit einem emotional aufgeladenen Markennamen
abzusichern. Dabei sehen sie sich jedoch seit Jahren mit einigen Pro-
blemen konfrontiert:

1. Die Produktqualität wird mit jeder weiteren Technikgeneration immer vergleichbarer: Während Sonys Bildröhren in den siebziger und achtziger Jahren noch sichtbare Vorteile in der Bildqualität gegenüber no-name-Produkten hatten, war es damit spätestens in den neunziger Jahren vorbei.
2. Je größer der Verbreitungsgrad eines Produktes ist – wie oben schon ausgeführt –, um so emotional uninteressanter wird es. Wenn vom Vorstandsvorsitzenden bis zum 14jährigen Hauptschüler jeder ein Handy mit mindestens 15 Funktionen besitzt, die kaum einer nutzt, dann werden Mobiltelefone emotional zum Massengut wie Schweinebäuche; von Technikfreaks abgesehen, interessiert es die meisten Verbraucher eben nicht, ob ihr Mobiltelefon fünf oder 25 Weckmelodien zur Verfügung stellt. Oder präziser: *Es interessiert die meisten Kunden jedenfalls nicht so sehr, daß sie bereit wären, dafür mehr Geld auszugeben.*

Da diese Tendenz zur Massengüterfalle viele Produkte seit den siebziger Jahren bedroht, läßt sich das Muster unternehmerischer Abhilfestrategien gut beobachten und leicht beschreiben:

Die Firma International Business Machines beispielsweise war für die ersten beiden Drittel des letzten Jahrhunderts unangefochtener Marktführer in der Computerbranche. Doch spätestens seit dem Beginn der siebziger Jahre blies dem Weltmarktführer mit den gesalzenen Preisen der Wind ins Gesicht: IBM entschied sich, durch kostenlosen Service den Wert seiner Produkte erheblich zu verbessern, um damit der Vergleichbarkeit in der Massengüterfalle zu entkommen. Niemand schraubte, reparierte und verbesserte so professionell wie Big Blue. Keiner plante Netzwerke so sorgfältig wie die Profis von IBM und sorgte umsichtig dafür, daß abgestürzte Computer schnellstmöglich wieder liefen.

Nach und nach erkannte der Konzern, daß seine Kunden den Servicedienstleistungen so viel Wertschätzung entgegenbrachten, daß er beginnen konnte, für diesen Service Geld zu verlangen. Heute ist Global Services – die Dienstleistungstochter von IBM – der Geschäftszweig mit den höchsten jährlichen (regelmäßig zweistelligen) Zuwachsraten. Global Services geht heute sogar noch einen Schritt weiter: Wenn der Kunde bereit ist, IBM den Service für seine Rechner zu übertragen, *dann kauft ihm IBM seine Hardware ab.*

Was könnte den Wertschätzungswechsel von Gütern zu Dienstleistungen deutlicher dokumentieren als diese Entwicklung?

- Erst zahlt der Kunde für das Gut.
- Dann zahlt er für das Kombipaket von Gut und kostenlosem Service.
- Dann zahlt der Kunde bereitwillig für die Dienstleistung.
- Und schließlich will er für die Dienstleistung nur noch bezahlen, wenn er das zugrundeliegende Produkt als Dreingabe bekommt.

Der Trend, Produkte durch die Zugabe von Dienstleistungen im Wert zu veredeln, ist universell:
- Die gewinnträchtigste Sparte des Produktgiganten General Electrics ist mittlerweile GE Kapital.
- Große amerikanische Autohersteller wie General Motors oder Ford verdienen inzwischen mehr mit der Finanzierung ihrer Autos als mit der Produktion von Kraftfahrzeugen.[19]
- Ein weiteres Beispiel sind die Angebote von Telekommunikations-Dienstleistungen: Ein Dienstleistungsvertrag mit 24monatiger Bindung ist heute praktisch unverkäuflich, wenn der Kunde nicht als kostenlose Dreingabe ein Handy seiner Wahl bekommt.

Unternehmen verpacken ihre Produkte in Dienstleistungen, um der Massengüterfalle zu entkommen.

---

[19] Evans/Wurster, S. 55f.

Dritter Indikator: Dienstleistungen geraten zunehmend in die Massengüterfalle

Es bedarf nun keineswegs hellseherischer Fähigkeiten, um zu erkennen, daß viele Dienstleistungen heute ebenfalls von der Massengüterfalle bedroht sind und deshalb ebenfalls nur noch über den Preis verkauft werden.

Ob Restaurants, Telekommunikation, Airlines, Finanzdienstleister oder Reiseveranstalter: Der Trend zum Preis als dem zentralen Entscheidungskriterium bei weitgehend austauschbarem Dienstleistungsangebot ist allgegenwärtig:

• McDonald's und Burger King duellieren sich mit einer »Value-meal«-Aktion nach der anderen.

• Telefongesellschaften verkaufen ihre Ferngespräche fast nur noch über den Preis.

• Full-Service-Broker, die einst 100 Dollar pro Transaktion verlangen konnten, werden attackiert von Internetbrokern, die acht Dollar pro Transaktion fordern (und schon erste Überlegungen anstellen, den Kunden zu bezahlen, wenn er über sie handelt).[20]

• Reiseveranstalter unterbieten sich gegenseitig mit immer neuen Last-Minute- und Super-Last-Minute-Angeboten.

• Bei jedem Transatlantikflug sind – um eine einigermaßen erträgliche Auslastung sicherzustellen – dutzende Passagiere an Bord, die weniger als 20 Prozent des normalen Reisepreises bezahlt haben.

Dies zeigt: Dienstleistungen in etablierten Märkten mit hohem Verbreitungsgrad (wie z.B. Reisen) geraten immer öfter in die Massengüterfalle.

Darüber hinaus gibt es zwei gute Gründe, warum Unternehmern mit ihren Dienstleistungen häufig in die Falle des Mottos »Price is everything« geraten:

---

[20] Pine/Gilmore, S. 27.

Wie schon in Kapitel 3 beschrieben, erlaubt die moderne Kommunikationstechnologie heute immer öfter, hohe Informationsqualität mit hoher Informationsreichweite zu verbinden. Dies ermöglicht vielen Herstellern, unter Ausschaltung des Zwischenhandels direkt mit den Kunden in Kontakt zu treten. Je mehr Unternehmen die Strategie nachahmen, die Dell oder Southwest Airlines vorexerzieren, um so mehr Dienstleister werden freigesetzt – eine Überkapazität, die zusätzlich den Markt belastet und damit auch den Preis drückt.

Ein weiterer Grund, weshalb Dienstleistungen zunehmend in der Massengüterfalle landen, ist das Internet: Wie bei der Alchemisten-Ressource Vernetzung schon beschrieben, führt das Hochgeschwindigkeits-Netzwerk der modernen Wirtschaft zu einer immer stärkeren Transparenz. Künstliche Unterschiede, die z.B. bei Versicherungen oder Telekommunikations-Tarifen bewußt konstruiert werden, lassen sich immer schneller durchschauen....

Vierter Indikator: Die Evolution des »Sonntagsbraten-Bedürfnisses«

Ob Katholik oder nicht: Woran erkannten die Menschen in den fünfziger und sechziger Jahren intuitiv, daß Sonntag war?

Antwort: *am Sonntagsbraten.* In meiner Kindheit war es leicht, die Wochentage auseinanderzuhalten: Gab es Kartoffeln und Gemüse, war's ein Wochentag, war Schweinebraten oder Rinderrouladen angesagt, dann war Wochenende.

Mit steigendem Wohlstand konnten sich immer mehr Familien immer öfter leisten, auch wochentags Fleisch zu essen. Damit entstand natürlich das Problem: Wie können wir den Sonntag wieder zu einem hervorgehobenen Tag machen? Antwort: Wir gehen auswärts essen. Irgendwann waren wir dann so wohlhabend, daß wir uns mindestens drei auswärtige Geschäftsessen pro Woche leisten konnten. Dann waren wir wieder bei der alten Frage: Woran erkennen wir den Sonntag? Antwort: Daran, daß wir ganz besonders chic essen gehen! Und so entscheiden wir uns heute immer öfter für Angebote der Erlebnisgastronomie. Ob mit den Kindern sonntags ins Phantasialand, ohne Kinder zum Rendezvous in die Traube nach Tonbach oder abends mit Freunden kurz ins Planet Hollywood:

> Früher haben wir bei Aldi und Schlecker gekauft, um uns am Wochenende den Italiener leisten zu können.
> Heute kaufen wir bei Aldi und Schlecker und essen mittags beim Chinesen für 5,80 Euro das Tagesgericht, damit wir uns am Wochenende Dieter Müller im Schloßhotel Lerbach gönnen können.

Fünfter Indikator: Stories und Erlebnisse als add-ons des Dienstleistungsangebots

- Kreuzfahrten – früher der Innbegriff eines Erlebnisses – werden heute zunehmend durch Erlebnisreisen und Events aufgewertet. Die Reederei Cunard offeriert eine Musik- und Kunstakademie, andere Veranstalter organisieren Weiterbildungs-Kreuzfahrten auf dem Mittelmeer, und Disneymagic hält spezielle Angebote für Eltern und Kinder bereit, während besonders innovative Anbieter zwischenzeitlich die großen Windjammer nachbauen lassen, um dann »echte Erlebnisse« beim Umsegeln von Cap Horn garantieren zu können…
- Hotels setzen ebenfalls immer stärker auf Gesamterlebnispakete: Ob Wellness, Schönheitsfarm, Fitnessferien mit Formel-1-Fitness-Coach Willi Dungl, Yoga-Kliniken oder Abenteuerferien mit Paragliding und Mountainbiking für Kinder: Ohne Zusatzerlebnis kommen immer weniger Gäste!
- Clevere Tourismusmanager in Großstädten feilen immer sorgfältiger am »Persönlichkeitsprofil« ihrer Stadt und arbeiten deren Einzigartigkeit zusehends deutlicher heraus: Ob Paris oder London, Rom oder San Francisco, Sydney oder New York, je klarer das Thema ist, je fesselnder die Story und je eindeutiger das Gesamtangebot, um so größer ist die Zugkraft. (Daran fehlt es beispielsweise zur Zeit dem

Sommertourismus in Österreich: Die Story von der heilen Welt des gemeinsamen Familienurlaubs in den Bergen ist viel zu bieder und zu hausbacken, um heute noch anziehend zu wirken. Die Stories von »Miami Beach«, »Cluburlaub auf den Kanaren«, »amerikanischen Nationalparks« oder auch »Familienurlaub in der Toskana« haben – je nach Zielgruppe – emotional eine ganz andere Strahlkraft.)

Wir sehen also, daß Erlebnisse immer stärker zu einem eigenständigen wirtschaftlichen Angebot werden. Es ist deshalb für die strategische Ausrichtung von Unternehmen und Märkten wenig sinnvoll, Erlebnisse als Untergruppe von Dienstleistungen zu betrachten: Zwischen einem Abflußrohr-Reinigungsservice, den Dienstleistungen einer Möbelspedition und der Ausrichtung einer Geburtstagsparty bestehen aus Kundensicht und damit auch aus der Wertwahrnehmung des Kunden entscheidende strukturelle Unterschiede.

Bei einer »normalen« Dienstleistung bezahlt der Kunde dafür, daß für ihn eine Tätigkeit durchgeführt wird.
Bei einem Erlebnis zahlt der Kunde für die Inszenierung von Ereignissen, die bei ihm zu unvergeßlichen Eindrücken führt.
Anders ausgedrückt: Mit der Durchführung einer Dienstleistung ist für den Kunden das Geschäft emotional abgeschlossen, während mit der Inszenierung des Erlebnisses für den Kunden das Vergnügen des Erinnerungsprozesses erst beginnt.

Ein einfacher Indikator für die Abgrenzung für Dienstleistung und Erlebnis ist die »Souvenir-Fähigkeit« eines Angebots:
Bei Dingen, die für uns in der Erinnerung wertvoll und wichtig sind, suchen wir in aller Regel nach Souvenirs als Erinnerungsanker. Viele Eltern kleben nach der Urlaubsreise die entwerteten Eintrittskarten von Phantasialand zusammen mit den dort geschossenen Fotos ins Familienalbum; Teilnehmer eines Madonna-Konzerts zahlen das Fünffache des normalen Ladenpreises für ein Konzert-T-Shirt mit aufgedrucktem

Datum und Veranstaltungsort – und Rentner kaufen sich in Reit im Winkel Erinnerungsplaketten für ihren Spazierstock. (Damit ist auch klar, warum die Baseball-Kappen von Banken und Versicherungen so wenig Anklang finden: Wer nichts anzubieten hat, woran andere sich gern erinnern, dem helfen auch keine Mützen mit Sonnenschutz...)

Geschichtlich gesehen gibt es Erlebnisse als Untergruppe von Dienstleistungen schon seit Jahrtausenden: Ob Theatervorstellungen im Altertum, Minnesänger im Mittelalter, Konzerte oder heute Kino und Fernsehen: Der Wunsch des Menschen, sich zu unterhalten, sich wohlzufühlen und zu genießen, ist vermutlich so alt wie die Menschheit.

Erste Impulse zur Weiterentwicklung dieser uralten Ansätze stammen von Walt Disney, der mit Disneyland und Disneyworld die ersten *Themenparks* erfand. In Disneys Welt sind Kunden *Gäste* und Mitarbeiter die *Mitglieder des Ensembles*, deren Dienstleistung in der umfassenden *Inszenierung eines einzigartigen Erlebnisses* liegt. Interessant an Disneys Ansatz ist zunächst, daß er sich ganz bewußt für eine eigene Begrifflichkeit in der Unternehmenskultur (»Kunden sind Gäste«) entschieden hat, um die neue Erlebnisdimension seines wirtschaftlichen Angebots überhaupt mit seinen Mitarbeitern kommunizieren zu können. (Der deutsche Hotelier Klaus Kobjoll, dessen Schindlerhof bei Nürnberg so ziemlich jede Qualitätsauszeichnung [einschließlich des European Quality Award] gewonnen hat, die sich gewinnen läßt, berichtet in seinen Unternehmerseminaren von ähnlichen Erfahrungen: Auch er nutzt z.B. »Spielverträge«, um die Mitarbeiter seines »Ensembles« auf die einzigartige Erlebnisphilosophie des Schindlerhofs einzuschwören.)

Der zweite interessante Aspekt an Disneys Themenpark-Erfindung ist, daß ihm dieser Evolutionssprung gelang, nachdem er viele Jahre lang die technischen Dimensionen seiner Zeichentrickfilme optimiert hatte: So war er z.B. der Vorreiter bei dreidimensionalen Hintergründen, Stereovertonungen und Audio-Animationen. Aus dieser Perspektive läßt sich erkennen, daß viele der aktuellen Technologien wie Computerspiele, 3-D-Filme, Virtual Reality und interaktive Spielmöglichkeiten ebenfalls für Erlebnisoptimierungen sorgen, die langfristig das

Verlangen nach immer weiteren und immer faszinierenderen Erlebnissen steigern werden.

Es erstaunt deshalb nicht, das die Themenparkidee von Walt Disney auch außerhalb der Themenparkindustrie Konkurrenz bekommen hat: Restaurantketten wie »Hardrock Café« oder »Planet Hollywood« machen von ihr ebenso Gebrauch wie Sportschuhhersteller (»Niketown«) oder Autofabrikanten (das Wolfsburger Erlebniszentrum von Volkswagen beispielsweise).

Fazit: Die Wirtschaft hat in den letzten Jahren die vierte Form eines wirtschaftlichen Angebots entwickelt: Neben Rohstoffen, Gütern und Dienstleistungen gibt es jetzt auch Erlebnisangebote. Diese Angebotskategorie wächst stärker als die anderen Angebotsformen. Sie erlaubt Unternehmen, deren Dienstleistungen in der Verbraucherwahrnehmung in die Massengüterfalle der Vergleichbarkeit hineinrutschen, ihr Angebot zu veredeln: Sie können einen Mehrwert anbieten und damit der Vergleichbarkeit entfliehen.

Die Erlebniswirtschaft wird in ähnlicher Weise wie der Wechsel der Agrarwirtschaft zum Industriezeitalter oder der vom Industriezeitalter zur Dienstleistungsgesellschaft strukturell erhebliche Veränderungen nach sich ziehen: Der technische Fortschritt wird zum Abbau von Arbeitsplätzen im Dienstleistungssektor führen und für Millionen Menschen in der Erlebnisindustrie Arbeit schaffen – was heute genauso unwahrscheinlich erscheint wie 1960 die Prognose, es würden Millionen Arbeitsplätze in der Gastronomie entstehen.

Ähnlich wie zu Beginn des Dienstleistungszeitalters werden Erlebnisse anfangs kostenlos zur Wertsteigerung angeboten. Nach und nach werden Menschen sie immer stärker wertschätzen und für professionelle Erlebnisse Eintritt bezahlen – und irgendwann wird es in der Erlebniswirtschaft die Restaurant-Dienstleistung vielleicht genauso kostenlos dazugeben wie heute das Mobiltelefon beim Zweijahres-Dienstleistungs-Vertrag mit dem Provider.

Kapitel 6:
Die Weiterentwicklung von Dienstleistungen zu Erlebnissen

Das Reizvolle an Erlebnissen als der neuen, vierten Form eines wirtschaftlichen Angebotes ist, daß sich die drei bisherigen Angebotsformen in aller Regel zu Erlebnisangeboten weiterentwickeln lassen. Da der Kunde solche Erlebnisse viel stärker schätzt als »normale« Dienstleistungen – und weil die Erlebnisbranche erst in der Startphase ihrer Entwicklung steckt, in der es noch wenig Wettbewerb gibt –, winken in der Erlebniswirtschaft attraktive Renditen.

Schauen wir uns also einmal an, wie sich ein einfacher Rohstoff wie Kaffeebohnen in den vier Angebotsformen vermarkten läßt:

1. Der Kaffeebauer, der den Kaffee anbaut und erntet, erzielt an der Warenterminbörse für ein Pfund Kaffee etwa einen Euro und erlöst damit pro Tasse Kaffee etwa zwei bis fünf Cent.
2. Jacobs, Eduscho oder Tchibo, die die Kaffeebohnen kaufen, veredeln, rösten, den Kaffee mahlen und vakuumfrisch verpackt in den Laden bringen, erzielen pro Tasse Kaffee einen Umsatz von ca. 15 bis 20 Cent.
3. Der Coffee-Shop an der Ecke, der uns eine Tasse Kaffee aufbrüht und serviert, verlangt für diese Dienstleistung etwa 1 bis 1,50 Euro.
4. Und das Schloßhotel Bühlerhöhe in Baden-Baden, das uns die Tasse Kaffee in edlem Porzellan auf der Schloßterrasse kredenzt, verlangt für dieses Erlebnis 7,50 Euro.

Berechnungen wie diese haben die Firma Disney auf die Idee gebracht, den Club Disney ins Leben zu rufen. Die Ersteröffnung fand im Februar 1997 in Thousand Oaks, Kalifornien statt. Der Club Disney findet sich regelmäßig in einem freistehenden Gebäude in der Nachbarschaft von Einkaufszentren. Es handelt sich dabei um eine Spielanlage, bei der Erwachsene und Kinder Eintrittsgeld zahlen, um dort spielen zu dürfen. Für acht Dollar pro Person – Kinder wie Erwachsene – finden sich hier neun Spielmodule – vom Zauberwald (»Enchanted Forrest«) bis zu »Winnie Puh und Du« (»Pooh'n you«).

Ob es nur ums Spielen oder um die perfekt gestaltete Geburtstagsfeier im Club Disney geht: Ein Blick über die Schulter des vielleicht weltweit erfahrensten Erlebnisanbieters lohnt sich für angehende Erlebnis-Designer, um die Zutaten des Disney-Erlebnis-Rezepts kennenzulernen.

Die Strukturelemente faszinierender Erlebnisse

Erlebnisse lassen sich zunächst einmal am *Beteiligungsgrad des Gastes* unterscheiden:
* Bei der *passiven Beteiligung* nimmt der Gast keinen Einfluß auf die Vorführungen (z.b. Konzertbesucher).
* Bei der *aktiven Beteiligung* gestaltet der Gast das Erlebnis aktiv mit (z.B. beim White-Water-Rafting, Go-Kart-Fahren etc.).

Erlebnisse lassen sich darüber hinaus auch danach unterscheiden, ob und inwieweit der Gast in das Erlebnis eintaucht und mit der Umgebung verschmilzt:
* Bei der *Aufnahme* kommt das Erlebnis zum Gast.
* Beim *Eintauchen* begibt sich der Gast in das Erlebnisszenario.

Damit ergeben sich vier Sektoren mit unterschiedlichen Erlebnisdimensionen:[21]
1. *Action – aktiv-eintauchend:* Der Gast taucht in die Erlebniswelt ein und gestaltet das Erlebnis aktiv mit. Wer drei Tage zum White-Water-Rafting auf den Colorado River geht, der taucht zum einen in die naturbelassene, fremde Welt des Colorado fern jeder Zivilisation ein.

---

[21] Pine/Gilmore, S. 51ff.

Zum anderen wird er selbst aktiv und kämpft mit seinem Team nach den Anweisungen des Bootsführers in jeder Stromschnelle gegen das Kentern. Kein Wunder, das die Erlebnisformel »aktiv-eintauchend« zu starken Erlebnissen führt, bei denen viele Menschen nach kürzester Zeit vergessen, wo sie herkommen, wie sie heißen und was ihre Alltagssorgen waren.

2. *»Dasein und genießen«* lautet die Formel des *Passiv-Eintauchens:* Wer auf Capri zuschaut, wie die Sonne im Meer versinkt, der gönnt sich ein Erlebnis dieser Kategorie. Der Betrachter taucht in die Erlebniswelt ein, läßt sie jedoch passiv auf sich wirken. Ob auf Capri beim Sonnenuntergang, auf den Seychellen im Sand liegend oder im Sonnenstudio unter dem Turbobräuner: Wer sich in eine ästhetisch faszinierende Umgebung begibt, um diese in vollen Zügen auf sich wirken zu lassen, hat ebenfalls gute Chancen, in eine andere Welt getragen zu werden.

3. *Bildung:* »Aktiv-aufnehmend« ist die klassische Struktur von Bildungserlebnissen. Wer in der Vorlesung sitzt und mitschreibt, ist einerseits aktiv, begibt sich jedoch nicht wie der Skifahrer in das Erlebnis hinein, sondern läßt es auf sich zukommen.

4. *Unterhaltung:* »Passiv-aufnehmend« ist die vielleicht verbreitetste Form eines Erlebnisses: Wer vor dem Fernseher sitzt und sich von Harald Schmidts Witzen zum Schmunzeln bringen läßt, der ist im Erlebnismodus »passiv-aufnehmend«.

Grundsätzlich gilt:

> Je stärker der Gast in eine neue Umwelt eintaucht, um so größer ist der erlebte Realitätswechsel.
> Je stärker der Gast aktiv am Geschehen teilnimmt, um so größer ist die Erlebnisintensität.

Grafisch veranschaulicht sind die Strukturelemente von faszinierenden Erlebnissen in Schaubild 1.

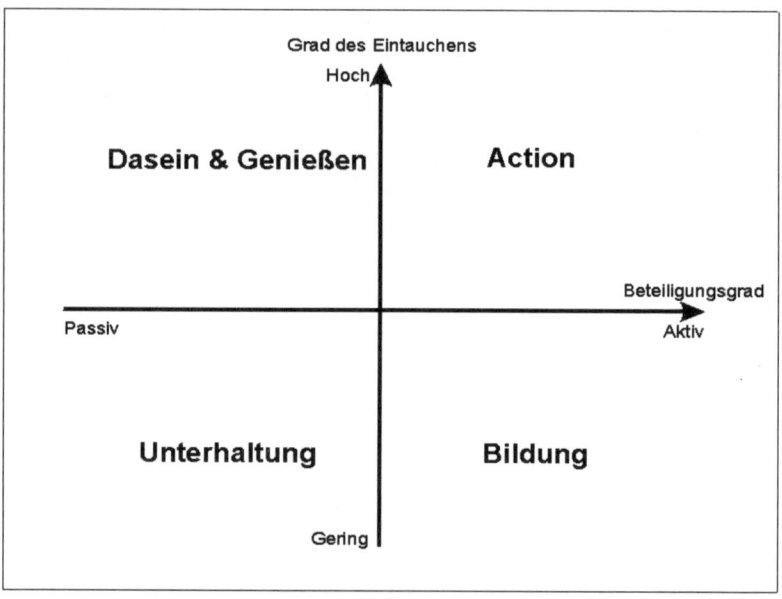

Schaubild 1: Strukturelemente faszinierender Erlebnisse

Angehende Erlebnis-Designer können ihr Training damit starten, daß sie im ersten Schritt bisherige Erlebnisangebote auf ihre Strukturelemente hin untersuchen:

- Der Konzertbesucher kommt nach oben links (eintauchend-passiv).
- Der anfeuernde Fußballfan bei Schalke 04 in der Nordkurve ist oben in der Mitte einzuordnen (eintauchend-teilaktiv).
- Der Skifahrer auf der Tiefschneeabfahrt ist oben rechts anzusiedeln (eintauchend-aktiv).
- Der Hans-Meiser-Talkshow-Zuschauer ist der linken unteren Kategorie zuzurechnen (aufnehmend-passiv).
- Der Student, der in der Vorlesung mitschreibt, gehört nach unten in die Mitte (aufnehmend-teilaktiv).
- Der Physikstudent, der aktiv an einem Experiment teilnimmt, ist unten rechts anzusiedeln (aufnehmend-aktiv).

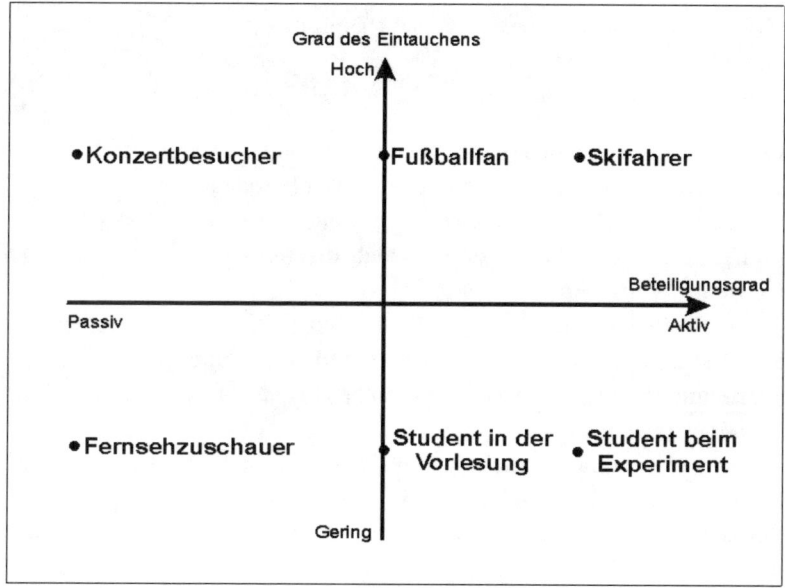

Schaubild 2: Bedeutung des Startpunktes von Erlebnissen

Schaubild 2 macht deutlich: Wer den Startpunkt seines Erlebnisses verstanden hat, der kann aktiv daran arbeiten, die Koordinaten nach oben
rechts zu verschieben.

Der Astronomieprofessor, bei dessen grottenschlechtem Vorlesungs-
stil die Studenten bislang regelmäßig eingeschlafen sind, kann interaktive Lernelemente und Experimente einbauen, um den Aktivitätsgrad
der Teilnehmer zu steigern. Er könnte z.b. Exkursionen zu einer Stern-
warte oder Besuche im Planetarium vorsehen, was den Studenten mehr
Gelegenheit zum Eintauchen in neue Erlebniswelten geben würde.

Der nächste Schritt zum Erlebnis-Designer besteht dann darin, von
den Erlebnis-Profis bei Disney das Rezept aller faszinierenden Top-
Erlebnisse abzuschauen:

Das Geheimnis von faszinierenden Erlebnissen besteht darin, daß sie alle Erlebnisdimensionen (Action, Bildung, Dasein & Genießen und Unterhaltung) integrieren.

Für amerikanische Erlebnis-Profis ist das nichts Neues. AOL-Präsident Steven Case erklärte schon 1996:»Wir betrachten unser Geschäft ... als ein *im Ganzen verpacktes Erlebnis*... Dieses Paket wird um immer neue Bereiche erweitert. Doch die treibende Kraft wird das *Gesamterlebnis* sein.«[22]

Die Profis von Club Disney achten so sorgfältig auf perfektes Erlebnis-Design, daß sie dem Geburtstagskind sogar eine große Tüte zur Verfügung stellen, *damit es seine Geschenke einsammeln und zu Hause auspacken kann.*

Mir wollte zunächst nicht in den Kopf, warum die Spielmacher von Disney dem Geburtstagskind die Freude vermiesen, seine Geschenke direkt an Ort und Stelle auszupacken. Weitere Recherchen brachten dann Klarheit: Für Sechsjährige ist nichts langweiliger, als einem anderen Sechsjährigen zuzuschauen, wie der seine Geschenke auspackt. Und damit die sorgfältig ausgeklügelte Dramaturgie der zweistündigen Geburtstagsparty an keiner Stelle durch langweiliges Geschenkeauspacken beeinträchtigt wird, heißt es eben: Ausgepackt wird zu Hause.

Die Erlebnis-Profis von Club Disney achten nicht nur sorgfältig darauf, daß der Erlebnisspannungsbogen nicht unterbrochen wird. Genauso wichtig ist ihnen, alle *vier Erlebnisdimensionen in die Geburtstagsparty zu integrieren:*

1. Für die Party können verschiedene Räume gemietet werden, in denen jeweils ein Thema dargestellt wird:»Hercules Hero Hurrah«, »Disney Princess Tea« oder der»101 Dalmations Bow-wow Bash« lassen große und kleine Gäste in das Erlebnis eintauchen. Im Laufe der Party begegnen die Gäste Merlin, der mit seiner Kristallkugel die Figuren aus dem Partyraum noch intensiver mit Leben erfüllt.

---

[22] Michael C. Perkins/Anthony B. Perkins: Case by Case. The red herring. Juni 1996, S. 46; Hervorhebungen hinzugefügt.

Das »*Dasein-* (= in einer anderen Realität sein) *und-Genießen«-* Modul wird für die Gäste perfekt entfaltet (passiv-eintauchend).

2. Die Animateure sorgen während der ganzen Veranstaltung mit Pappfiguren, die dem Thema der Party entsprechen, immer wieder für interessante und witzige *Unterhaltung* (passiv-aufnehmend).

3. Die Geschichten und Märchen, die während der Party aufgeführt werden, sind nicht bloßer Zeitvertreib, sondern vermitteln pädagogisch sinnvolle Einsichten (das *Bildungselement*). Im Unterschied zu anderen Partyanbietern, deren Erlebnisse oft als zu oberflächlich angesehen werden, gelten die Disney-Angebote (und die einiger Mitanbieter) als pädagogisch wertvoll. Auch Eltern, die sich mit dem Lernelement nicht bewußt auseinandersetzen, erleben die Disney-Offerten spontan als anregend und wertvoll für ihre Kinder.

4. Daß die Animateure die kleinen und großen Gäste immer wieder zu Spielen mit hoher *Aktivität* einladen (aktiv-eintauchend), versteht sich fast von selbst und sei deshalb nur vollständigkeitshalber erwähnt.

Stellen Sie sich also folgende strategische Fragen zum Erlebnis-Design:

1. Die Dasein-&-Genießen-Komponente:
- Wie können Sie den Kunden dazu bewegen, einzutreten, sich hinzusetzen, einzutauchen und dazubleiben?
- Wie können Sie die Umgebung einladender, interessanter und angenehmer machen?
- Wie erzeugen Sie eine Atmosphäre, in der Ihre Gäste sich so wohlfühlen und so fasziniert sind, das sie in eine *andere Welt* eintauchen?
- Wie können Sie den ästhetischen Gehalt des Erlebnisses optimieren?

2. Die Bildungskomponente:
- Welche Lernziele können Sie mit ihrem Erlebnisangebot verbinden?

- Welche Lerninhalte sind sinnvoll?
- Mit welchen Lernmethoden können Sie die Lernziele am besten erreichen?
- Welche Gedächtnisstützen und Erinnerungsbrücken können Sie ihren Gästen anbieten?

3. **Die Unterhaltungskomponente:**
   - Wie können Sie die Gäste unterhalten (Witze, Humor), damit sie dableiben?
   - Wie können Sie dafür sorgen, daß »Spaß an der Freude« aufkommt und das Erlebnis zu einem noch größeren Genuß wird?

4. **Die Aktionskomponente:**
   - Welche Aktivitäten können Sie Ihren Gästen anbieten?
   - Wie können Sie sie motivieren und animieren, sich aktiv zu engagieren?
   - Wie minimieren Sie die Hemmschwelle zum Mitmachen?
   - Wie reduzieren Sie das Mißerfolgsrisiko?
   - Wie stellen Sie sicher, daß niemand das Gesicht verlieren kann?

Die Verstärkung der Erlebnisdimension bei Produkten

Die Verstärkung der Erlebnisdimension im Produkt

Der klassische Weg, den Erlebnischarakter von Produkten zu verstärken, besteht darin, das Produkt zu sensualisieren und von seiner Beschaffenheit her für die fünf Sinne ansprechender zu machen. Das ist bei manchen Produkten zugegeben einfacher als bei anderen: Wer französische Trüffel, italienische Steinpilze, Zigarren, Weichkäse oder Champagner anzubieten hat, der kann in seinem Feinkost-Fachgeschäft für so viele Probier- und Degustier-Möglichkeiten sorgen, daß dem potentiellen Kunden das Wasser im Munde zusammenläuft.

Andere Produkte haben dort eine längere Lernkurve: Autohersteller wissen zwar seit den fünfziger Jahren, daß Autotüren mit sattem Geldschranksound schließen müssen, damit der Wagen ein wohliges Sicherheitsgefühl vermittelt – eine Erkenntnis, aus der allerdings für Jahrzehnte keine weitere Schlußfolgerung gezogen worden ist:

Wer jemals das Billigplastik-Ambiente eines Opel oder Ford genießen durfte, fragt sich, warum Italiener (Lancia) und Engländer (Rover, Jaguar) wissen, wie man die fünf Sinne der Kunden anspricht, deutsche Autobauer dagegen nicht. Sogar Daimler-Benz brauchte über zwanzig Jahre, um dem kühlen Office-Look seiner S-Klasse wenigstens etwas Charme zu verleihen.

Noch länger dauerte die Lernkurve bei Porsche: Nachdem der 911er den Kunden über Jahrzehnte beigebracht hatte, daß echte Sportwagen erstens einen heiseren Boxersound und zweitens das Zündschloß auf der linken Seite haben, wunderten sich die Porschemanager über den Flop des 944er-Modells: »Zündschloß rechts und ein Sound wie ein VW-Lastentransporter« – das übersetzte der Kundenbauch eben mit »von Porsche-Feeling keine Spur«.

Inzwischen beschäftigt Porsche (wie viele andere Autohersteller) eine ganze Abteilung von Akustikspezialisten, die dafür sorgen, daß auch der kleine Boxter wie seine großen Brüder klingt...

Ein weiterer Weg, Produkte zu sensualisieren, besteht in der entsprechenden Verpackung: Parfumhersteller wußten schon immer, daß sie im Emotionsbusiness tätig sind: 0,7 l Chanel No.5 in einer Gerolsteiner-Sprudelflasche lassen sich halt schwer für 750 Euro an den Mann oder die Frau bringen. 50 ml in einem Flakon, der im Einkauf das Zehnfache des Parfums in der Herstellung gekostet hat, lassen sich dagegen locker für 50 Euro versilbern.

Deutsche Verlage beispielsweise entdecken gerade den Know-how-Vorsprung amerikanischer Verleger-Kollegen: Bucheinbände aus besonders wertvollem Material, aufwendige Schutzumschläge, wertvolles Papier... und das Herz des Bücherfreundes jauchzt!

Strategieüberlegungen:
- Wo können sie die Erlebnisdimension ihrer Produkte konzeptionell optimieren?
- Wo können sie durch andere Verpackungen neue Erlebnisdimensionen schaffen?

Die Erlebnisverstärkung im Produktumfeld

Erlebnisverstärker im Produktumfeld gehören seit Jahren zum klassischen Marketing-Handwerkszeug.

Die Verknappung ist vielleicht das eindrucksvollste Beispiel für einen solchen Verstärker im Produktumfeld. Schon die alten Ägypter wußten um dieses Prinzip und steigerten die Attraktivität der verschiedenen Tempelvorhöfe dadurch, daß sie nur nach ganz restriktiven Zulassungskriterien betreten werden durften. Ein Prinzip, daß jeder Disco-Türsteher praktiziert, der etwas auf sich hält. Ob viele Monate Terminvorlauf bis zur Erstuntersuchung beim Herzspezialisten, Subskriptionspreise bei der Einführung neuer Lexika oder der Hinweis: »30.09. – Der Tag, der Bausparen schneller macht«: Das Prinzip der künstlichen Verknappung zur Attraktivitätssteigerung ist weitverbreitet und wird auch in der Literatur ausführlich beschrieben.[23]

Ein entscheidender Aspekt dieses wichtigen Prinzips wird jedoch regelmäßig übersehen: Die Frage nämlich, *wann und wie Knappheit am stärksten auf uns wirkt.* Bewerten wir Dinge höher, die immer schon knapp waren, oder solche, die erst in letzter Zeit knapp geworden sind?

Der Sozialpsychologe Steven Worchel[24] hat dazu folgendes Experiment durchgeführt: Er bat zwei Versuchsgruppen, die Qualität, den Geschmack und den vermuteten Preis von Keksen zu beurteilen. Die

---

[23] Cialdini: Einfluß. Wie und warum sich Menschen überzeugen lassen. mvg, Landsberg am Lech 1984.

[24] Worchel, S./Lee, J./Adewole, A.: Effects of Supply and Demand on Ratings of Object Value. Journal of Personality and Social Psychology 32 (1975), S. 906–914.

erste Gruppe erhielt die von vorneherein begrenzte »Testmenge« von zwei Keksen, die zweite bekam zunächst ein Paket von zehn Keksen, dem jedoch vor Testbeginn acht Kekse – angeblich für andere Testpersonen – entnommen wurden. Das Versuchsergebnis war eindeutig: *Diejenigen, die den Übergang vom Überfluß zur Knappheit erlebten, gaben zu allen Testkriterien weitaus bessere Beurteilungen ab* (ein Grund übrigens, warum Sozialwissenschaftler wie James C. Davis[25] die These vertreten, daß Revolutionen am ehesten dort auftreten, wo nach einer Zeit sich verbessernder Sozialbedingungen ein kurzer, scharfer Abschwung erfolgt – die Französische und die russische Revolution sind nur zwei der prominentesten Belege).

Ein weiterer Erlebnisverstärker ist die *Exklusivität:* Wer als American Express Platinum Card Member aus der Presse erfährt, daß American Express »für wenige weltweit führende Persönlichkeiten« die exklusive »Black Centurion Card« geschaffen hat, der fragt sich natürlich bangen Herzens, ob sein Kontoauszug reicht, um beim Stelldichein der Ölscheichs, Sportstars, Regierungschefs und Wirtschaftsführer dabeizusein. (Bekommt man dann die Einladung und stellt fest, daß alle anderen Platinum Card Members ohne besonderen Rang und Namen ebenfalls zu den eingeladenen »weltweit Führenden« gehören, schwindet das Exklusivitäts-Erlebnis genauso schnell, wie es entstanden ist.)

Ein dritter Weg, um Produkte herum Erlebnisse aufzubauen, ist das sogenannte *Gütereignis.* Die Chocolate World von Hersheys ist dafür genauso ein Beispiel wie Legoland, das Volkswagen-Übergabecenter in Wolfsburg oder Niketown, die alle mit Erlebniselementen überquellen. Bei Niketown gibt es Video-Clips von bekannten Sportlern, ein halbes Basketball-Feld, auf dem aktiv gespielt werden kann, Sport-Stars in Nike-Kleidung auf den Titelblättern führender Sportmagazine und natürlich Exponate aller früheren Schuhmodelle. Fragen Sie sich also:

[25] Davies, J. C.: Toward a Theory of Revolution. American Social Review 27 (1962), S. 5–19.

Welche Erlebnisverstärker – wie zum Beispiel Verknappung, Exklusivität oder Güterereigniswelten – kann ich im Umfeld meines Produktes nutzen?

Die Verstärkung der Erlebniswelt beim Produktgebrauch

Haben Sie schon einmal über die emotionale Faszination von Mülltüten oder Kühlschränken nachgedacht? Haben Sie das »Mülltüten-Gebrauchserlebnis« schon einmal gedanklich in seinen Unterkategorien »Mülltüten-in-Mülleimer-tun«, »Müll-Einfüll-Erlebnis«, »Müll-Aufbewahrungs-Erlebnis« und »Müll-Wegtrage-Happening« zerlegt? Wenn nein, dann geht es Ihnen so wie vielen Produktentwicklern, die sich bislang kaum mit der Erlebnisdimension beim Produktgebrauch beschäftigen und damit viel Innovationspotential verschenken:

• Beim Durchdenken des »Müllwegtrage-Erlebnisses« würde Produktentwicklern schnell auffallen, daß Tragegriffe wie bei Edeka-Einkaufstüten eine überaus feine Sache sind.

• Oder beim Bedenken des Kühlschrank-Erlebnisses: Wo und wann wünschen sich Menschen eisgekühlte Getränke? Wie wär's mit »abends im Fernsehsessel«, »draußen auf der Terrasse im Liegestuhl« oder »morgens nach dem Aufwachen neben dem Bett«? Ob Verbraucher, die schon den Drittfernseher haben, wohl für eine mobile Kühlbar zu gewinnen wären? Oder für Fernsehsessel, Nachttische, Badezimmerschränke oder Gartenmöbel mit eingebautem Mini-Kühlschrank?

• Stellen Sie sich vor, Autoentwickler würden unsere Autoerlebnisse mitberücksichtigen und sich fragen:
  – Mit welchem Felgendesign vereinfachen wir das Felgenwascherlebnis?
  – Wie optimieren wir für Mütter das Kinderwagen-Einlade-Erlebnis?
  – Das Zweijährige-im-Kindersitz-Anschnall-Erlebnis?
  – Das Fahrräder-aufs-Autodach-Montier-Erlebnis?

– Das Wie-tue-ich-nach-einem-Unfall-das-Richtige-Erlebnis?
• Welche Innovationen kommen Ihnen zum Autoschlüssel-finden-Erlebnis? Zum Gartenschlauch-wegräumen-Happening oder zum Briefkasten-entleeren-Erlebnis? Fragen Sie sich also:

> Welche Erlebnisse haben meine Kunden beim Gebrauch meines Produktes?
> Und wie können wir die mit der Produktverwendung verbundenen Erlebnisse optimieren?

Die Verstärkung der Erlebnisdimension bei Dienstleistungen

Die Umgebungsgestaltung

Dienstleister haben häufiger als Güterproduzenten den Vorteil, ihre Leistung an einem Ort zu erbringen, den der Kunde aufsucht. Ob im Restaurant, beim Friseur, beim Rechtsanwalt, bei der Sparkasse oder auf einem Seminar: In all den Branchen, in denen der Kunde zu uns kommt, haben wir die Möglichkeit – wie ein Theater- oder Film-Regisseur –, die Bühne und die Hintergrundkulisse zu bestimmen, auf der und vor der wir unsere Leistungen erbringen.

Amerikanische Krankenhäuser wie beispielsweise das East Jefferson General Hospital in der Nähe von New Orleans haben die darin liegenden Chancen schon lange erkannt. Alle Besucher des Krankenhauses – Patienten genauso wie deren Familienangehörige oder Freunde – werden konsequent als Gäste gesehen und behandelt. Die Bereiche des Krankenhauses, die den Gästen zugänglich sind, heißen »auf der Bühne« und »vor den Kulissen«. »Auf der Bühne« tragen die Mitarbeiter des Krankenhauses den EJ Look (zum Beispiel bei Männern Hemd mit Krawatte) sowie ein gut lesbares Namensschild mit Name, Berufsbezeichnung und Ausbildung. Alle Gäste werden »vom Ensemble« zuerst begrüßt. An den Zimmertüren der »Gäste« wird angeklopft.

Gespräche der Mitarbeiter untereinander »vor den Kulissen« sind genauso verpönt wie unappetitliche Aktivitäten (wie zum Beispiel der Transport von Blut). Dadurch, daß das East Jefferson konsequent alle positiven Bühnenbilder optimiert und alle negativen minimiert, vermittelt es seinen Besuchern Wärme, Fürsorglichkeit und Professionalität – genau die Werte, auf die sich das Team in der Unternehmensvision verständigt hat.

Amerikanische Service-Experten unterscheiden in der Umgebungsgestaltung *mechanics* (Anblicke, Klänge, Tasteindrücke von Dingen wie Fußböden, Sitzgarnituren etc.) und *humanics* (das Verhalten der Menschen).

Das Prinzip Sauberkeit, mit dem sich Disney sorgfältig von der Schmuddel-Atmosphäre regionaler Rummelplätze und Volksfeste unterscheidet, wird mit mechanics und humanics umgesetzt: Der Abfallbehälter in Sicht- und Reichweite (mechanics) ist genauso unverzichtbarer Bestandteil des Umsetzungskonzeptes wie die Heerscharen von Mitarbeitern. Diese sind gehalten, jeden Abfall wegzuräumen und alle Gäste, die näher als drei Meter an sie herantreten, freundlich anzulächeln, um die »Fröhlichkeit« zu verstärken (humanics).

Die Minimierung von Negativ-Erlebnissen ist mindestens genauso wichtig wie die Optimierung der Positiv-Eindrücke. Verkäufer, die so angeregt in Privatgespräche vertieft sind, daß wir Kunden intuitiv um Entschuldigung bitten, wenn wir mit unseren Fragen stören, zählen zur Amateurliga. Das gleiche gilt für Servicemitarbeiter, die sich vor Kunden über andere Kunden oder Organisationsprobleme des eigenen Hauses unterhalten (leider ist diese Amateurliga in Deutschland so weit verbreitet, daß viele von uns eine Dienstleistungs-Shopping-Atmosphäre erst in Zürich oder London verspüren, von New York oder Singapur einmal ganz zu schweigen).

Die Individualisierung von Dienstleistungen zu Erlebnissen

Der einfachste und sicherste Weg, eine Dienstleistung zu einem Erlebnis werden zu lassen, besteht *in der Individualisierung der Dienst-*

leistung. Dahinter steckt das generelle Prinzip, daß wirtschaftliche Güter durch Individualisierung in die nächsthöhere Kategorie des wirtschaftlichen Werts aufsteigen. (Durch Angleichung werden sie umgekehrt in die nächstniedrigere Kategorie zu Massengütern degradiert.)

- Ein Anzug von der Stange ist ein Konsumgut. Ein Maßanzug ist eine Dienstleistung.
- Vitaminpillen sind ein Konsumgut. »Personal Packs«, individuell für unseren Vitaminbedarf zusammengestellte Dosierungen, wie sie in den USA heute schon angeboten werden, sind eine Dienstleistung.
- Ein VW Golf ist ein Konsumgut. Das gleiche Auto, nach unseren Vorstellungen bei Oettinger getunt und mit einer speziellen Fahrwerksabstimmung für den Nürburgring versehen, ist eine Dienstleistung.

Produkte werden durch Individualisierungen zu Dienstleistungen.

- Der Maßanzug ist eine Dienstleistung. Der Schneider, der freitagabends zu uns nach Hause kommt und 25 Stoffballen in Kaschmir-Seide mitbringt, uns aussuchen läßt, Maß nimmt, eine Bestellung über fünf Sommeranzüge notiert und diesen Aufwand mit vier wandgroßen Spiegeln für zwei Anproben wiederholt, der *inszeniert für uns ein Erlebnis.*
- Wer bei Audi, BMW oder Porsche an einem Fahrsicherheitstraining teilnimmt, kauft eine Dienstleistung. (Wenn BMW im Perfektions-Lehrgang den neuen M3 zur Verfügung stellt und das Training auf einer abgeschlossenen Rennstrecke stattfindet, inszenieren die Bayern bereits Erlebniskomponenten.) Wer dagegen einen Profi-Sicherheitstrainer engagiert, der ihm – wann immer es in seinen Manager-Terminkalender paßt – im Skid-Car Driftübungen zeigt oder in Tschechien auf abgesperrter Rennstrecke beibringt, wie man bei 220 km/h ein Auto wieder einfängt, der ist in der Fun-Welt maßgeschneiderter Erlebnisse.

Dienstleistungen werden zu Erlebnissen, wenn sie maßgeschneidert werden auf die Bedürfnisse des Kunden.

Diese Erkenntnis ist beileibe nicht neu. Moderne Fertigungstechnologien und leistungsfähige Software stellen uns heute nahezu endlose Produkt- und Dienstleistungsvarianten zur Verfügung. Viele Unternehmer glauben deshalb, die von ihnen entwickelte *Angebotsvielfalt* sei dasselbe wie ein *individualisiertes Produkt- oder Dienstleistungsangebot*. Dem ist jedoch nicht so:

Ein vielfältiges Angebot und ein individuelles Angebot haben zunächst nichts miteinander zu tun.
Vielfalt bedeutet: Immer neue Produktvarianten zu erzeugen und zu vertreiben in der Hoffnung, daß sich Kunden dafür finden.
Individualisierung bedeutet: In Reaktion auf die Wünsche *eines bestimmten Kunden* zu produzieren.

Ein besonders gelungenes Beispiel für ein individuelles Massenangebot bietet die Website von Dell. Hier wird ein so hochkomplexes Produkt wie der moderne PC einfach, klar gegliedert und übersichtlich in einzelne Module aufgeteilt, so daß auch technisch weniger bewanderte Menschen – unterstützt durch die exzellente Benutzerführung – sich in kürzester Zeit ihren Wunsch-PC zusamenstellen können.

Wer seinen Kunden ähnlich maßgeschneiderte Produkt- und Dienstleistungserlebnisse bieten will wie Michael Dell, der sollte sich Gedanken über die Grundelemente eines solchen Angebotes machen:

Was kann man aus Lego alles bauen? »Fast alles«, lautet die richtige Antwort. Und das, obwohl Lego nur mit drei einfachen Grundelementen operiert: Es gibt einen sehr begrenzten Set von *Modulen* – Bausteinen in verschiedenen Größen, Formen und Farben. Dann gibt es das einfache und elegante *Verbindungssystem* von Steckern und Löchern. Und für den Lego-Neuling gibt es dann als *Gestaltungswerkzeug* noch umfangreiche Bauanleitungen, damit auch Väter mit zwei linken Händen am 2. Weihnachtstag ihre Söhne unterstützen können, wenn es darum geht, die neue Windmühle zusammenzubauen.

Der Fensterhersteller Anderson Cooperation in Bayport/Minnesota beispielsweise hat sich schon vor Jahren darauf spezialisiert, individuelle Kundenwünsche in der Fenstergestaltung umzusetzen. Ähnlich wie bei Lego wurde dazu das Fertigungsprogramm in einzelne Module untergliedert, für die dann ein universell verwendbares Verbindungssystem geschaffen wurde. Die Firma entwickelte – ähnlich wie Dell – eine Gestaltungssoftware (»Windows of Knowledge«), die dem Kunden helfen sollte, die verwirrende Angebotsvielfalt auf die individuell benötigten Komponenten zu reduzieren.

Anderson mußte jedoch die Erfahrung machen, daß viele Kunden mit der Selbstbedienung dieses professionellen Gestaltungswerkzeuges in Baumärkten überfordert waren. Erst die sorgfältige Schulung der Verkäufer in der Benutzerführung des Programms führte zum individuellen Einkaufserlebnis und sorge für den entscheidenden Durchbruch in Umsatz und Gewinn.[26] Fragen Sie sich also:

1. Biete ich wirklich ein individuelles Angebot oder nur »Angebotsvielfalt«?
2. Wie können wir für unsere Produkte und Dienstleistungen *Module, Verbindungssysteme* und *Gestaltungswerkzeuge* entwickeln, mit denen wir einfache, klare und übersichtliche individuelle Lösungen entwickeln?
3. Wie designen wir die Interaktionsarchitektur mit unseren Kunden?
4. Wie gestalten wir den Auswahlprozeß so, daß wir die Komplexität der Vielfalt schnellst- und bestmöglich reduzieren auf die Bedürfnisse und Prioritäten unseres Kunden?

[26] Pine/Gilmore, S. 115.

Kapitel 7:
Die hohe Schule des Erlebnis-Designs

Szenario 1: Die Consultingfirma Diamond Technology Partners in Chicago veranstaltet dreimal jährlich die Diamond Exchange, eine Zusammenkunft von Managern, wichtigen Kunden, angesehenen externen Fachleuten und den Consultants von Diamond. Das Thema lautet jedesmal: Wie wird sich die digitale Zukunft auf die Unternehmen unserer Gäste auswirken? Die Idee dieses Thinktanks ist ein langfristiges Gespräch zwischen Spitzenmanagern und einigen der weltweit besten Köpfen auf den Gebieten Strategie, Technologie, Betriebsabläufe und Lernen. Zu den Teilnehmern gehören Banker, Verleger und Staatssekretäre ebenso wie die Chefs von Produktionsunternehmen, Einzelhandelsketten und Dienstleistungsfirmen. Jeder Teilnehmer zahlt im Jahr mehrere zehntausend Dollar, um mit Experten wie Alan Key (dem Vater des PC), Gordon Bell (Computerarchitekt und Venture-Capital-Geber) und Tim Gallway (einem international renommierten Lernpsychologen) die Frage zu diskutieren: Wie können wir uns in einer Welt behaupten, die von moderner Technik zunehmend verwandelt wird? (Viele interessante Erkenntnisse der Diamond Exchange sind in dem Buch *Unleashing the Killer App* von Larry Downes und Chunka Mui[27] veröffentlicht worden.)

Szenario 2: Das Münchner Oktoberfest, das in der zweiten Septemberhälfte auf der »Wies'n« stattfindet (Schlußtag 2001: 7. Oktober) und Jahr für Jahr viele Millionen Gäste aus Deutschland und der ganzen Welt in seinen Bann zieht. Ob Japaner, Amerikaner, arabische Ölscheichs, Teenager, Buchhalter, Hausfrauen oder Vorstandsvorsitzende: Menschen aller Altersklassen und aller sozialen Schichten trinken Bier aus Maßkrügen so groß wie Wassereimer und sind fasziniert von der Bayrischen Folklore: Männer in Lederhosen mit Bierbäuchen, die

---

[27] Larry Downes/Chunka Mui: Unleashing the Killer App. Harvard Business School Press, Boston 1998.

Texaner schmächtig erscheinen lassen, Serviererinnen im Dirndl mit
Oberweiten, die auch von 16 gleichzeitig getragenen Maßkrügen nicht
erdrückt werden, Achterbahnen mit Dreierloopings und natürlich alles, was sonst noch zu einem richtigen Volksfest gehört!

So unterschiedlich die beiden Szenarien auch sind, sie haben eine
entscheidende Gemeinsamkeit: Ihre Organisatoren gehören zu den Stars
der Erlebnisbranche, die es durch Talent, Perfektionismus und jahre-
lange Erfahrung geschafft haben, heute im Olymp der modernen Erlebniswirtschaft zu sitzen. Wenn Sie es ihnen gleichtun und zu den
Spielmachern der Dream Society gehören wollen, dann stehen einige
strategische Hausaufgaben auf ihrem Programm, wie die nächsten
Abschnitte zeigen werden.

Das Prinzip der strategischen Intention: Wie Sie Ihre Company für das Erlebniszeitalter neu erfinden

Das Konzept der strategischen Intention verdanken wir Garry Hamel
und C. K. Pralahad.[28]

Die strategische Intention ist das, was der Organisation eine Richtung gibt. Sie ist das Fundament, auf dem die Bestrebungen eines
Unternehmens aufbauen – das, woraus es seine Energie bezieht. Die
strategische Absicht, die ein Unternehmen verfolgt, verleiht den Tätig-
keiten der Mitarbeiter Sinn und kann – so Hamel und Prahalad –
Leidenschaft und Stolz wecken. Als Umsetzungsmaxime für die strategische Intention verlangen die Experten, daß jede Aktivität des Unternehmens mit dem Ziel durchgeführt wird, Veränderungen in der Umwelt herbeizuführen. Im einzelnen bedeutet dies, daß
• die strategische Intention keine Reaktion auf Aktivitäten der Konkurrenz darstellt,
• sie in der eigenen Einzigartigkeit wurzelt,
• im Bemühen verankert ist, die unbekannten Dimensionen seiner Selbst
  zu ergründen und

[28] Gary Hamel/C. K. Prahalad: Wettlauf um die Zukunft. Ueberreuter, Wien 1995.

- sich aus diesem Prozeß als natürliches Nebenprodukt eine Differenzierung zum Wettbewerb ergibt.

Der hehre Anspruch der führenden Strategie-Consultants ist leichter nachzuvollziehen als konkret umzusetzen. Schauen wir uns deshalb an, welche Wege wir konkret gehen können, um unser Geschäft für die Erlebniswirtschaft neu zu erfinden.

Finden Sie heraus, was der Kunde wirklich will

Angenommen, Sie feiern das Jubiläum zum 50jährigen Bestehen Ihres Unternehmens. Sie planen ein rauschendes Fest mit über 1000 Ehrengästen, Kunden und Mitarbeitern. Als Höhepunkt des Veranstaltungsprogramms soll ein externer Referent auftreten und den Festvortrag halten. Sie holen verschiedene Angebote ein, und unter anderem werde ich Ihnen empfohlen zum Thema:»Spielregeln für die Märkte der Zukunft«. Die Agentur, die mich vermittelt, verlangt 12.500 Euro zuzüglich Spesen, Fahrtkosten und Mehrwertsteuer. Sie denken: Das Thema paßt, aber der Bursche ist ziemlich teuer. Sie lassen sich deshalb zur Entscheidungsfindung Referenzen geben. Und jetzt stellen Sie sich bitte vor, Ihr erster Ansprechpartner würde auf die Frage:»Wie war Christiani?« antworten: Wir waren zufrieden! Könnte es sein, daß Sie etwas irritiert sind? Daß Sie zurückfragen:»Ja, hat er denn Ihre Teilnehmer nicht begeistert? War er nicht kreativ, innovativ, mitreißend, überzeugend, enthusiastisch?« Wenn der Kunde jetzt antworten würde:»Nein, all das war er nicht, aber wir waren zufrieden!«, dann bin ich mir ziemlich sicher, daß Sie noch nicht einmal mehr in ihren kühnsten Träumen daran denken würden, mich zu engagieren. Deshalb gilt:

> Kundenzufriedenheit ist nahezu nichts wert:
> Die Welt ist voll von zufriedenen Kunden, die täglich ihre Lieferanten wechseln!

Wenn auch Kundenzufriedenheit ziemlich wenig ist, ist sie doch zweifelsohne besser, als unzufriedene Kunden zu haben. Insofern ist die etwas dümmliche Frage von Kellnern, Autovermietern oder Rezeptionisten: »Waren Sie zufrieden?«, eine bescheidene Hilfe, Unzufriedene einzuladen, ihre Reklamation vorzutragen. Darüber hinaus ist das Instrument des Zufriedenheitstests jedoch wenig brauchbar, wenn es darum geht, vortreffliche Leistungen für den Kunden zu erfinden, denn:

Kundenzufriedenheit ist der Übereinstimmungsgrad zwischen dem, was der Kunde *erwartet,* und dem, was er *bekommt.*[29] Und die Erwartung des Kunden bestimmt sich weitgehend dadurch, was am Markt üblich ist.

- Der Hotelgast, der gewohnt ist, zehn Minuten an der Rezeption aufs Auschecken zu warten, verspürt »Zufriedenheit«, wenn er nach sieben Minuten drankommt.
- Der Mietwagenkunde, der zehn Minuten am Münchener Flughafen beim Schalter eines Autoverleihers auf seinen Vertrag wartet, ist »zufrieden«, wenn er endlich an der Reihe ist und sein Auto nach fünf Minuten Wanderweg mit drei Koffern am anderen Ende des Parkhauses findet.

Anders ausgedrückt:

Wer nur auf die Zufriedenheit seiner Kunden achtet, übersieht das *Zugeständnis,* das der Kunde macht.

Das Zugeständnis des Kunden ist *die Differenz zwischen dem, was er wirklich will, und dem, womit er sich am Markt abfindet.* Autovermieter, denen es ernst damit ist, für ihre Kunden ein »Anmieterlebnis« zu inszenieren, werden ihre Kunden fragen:

[29] Pine/Gilmor, S. 147f.

Was wäre für Sie das Optimum?

Meine Antwort auf diese Frage nach dem optimalen Mietwagenservice würde z.B. lauten:
• Abholung am Gepäckband.
• Meine Koffer werden getragen.
• Kürzester Weg zum nächsten Parkplatz.
• Bei Regen werde ich beschirmt.
• Das Auto steht schon da.
• Im Winter ist es wohlig vorgewärmt.
• Der nette Mensch von der Autovermietung lädt die Koffer ein und wünscht mir gute Fahrt.

Vielleicht halten Sie dieses Service-Optimum für übertrieben. In diesem Fall sollten wir uns kurz anschauen, welchen Service die Firma Hertz ihren Gold Card Members heute schon für 60 Dollar Jahresgebühr bietet:
• Der Gold-Card-Inhaber braucht an keinem Schalter anzustehen.
• Er wird direkt am Ausgang von einem Shuttlebus abgeholt und nennt dem Fahrer nur seinen Namen.
• Der Kunde wird im überdachten Hertz-Gold-Bereich abgesetzt.
• Sein Wagen ist in der Nähe geparkt.
• Der Kofferraum ist geöffnet.
• Bei Bedarf ist die Heizung bzw. die Klimaanlage eingeschaltet.
• Der persönliche Mietvertrag mit dem großgedruckten Namen des Kunden hängt bereits am Spiegel.

Halten wir uns also vor Augen:

Wenn wir nicht liefern, was der Kunde wirklich will, dann wird das über kurz oder lang jemand anderes tun.

Der allererste Schritt zur Entwicklung einer strategischen Intention besteht also darin, die Differenz zwischen aktuellem Marktangebot und dem zu minimieren, was der Kunde wirklich will.

Minimieren sie die Zugeständnisse ihrer Kunden!

Wie schon im zweiten Kapitel ausgeführt, ist die Extrameile von heute der Standard von morgen. Wer also wirklich sein Business immer wieder neu erfinden will, muss den Kunden *überraschen mit Lösungen, die besser sind als das, was der Kunde erwartet.*

> Kundenüberraschung ist der Überschuß zwischen dem, was der Kunde erlebt, und dem, was er erwartet hat.

Philip Romano, Gründer der Restaurant-Kette eatZi's, hatte beispielsweise eine ganz besondere Idee, um sein neues Restaurant innerhalb von wenigen Monaten zu einem absoluten Publikumsmagneten zu machen: Einmal im Monat – an einem Tag, den keiner der Gäste im vorhinein ahnte – lud Romano alle Gäste des Restaurants auf seine Rechnung ein: Wenn sie also das Glück hatten, gerade an diesem Tag dort zu speisen, erhielten sie bei der Frage nach der Rechnung feierlich einen Brief überreicht, in dem der Chef erklärte, daß er sich freue, sie heute als seine Gäste begrüßen zu dürfen.

Scott Gross, der dieses Beispiel »positiv unerwarteten Services« beschreibt[30], schätzt, daß Romano etwa 3,3 Prozent seiner monatlichen Einnahmen verliert. Er gewinnt mit seiner sympathischen Überraschung jedoch Monat für Monat mehr Gäste dazu, als wenn er dieses Geld in andere Werbung oder einen anderen Preisnachlaß stecken würde.

Ein Berliner Finanzdienstleister überrascht seine Vermittler ebenfalls ein- bis zweimal im Jahr, in dem er »spontan« anläßlich der vierteljährlichen Vertriebstagungen eine Harley Davidson, einen Mercedes SL oder einen Porsche 911 demjenigen Verkäufer übergibt, der besonders exzellenten Kundenservice erbracht hat – gemessen an einem für alle nachvollziehbaren, aber vorher nicht bekanntgegebenen Kri-

---

[30] T. Scott Gross: Positively outrageous Service: New and easy ways to win customers for life. Master Media Limited, New York 1991, S. 5f.

terium. Kein Wunder also, daß bei solchen Vertriebs-Kickoffs nur diejenigen fehlen, die wirklich unvermeidbar ans Krankenbett gefesselt
sind...

Nach dem Grundsatz: »Die Extrameile von heute ist der Standard
von morgen«, fangen die Kunden natürlich irgendwann an, Überraschungen zu erwarten: Ist der Überraschte noch überrascht, wenn er
die Überraschung schon erwartet hat? Ist eine Weihnachtsüberraschung
noch eine Überraschung, sobald ich Fünfjähriger kapiert habe, daß es
jedes Jahr an Weihnachten Geschenküberraschungen gibt?

Verwöhnte Kinder kennen die Antwort genauso gut wie weniger
verwöhnte Väter und Mütter: Wenn ich als Kind immer genau das bekomme, was auf meinem Wunschzettel steht, dann erlischt die Neugier. Väter, die jedes Jahr Schlips, Oberhemd und Socken bekommen,
langweilen sich bei den »Überraschungsgeschenken« genauso wie
Mütter, die immer wieder mit Kochtöpfen, Handtüchern und anderen
nützlichen Haushaltswaren bedacht werden.

Wer also die Überraschung lebendig halten will, tut gut daran, entweder – wie Philip Romano – den Überraschungszeitpunkt zu variieren oder den Überraschungsinhalt immer wieder neu zu gestalten (wie
beispielsweise der Berliner Immobilienunternehmer, der zwischen
Harleys, Porsches, Safari-Urlauben und Leonardo da Vincis von IWC
wechselt).

Wer sein Produkt- oder Dienstleistungsangebot von heute in der
Erlebniswelt von morgen kundenorientiert weiterentwickeln will, kann
mit folgenden Strategiestufen arbeiten:

Stufe 1 – zur Kundenzufriedenheit:
Wie gut sind wir?

Stufe 2 – zur Minimierung des Kundenzugeständnisses:
Was wäre das Optimum?

Stufe 3 – zur Optimierung der Kundenüberraschung:
Woran wird der Kunde sich erinnern?

Stufe 4 – zur Aktivierung der Neugier:
Wie variieren wir die Überraschungen so, daß der Kunde unter Spannung bleibt und sich fragt: Was planen die wohl als nächstes?

Wie Sie ein Erlebnisthema finden

Was ist der Unterschied zwischen Phantasialand und einem normalen Freizeitpark? Was unterscheidet das Centro in Oberhausen von einem normalen Einkaufszentrum wie z.B. dem Rhein-Ruhr-Zentrum in Mülheim an der Ruhr? Und was macht das Oktoberfest so anders als ein Dutzend anderer Volksfeste?

Ist es nur die Größe und der Bekanntheitsgrad, die alle drei besonders attraktiv erscheinen lassen? Und wenn es so wäre: Warum sind dann gerade diese drei im Laufe der Jahre so groß, so bekannt und so attraktiv geworden?

Vergleichen wir einmal das Rhein-Ruhr-Zentrum in Mülheim mit dem Centro in Oberhausen. Beide liegen im Ruhrgebiet und erreichen damit einen Einzugsbereich von rund 20 Millionen Menschen. Das Rhein-Ruhr-Zentrum ist ungefähr 25 Jahre alt, das Centro gerade wenige Jahre jung. Warum hat das Rhein-Ruhr-Zentrum als Erlebnis-Einkaufszentrum nie Schlagzeilen gemacht, während das Centro immer wieder in der Presse ist?

Der entscheidende Unterschied zwischen beiden ist, daß *das Centro in Oberhausen ein Thema anbietet, um das der Kunde seine Eindrücke gruppieren kann*; Kunden, die beide Einkaufszentren kennen, beschreiben ihre Erlebnisse übereinstimmend so:

Rhein-Ruhr-Zentrum: praktisch, kurze Wege, alles Wichtige an einem Ort.

Centro: Das ist doch diese amerikanische Mall, dieses überdachte amerikanische Einkaufszentrum.

Das *Thema* ist klar und deutlich: Einkaufen wie in Amerika. Jedes Element im Centro – angefangen bei den Parkplätzen und Parkhäusern, den überdeckten Einkaufsstraßen, der Food Corner, der Auswahl der Geschäfte bis hin zu den Details der Schaufensterdekoration – gibt dem Kunden das Gefühl: »That's the American Way of Life. Let's go shopping in America. Alles hier, die Produkte, die Mode, die Menschen, ist in und cool und sexy – and you'll love it.«

Phantasialand ist eben nicht nur ein normaler Freizeitpark, sondern, wie der Name schon suggeriert, ein *Themenpark*, der an die Phantasie von Eltern und Kindern appelliert, eine Art deutsches Disneyland.

Und das Oktoberfest ist ebenfalls kein normales Volksfest, sondern *Bayern pur*: Alles, was sich Nicht-Bayern (Preußen, Japaner, Amerikaner und der übrige ›unbayrische Rest der Welt‹) unter Bayern vorstellen, gibt es im Mikrokosmos Oktoberfest pur: Tradition und Folklore, Geschäftssinn und Fingerhakeln, alles größer, breiter, uriger als sonstwo auf der Welt (Texas mal ausgenommen).

Lernpsychologen wissen: *Solange Menschen keine Überschrift, kein Thema haben, dem sie die unterschiedlichsten Einzelerlebnisse zuordnen können, kann in unserem Kopf kein einheitliches klares Ganzes entstehen*, das wir dann mit jedem weiteren Ergebnismosaikstein emotional immer stärker aufladen.

> Die erste Aufgabe für Erlebnisunternehmer besteht darin, ein klares Thema zu finden.
> Nur so kann der Gast die unterschiedlichen Angebote zu einem emotional intensiven Gesamterlebnis ordnen und bündeln.

Holen wir uns noch ein paar Anregungen aus der weltweiten Erlebnis-Hauptstadt Nr. 1 – dem *Spielerparadies* Las Vegas. (Auch wenn es in Deutschland – z.B. Baden-Baden – und Europa – z.B. Monte Carlo – einige Städte gibt, die auch für ihre Spielkasinos bekannt sind, so besetzt doch kein anderer Ort auch nur ansatzweise das Thema »Spielerparadies« so, wie Las Vegas dies tut.)

Wer schon einmal dort war, der weiß warum: Wer morgens in Las Vegas landet und die Ankunftshalle des Flughafens betritt, der glaubt, bereits inmitten eines Spielkasinos zu sein: Mindestens zweihundert »Einarmige Banditen« und vor ihnen hunderte hartgesottener Spieler, von denen die meisten mit flackenden Augen offensichtlich die ganze Nacht durchgezockt haben – »willkommen im Spielerparadies«.

Wer dann den Strip entlang in die Stadt fährt, bis zum Horizont Spielkasinos vor sich hat, an atemberaubenden Themen-Hotels wie Caesar's Palace vorbeifährt, der weiß, daß in Las Vegas alles ein gestaltetes Erlebnis ist. Das Einkaufszentrum Forum Shops etwa hat einen Markt im alten Rom zu seinem Thema gemacht. Marmorböden, weiße Säulen, Cafés unter freiem Himmel (bei denen der Himmel an die Decke gemalt wurde und regelmäßig von Gewittern mit Blitz und Donner verdunkelt wird), stimmen den Besucher ein. Immer wieder marschieren römische Centurios vorbei mit dem Gruß »Heil Cäsar« auf den Lippen. Zur vollen Stunde erwachen am Haupteingang Statuen von Cäsar und anderen berühmten Römern zum Leben und beginnen zu sprechen. Die einzelnen Shops greifen das Thema auf, und Juweliere deklarieren ihre Auslagen mit Schriftrollen, Schreibtafeln und römischen Zahlen – Perfektion bis ins Detail, die sich offensichtlich lohnt: Die Forum Shops machen mehr als das Dreifache des Umsatzes normaler (amerikanischer) Einkaufszentren.

In der Welthauptstadt der Erlebniswirtschaft wird das Unternehmen zur Bühne, die Arbeit zum Theater, Mitarbeiter zu Schauspielern und Manager zu Regisseuren und Rollendesignern. Bei soviel Erlebniskompetenz im eigenen Land ist es kein Wunder, daß amerikanische Unternehmen sich dieses Genres routinierter bedienen als wir:

* Verkaufstrainer Tom Hopkins bezeichnet seine Grundlagenseminare als »Boot-Camps« und betritt den Vortragssaal am ersten Tag in der Uniform eines Generals, flankiert von Assistenten in Offizierskostümen.
* Erfolgstrainer Tony Robbins bezeichnete seine Sommerakademie bis vor wenigen Jahren ebenfalls als Camp (und vermarktet sie jetzt – höherpreisig – als Success University).
* Die Buchhandelskette Barnes & Noble hat ihre Geschäfte in den letzten Jahren komplett in Buchsupermärkte verwandelt. Die Architektur, das Dekor und die Einrichtung wurden so umgestaltet, daß den Kunden alles zum Verweilen und Schmökern einlädt – inklusive eines

angenehmen Cafés, in dem man sich immer wieder mal eine Shoppingpause gönnen kann. Pine und Gilmore[31] führen aus, daß sich Geschäftsführer Leonard Riggio wegen der sozialen Erfahrung für das Thema »Theater« entschieden hat. Meine eigenen Einkaufserlebnisse bei Barnes & Noble sind ebenfalls sehr positiv, aber etwas anders:
Ich erlebe die Buchhandlung als Oase der Ruhe, die zum Schmökern einlädt. (Zum Vorteil von Barnes & Noble und zum Leidwesen meiner Familie verweile, schmökere und kaufe ich dort halbe Tage, während ich in anderen Buchhandlungen nach spätestens einer Stunde genug habe.)

Fragen sie sich also: Wie kann ich meinem Erlebnis als Thema eine griffige Überschrift geben? Pine und Gilmore fassen diesen Schritt in die Formel:

»Ein Erlebnis mit einem Thema zu versehen bedeutet, eine Geschichte zu schreiben, die den Besucher zum Beteiligten macht.«

Bereiche, in denen interessante Erlebnisthemen zu finden sind, sind unter anderen:
• Geschichte,
• Länder, Völker, Kontinente,
• Krieg und Frieden,
• Politik,
• Kunst,
• Sport,
• Psychologie,
• Philosophie,
• Zukunft.

---

[31] Pine/Gilmor, S. 74.

Ist das Thema für ein Erlebnis gefunden (Beispiel: »Einkaufen wie in Amerika« im Centro), dann beginnt die eigentliche Arbeit, nämlich *das Thema zu einer Story auszuarbeiten.*

Die Story zum Thema entwickeln

• Beispiel Eiswürfel:
  Angenommen, sie müßten Eiswürfel vermarkten – Eiswürfel, die sich in Zusammensetzung, Geschmack und Aussehen in nichts unterscheiden von anderen Eiswürfeln. Und weiter angenommen, sie müßten für drei dieser Eiswürfel zehn Euro erzielen. Wie würden sie vorgehen?
  Nun, sie würden sich höchstwahrscheinlich eine Geschichte ausdenken. Vielleicht würden sie die Eiswürfel aus Grönland exportieren. Eiswürfel aus echtem Gletschereis, abgebaut tausende Kilometer entfernt von jeder Umweltverschmutzung in strahlend blau-weißem Gletschereis. Eis, das seit Tausenden und Abertausenden von Jahren existiert, das Einschlüsse enthält mit Luftbläschen aus der Zeit, als im alten Ägypten die Pyramiden gebaut wurden. Sauerstoff-Eiswürfel, die Menschen die Ruhe und Kraft der Jahrtausende geben. Drei Stück für zehn Euro, und den Drink gibt es kostenlos dazu… eine Story, die 1996 im Kopenhagener Flughafen genau so vermarktet wurde.[32]

• Beispiel Turnschuhe:
  Angenommen, Sie müßten Turnschuhe vermarkten. Die Herstellungskosten liegen bei ca. fünf Euro, der Verkaufspreis bei der Konkurrenz bei ca. 20 Euro, Sie aber wollen 100 Euro. Was also tun? Sie vergessen athletisches Funktionsschuhwerk von Adidas und Puma und erfinden die (Bild-)Geschichte von Jugend, Erfolg, Ruhm und Triumph. Sie laden Menschen ein, aktiv zu werden: »Just do it« – wear Nike and you will also be a »rebel with a cause«!

---

[32] Rolf Jensen: The Dream Society. McGraw-Hill, New York 1999, S. 25.

- Beispiel Uhren:
  Sie wissen, daß genau gehende Quarzuhren etwa fünf Euro kosten.
  Sie möchten eine Uhr herstellen und verkaufen für 40.000 Euro. Also
  wissen Sie, daß Sie dem Käufer eine Geschichte für 39.995 Euro
  präsentieren müssen. Sie haben eine Tradition in Ostdeutschland, viel
  Know-how und den Markennamen von August Lange & Söhne. Was
  tun? Sie erzählen die Geschichte Ihrer Company: »Kaiser Wilhelm
  mußte auf seine Lange-Uhr achtzehn Monate warten. Sie bekommen
  Ihre auch nicht schneller…!«
- Beispiel Diät-Nahrung:
  Sie wollen mit Diätpulvern reich werden. Sie erzählen die Geschichte ihrer Mutter, die krankhaft übergewichtig war, der die Ärzte nie
  helfen konnten und die vorzeitig an ihrem Übergewicht starb. Sie
  erzählen, dies sei das Schlüsselerlebnis in ihrem Leben geworden.
  Sie hätten daraufhin die Welt von Kanada bis China bereist, in jahrelanger Kleinarbeit die wirksamsten und besten Heilkräuter zusam-
  mengetragen und daraus ein Diätpulver gemischt, wie es auf der Welt
  kein zweites gibt (Mark Hughes, Herbalife).

Ob Eiswürfel, Turnschuhe, Uhren, Diätpulver oder über achtzig Talk-
shows pro Woche mit Moderatoren wie Hans Meiser oder Fernseh-
pfarrer Fliege: Was ist es, was uns Menschen so unglaublich an Stories,
Geschichten, Anekdoten und Einzelfall-Schicksalen fasziniert?

Rolf Jensen, Direktor des renommierten Kopenhagener Instituts
für Zukunftsstudien, hat sich vermutlich ausführlicher als alle anderen
mit der gerade beginnenden »Dream Society« beschäftigt. Er verweist
auf die Ursehnsucht von uns Menschen nach Geschichten: Schon die
Höhlenmaler vor hunderttausend Jahren haben ihre Mythen und
Legenden an die Wände gemalt. Und all ihre Nachkommen haben es
ihnen bis zum heutigen Tag gleichgetan: Ob Inkas oder Azteken,
Griechen oder Römer, Inder oder Chinesen – von der Odyssee des
Homer über die Geschichten aus Tausendundeiner Nacht, die Märchen
der Gebrüder Grimm bis hin zu den Gute-Nacht-Geschichten, die wir
unseren Kindern jeden Abend erzählen, bevor wir sie ins Reich der

Träume verabschieden: Geschichten begleiten uns durch die Jahrtausende wie Wasser, Nahrung, Kleidung und die Hütten zum Schutz vor wilden Tieren. Wir finden sie in spirituellen Überlieferungen genauso wie in New-Age-Esoterik, in Shakespeares Romeo und Julia genauso wie in Reality-Dramen à la Titanic, im Theater und im Fernsehen, bei Dallas und Big Brother:

Stories make the world go round!

Und das seit Anbeginn unserer Geschichte – gute Chancen also, daß es so weitergeht!

Damit ist jedoch noch nicht die Frage beantwortet, warum gerade jetzt Erlebnisgeschichten einen solch bahnbrechenden Erfolg erleben.

Neben all den Entwicklungstendenzen, die wir für den Start des Erlebniszeitalters bereits vorgestellt haben, gibt es einen weiteren wichtigen Aspekt: Wir stehen an der Schwelle zur dritten Stufe des elektronischen Zeitalters. Die erste Stufe war Hardware, die zweite – aktuell noch bestehende – ist Software, und die nächste Welle, die auf uns zurollt, heißt Content – und damit auch faszinierende Stories!

Das Informations-Hochgeschwindigkeits-Netzwerk der neuen Wirtschaft ist nämlich das effizienteste Medium in unserer bisherigen Geschichte, um unsere unstillbare Sehnsucht und unseren Appetit nach immer neuen Mythen, Legenden und Geschichten zu stimulieren, aber auch zu befriedigen. Zukunftsforscher wie Rolf Jensen gehen davon aus, daß eines Tages sogar Hollywood als der weltgrößten Traumfabrik die Geschichten ausgehen könnten (sie prognostizieren für diesen Fall übrigens, daß es den neuen Beruf der »Story Hunter« geben wird: Menschen, die die letzten Eingeborenenstämme dieser Erde besuchen werden, um Amazonas-Indianern, Eskimos und Aborigines ihre Mythen und Legenden abzukaufen[33]).

Vielleicht erscheint es Ihnen im Augenblick noch ziemlich weit hergeholt, wenn Trendforscher glauben, daß Australien in zwanzig Jahren

---

[33] Jensen, S. 41.

mehr Geld mit dem Export seiner Abourigines-Geschichten verdienen wird als mit seiner Güterproduktion.

Möglicherweise halten Sie auch die Aussage für übertrieben, daß Nepal in zehn oder zwanzig Jahren mit seinem Abenteuertourismus erheblich mehr Geld verdienen wird, als wenn die Fläche seiner Achttausender mit Ackerbau und Viehzucht genutzt werden würde. (Aber würden Sie wirklich darauf wetten? Achttausender-Trekking ist Abenteuer im XXL-Format. Weltexklusiv nur vierzehn Stück... und wenn 2010 30 Prozent aller Reisen im gehobenen Segment wirklich Abenteuerreisen sind, dann könnten Nepals Naturwunder den Alpen den Rang als Abenteuerspielplatz Nummer eins ablaufen!)

Doch selbst wenn Sie solchen gedanklichen Höhenflügen von Zukunftsprofis eher verhalten gegenüberstehen, an der Grundaussage, daß *Weltkonzerne wie Einzelunternehmen mit ihrer Story immer mehr Geld verdienen werden,* gibt es nichts zu rütteln.

Der überzeugendste ökonomische Beweis dafür ist die Entwicklung, die die größten Storyproduzenten in den letzten Jahren genommen haben:

- Die Olympischen Spiele beispielsweise waren bis zu den achtziger Jahren ausschließlich ein Zuschußgeschäft. Seit der Entwicklung, die Peter Überroth 1984 mit den Olympischen Spielen in Los Angeles eingeleitet hat, ist Olympia zwischenzeitlich als Heldenstory-Lieferant par excellence entdeckt: Überschüsse wie die Milliarden-Profite in Atlanta oder Sydney bestehen dabei zu drei Vierteln aus Einnahmen an Fernsehrechten und Sponsoring, weil Unternehmen wie Coca-Cola ihre Rolle als Heldenstoryteller und »Feelinglieferanten« erkannt haben.

- Die Kirchgruppe hat für die Übertragungsrechte der Fußballweltmeisterschaft 2002 und 2006 rund drei Milliarden Euro bezahlt und partizipiert damit an einem Geschäft, das anders als Hollywood-Themen ein Monopol darstellt: Ob Fußball-WM, Fußball-EM oder Champions League, das Schöne am Fußball ist, daß sein Angebot nicht vermehrbar ist (was in ähnlicher Weise für die amerikanischen Champions Leagues in Basketball oder Baseball gilt).

Anteile an Fußballklubs wie die angedachte Beteiligung von Adidas bei Bayern München werden die Bluechips der Zukunft sein: Allein für Trikotwerbung erlösen die achtzehn Bundesligateams 75 Millionen Euro in 2001 (20 Prozent mehr als 2000), wobei die Traditionsvereine mit den besten Stories (Bayern, Schalke und Dortmund) wieder einmal die Nase vorn haben. Ob Opel oder VW, Versicherungsunternehmen oder Stromkonzern: Immer mehr Firmen erkennen, daß es sich lohnt, Stories zu kaufen und deren Erlebniswert auf die eigene Marke zu übertragen.[34]

• Denken sie auch an die Sporthelden-Fabrik Nummer eins: die Formel Eins. Sicher hat Hexenmeister Bernie Ecclestone mit seinem Geschäftssinn zu ihrem Aufschwung entscheidend beigetragen – aber ein Bernie Ecclestone allein könnte Michael Schumacher nicht zum ersten Einzelunternehmer-Milliardär in der Wirtschaftsgeschichte machen. Entscheidend ist die weltweite Riesennachfrage nach den Geschichten der modernen Gladiatoren, die täglich (am besten im Bruderkampf) ihr Leben riskieren.

• Die Werbeverträge der Superstars wie Michael Jordan, Tiger Woods und Michael Schumacher sind ein gutes Beispiel dafür, welche Bedeutung und welcher Wert den Stories beigemessen wird, die ein Tiger-Woods- oder Air-Jordan-Produkt aufwerten. Auch die Jahr für Jahr umfangreichere Berichterstattung über die Tour de France mit ihren heroischen Zweikämpfen zwischen Tony Romiger und Miguel Indurain oder Jan Ullrich und Lance Armstrong ist ein gutes Beispiel dafür, daß der Zug der Erlebniswirtschaft immer weiter Fahrt aufnimmt.

Bevor sie nun glauben, die Vermarktung von Stories sei ein Vorrecht von Weltkonzernen, lassen sie uns die Story-Strategie von zwei sehr erfolgreichen Einzelunternehmern aus dem Kreis meiner Geschäftspartner anschauen:

---

[34] Burkhard Riering: Firmen zahlen 150 Millionen Mark für Trikotwerbung. »Die Welt« vom 11.07.2001.

- Da ist zum einen Hubert Schwarz (der mit seinen Trainingsprogrammen dafür sorgt, daß sich meine Fitness weiterentwickelt) – einer der besten Extrem-Radfahrer der Welt. Hubert Schwarz ist mehrfacher Finisher des Non-Stop-»Race-Across-America« und hält auch den Rekord, mit dem Fahrrad in achtzig Tagen um die Welt gefahren zu sein.
- Erst im letzten Jahr ist er noch 26.000 km von der Chinesischen Mauer bis zur Expo nach Hannover geradelt... Großunternehmen wie DaimlerChrysler oder die Deutsche Bank nehmen monatelange Wartezeiten in Kauf, damit Hubert Schwarz ihre Manager mit seiner Geschichte von Training, Entbehrungen, Rückschlägen, Niederlagen und Trotzdem-durchhalten-bis-zum-Sieg inspiriert. Führende Finanzdienstleister wie die Deutsche Vermögensberatung AG honorieren diese regelmäßige Unterstützung ihrer Mitarbeiterfortbildung mit langfristigen Sponsorverträgen.
- Dr. Ulrich Strunz ist einer der führenden deutschen Ernährungswissenschaftler und Sportärzte. Das alleine (sorry, lieber Uli) hätte ihm und seiner »Forever Young«-Buchreihe aber kaum zu dem Megaerfolg verholfen, der sich verdientermaßen eingestellt hat: Seine Story ist der Schlüssel: Der erste Deutsche zu sein, der in einem Jahr alle sechs großen internationalen Ironman-Veranstaltungen bestritten hat. Der Hobbysportler, der erst mit 45 Jahren mit dem von ihm selbstentwickelten Trainingsprogramm begonnen hat und der in wenigen Jahren die Weltelite der Triathleten in seiner Altersklasse das Fürchten gelehrt hat – das ist der Stoff, der seinen Marktwert bestimmt. Uli Strunz inspiriert seine Fans deswegen so stark zu gesunder Lebensweise, weil seine Story so unglaublich begeistert. Wenn ich Sport treibe wie der Uli und mich so ernähre wie er, dann wird (vielleicht) etwas von seinem Ironman-Heldentum auf mich übergehen...

Übrigens: Ob die Story der August-Lange-&-Söhne-Uhr wirklich 40.000 Euro wert ist, ist genauso unerheblich wie der gesundheitliche Nutzen eines Ultraman mit Dr. Strunz; ist es wirklich sinnvoll, zehn Kilometer im Ozean vor Hawaii zu schwimmen, anschließend die

Strecke Ruhrgebiet-München (540 km) auf dem Rad zurückzulegen, um dann noch drei Marathons dranzuhängen?

Das entscheidende Prinzip einer jeden Story lautet:

Eine Story ist ein Werte-Bekenntnis – und deswegen keiner rationalen Evaluierung zugänglich.

Bergsteiger quälen sich ihr ganzes Leben lang den Berg hinauf und fragen sich regelmäßig: Warum schinde ich mich hier eigentlich? Warum all diese Entbehrungen? Warum Biwaks bei minus 30°C Kälte, warum orkanartige Winde und abgefrorene Zehen? Warum riskiere ich mein Leben? Warum um alles in der Welt gehe ich eigentlich auf den Berg?

Die simple Antwort heißt: *Weil der Berg da ist.*

Und wer dieses Werte-Bekenntnis nicht emotional nachvollziehen kann, der ist eben kein Bergsteiger. Punkt.

Wer für eine Leonardo da Vinci von IWC keine 15.000 Euro anlegen will, ist kein Uhrenliebhaber (oder möchte zur Dokumentation seines Status nicht so viel Geld ausgeben).

Wer die Fahrdynamik des neuen Porsche Turbo (Nürburgring-Nordschleife unter der Acht-Minuten-Schallmauer der alten Formel 2) nicht wertschätzt, mit dem ist es müßig zu streiten, ob die 100 Extra-PS im Vergleich zum normalen 911er wirklich 50.000 Euro kosten dürfen.

Ein echter Warhol ist nicht für jeden... Die Bayreuther Festspiele sind nicht für jeden... Englische Maßschuhe, Diesel-Jeans, Chanel No. 5 und alle anderen Erlebnisprodukte sind nur für diejenigen, die sich emotional zu diesen Werten hingezogen fühlen.

Fragen sie sich also:

• Welches Wertebekenntnis paßt zu unserem Unternehmen?
• Welches Wertebekenntnis paßt zu mir persönlich?
• Und welches Wertebekenntnis paßt zu unseren Kunden?

Der einfachste Test, ob ihre Story etwas taugt, ist die Frage, ob sie polarisiert: Für die einen ist Dr. Strunz ein Held, für die anderen ein

Verrückter. Die einen träumen von einer Reverso von Jaeger le Cultre, für andere ist eine solche Uhr Spielerei. Für manche ist Extrembergsteigen das, was echte Männer und Frauen von Milch-Bubis und Heulsusen unterscheidet, für andere ist es ein Sport von potentiellen Selbstmördern. Deshalb:

Solange ihre Story nicht polarisiert, haben sie keine!

Die wichtigsten Story-Quellen: Wo sie ihre Geschichte herbekommen

Kaufen

Der einfachste – und manchmal teuerste – Weg, eine Geschichte für das eigene Unternehmen zu entwickeln, besteht darin, die Story von der Stange zu kaufen:

Wenn Sie – wie ein großer deutscher Finanzdienstleister – Michael Schumacher genügend Geld bezahlen, dann dürfen Sie auf seinen Mützenschirm. Und wenn Sie wie Energie-Gigant E.ON ihre Marke mit Energie aufladen wollen, dann zeigt Arnold Schwarzenegger auch Ihren Kunden, wie man den Strom mixt.

Das Problem bei Geschichten von der Stange ähnelt durchaus dem von Anzügen von der Stange: Sie passen vielen ganz gut, sitzen aber selten perfekt. Wollen Sie letzteres, spricht einiges dafür, die Geschichte selbst zu entwickeln.

Selbst entwickeln/vorleben

• Der britische Unternehmer Richard Branson verdankt die Strahlkraft des Markennamens seiner Virgin-Unternehmensgruppe mindestens genauso seinen spektakulären Ballooning-Abenteuern mit dem »Virgin Challenger« wie seiner unternehmerischen Fortune.

- Red-Bull-Erfinder Dietrich Mateschitz prägt das Image seines Flügel verleihenden Energy-Drinks ebenfalls mit eigenen Erlebnis-Formaten: Ob sich waghalsige Piloten zum Vergnügen von 50.000 Red-Bull-Maniacs mit selbstgebastelten Flugzeugen in ein Hafenbecken stürzen oder Red Bull in Hollywood den Stunt-Oskar in verschiedenen Disziplinen vergibt: Die maßgeschneiderte Action-Story gibt es eben nicht von der Stange.
- Die Camel-Trophy (»Wer durch die Hölle will, muß verteufelt gut fahren können«) gehört genauso wie das Marlboro-Abenteuer-Programm seit Jahren zu den Klassikern des Erlebnismarketings von Unternehmen, die ihre eigenen Geschichten schreiben.

Mit den Kunden entwickeln

Als Richard Teerling 1989 den Vorstandsvorsitz von Harley Davidson übernahm, wurde er Boß eines angeschlagenen Unternehmens, das Motorräder als Transportmittel herstellte. Zwischenzeitlich haben sich über 360.000 Harley-Fahrer weltweit in Harley-Owners-Clubs organisiert und sorgen nun bei ihren Treffen dafür, daß die unglaubliche Harley-Saga entsprechend stilvoll weitergegeben wird (welches Unternehmen kann schon behaupten, daß stolze Kunden das Firmenlogo als Tätowierung tragen?).

Die wichtigsten Emotionsmärkte

Der Wer-bin-ich-Markt der Selbstdarstellung

Spätestens seit Abraham Maslow[35] wissen wir, daß unser Bedürfnis nach Selbstdarstellung zu den wichtigsten Grundantriebskräften über-

---

[35] Abraham H. Maslow: Motivation und Persönlichkeit. Rowohlt, Reinbek 1981, S 127f.

haupt gehört. Kommunikationsforscher wie Schulz von Thun[36] haben uns gezeigt, daß Selbstdarstellung so entscheidend ist, das wir für sie exklusiv eine der vier Kommunikationsebenen reserviert haben.

Kein Wunder also, daß Unternehmen, die mit ihren Produkten und Dienstleistungen bewußt den Selbstdarstellungsmarkt bedienen, eine besonders solide Zukunftsperspektive haben. Dies ist vor allem deswegen so spannend, weil wir in den letzten hundert Jahren unser Herkunfts- und Standesdenken überwunden haben: Bis zum Beginn des zwanzigsten Jahrhunderts waren wir nämlich gehalten, mit unserer Kleidung und unserer materiellen Umgebung die Geschichte unserer Herkunft zu erzählen. Bauern und Handwerker hatten gefälligst als Bauern und Handwerker aufzutreten, genauso wie Kaufleute und Adlige als solche zu erkennen sein mußten; wehe dem Bauern, der sich in der Kleiderordnung des Hochadels gezeigt hätte, nur weil ihm solche Kleidung gefiel und er sie sich hätte leisten können....

Da geht es uns heute entscheidend besser: Unabhängig von Alter, Beruf, Herkunft und Nationalität können wir heute *die Geschichte über uns erzählen, die wir erzählen wollen* – und das tun wir durch die Produkte, mit denen wir uns umgeben:

Wer vor dreißig Jahren beruflich erfolgreich war, hatte kaum eine Alternative zur Mercedes-Benz-S-Klasse, wenn er seinem Erfolg angemessen Ausdruck verleihen wollte. Außer dem VW-Käfer gab es damals kaum statusneutrale Autos. Der Kauf eines Geländewagens hätte ihn unfreiwillig in die Kategorie von Almbauern oder Förstern gesteckt, der Kauf einer Ente sein Image als nonkonformistischer Student zementiert.

Anders dagegen heute: Ob wir 50.000 Euro in einen Geländewagen, einen Minivan für die Familie, eine Limousine mit Sportwagenmotor oder ein Cabrio stecken, ist keine Frage des Geldes mehr, sondern allein Ausdruck unserer Lebensphilosophie:

---

[36] Friedemann Schulz von Thun: Miteinander reden. Rowohlt, Reinbek 1981.

Kleider, Autos, Häuser, Ferien, Freizeitprodukte und Accessoires erzählen immer deutlicher die Geschichte, wer wir eigentlich sind. Die Nützlichkeit von Produkten, mit den wir unsere Identität ausdrücken, wird zunehmend weniger Bedeutung haben als das Image, das sie uns geben.

Der Designer Ralph Lauren gehört zu denen, die diese Entwicklung klar erkannt haben und für sich und ihr Unternehmen nutzen: »Alles, was ich kreiere, ist Ausdruck meiner persönlichen Sensibilität. Ausdruck dessen, der ich bin.«[37] Anders gesagt: Was Ralph Lauren verkauft, ist das Versprechen guten Geschmacks. Ob Kleidung oder Wohnungseinrichtung – der Star-Designer mit seiner unnachahmlichen Mischung von englischer Aristokratie, Pariser Cafés, afrikanischen Safaris und Wettbewerbssport vermittelt Klasse und Format. Und sein Erfolg gibt ihm recht: Fünf Milliarden Dollar Umsatz machen ihn und seine Kollektion zum Weltmarktführer bei Design-Produkten.

Zusammengefaßt: Wer seinen Gästen Perrier serviert (»le Champagne des eaux minèrales«), signalisiert über sich etwas anderes, als wenn es »Trink Brohler, dann wird dir wohler« gäbe. Fürst Metternich ist nicht schlecht, aber Dom Perrignon aus dem Hause Moët et Chandon ist eben eine andere Liga: »In victory you deserve it, in defeat you need it«, soll schon Napoleon gewußt haben…

Für die Zukunft des »Wer-bin-ich-Marktes« der Selbstdarstellung gilt:

Arm ist, wer sich nicht die Geschichten kaufen kann, die zu seiner Persönlichkeit passen.
Wohlhabend in der Erlebniswelt ist, wer sich exakt die Stories leisten kann, die sein Lebensgefühl widerspiegeln.[38]

[37] Homepage www.ralphlaurenfragrance.com
[38] Jensen, S. 90.

Ein sehr universell einsetzbares Element für den Wer-bin-ich-Markt ist der *Expertenstatus eines Dienstleisters:* Wer Ohren hat, zu hören, wenn Menschen von ihren Dienstleistern sprechen (»Mein Steuerberater«, »mein Rechtsanwalt«, »mein Wirtschaftsprüfer« oder – besser noch – »mein Consultant bei KPMG....«), weiß, wie sehr es unseren Status erhöht, wenn wir die Besten der Besten für uns arbeiten lassen können (der nächste Teil des Buches zeigt, wie Sie sich als Experte positionieren). Fragen sie sich also:

> Wie kann ich mit meinen Produkten und Dienstleistungen optimal am Wer-bin-ich-Markt der Selbstdarstellung partizipieren?
>
> Bin ich in einer Branche, in der ich meine Kunden in ihrer Selbstdarstellung durch meinen Expertenstatus unterstützen könnte?

Der Markt für Seelenfrieden

Der Bedarf nach Seelenfrieden wird in einer unsicheren und sich immer schneller wandelnden Welt weiter steigen. Die Tendenz, die Vergangenheit zu glorifizieren, wird deswegen ebenfalls zunehmen: Nostalgie ist in. Der Trend zur Volksmusik gehört dazu genauso wie das Phänomen, daß Sänger wie Heino, die einst »mega-out« waren, heute von der Jugend wiederentdeckt werden (wobei das Bekenntnis zu Heino z.Z. noch ironisch verpackt wird, damit Andersdenkenden gegenüber der Blamage-Faktor in Grenzen bleibt).

Jeans-Hersteller verherrlichen die gute alte Zeit der Industriearbeiter im neunzehnten Jahrhundert (»harte Arbeit, Kameradschaft, Ehrlichkeit«) in einer Weise, die uns dankbar sein läßt, daß die damals Betroffenen diese Werbespots nicht mehr zu ertragen brauchen.

Das England des neunzehnten Jahrhunderts, Paris 1920, aber auch der Wilde Westen, das antike Griechenland und der Trend »zurück zur Natur« sind ein Themengenre, das sich als Hintergrund für eine Vielzahl von Unternehmen und Branchen nutzen läßt:

Für Consultants ist beispielsweise das Vertrauen ihrer Kunden ein zentraler Schlüsselfaktor, weil der Erfolg der Beratungsleistung zu Projektbeginn regelmäßig nicht abzuschätzen ist.

Den ersten Schritt zur Vertrauensbildung – dunkle Anzüge, seriöses Auftreten, repräsentative Adresse, prestigeträchtige Referenzen – gehen die meisten Consultants in ähnlicher Weise. Doch dann wechseln sie schnell über zur technischen Funktionalität: »Accenture ist eine globale Management- und Technologie-Consulting-Organisation; unsere Mission ist es, unseren Kunden zu helfen, sich zu verändern, um erfolgreicher zu werden. Wir unterstützen unsere Kunden, Strategie, Prozesse, Menschen und Technologien miteinander zu verbinden.«[39]

Amerikanische Privatbanken wechseln schon an dieser Stelle zunehmend ins Genre »Seelenfrieden«: »Small by design, we deliver with dignity and discretion the direct, personalized service that has vanished from banking. Despite its mystique, private banking is in many way simply a return to old-fashioned values and gracious ways business was conducted years ago!«[40]

Fragen sie sich also:

> Sind wir in einem Business, dessen Story vom Seelenfrieden von der guten alten Zeit profitieren könnte?

Der Markt für Abenteuer

»Wer tagsüber in der Eiger Nordwand unterwegs war, braucht abends keinen Luis-Trenker-Film«: Auf diese knappe Formel haben wir das neue Abenteuerbedürfnis von Menschen gebracht, die in unserer zivilisierten, sicheren und damit auch langweiligen Welt einen immer stärkeren Drang nach Abwechslung verspüren. Der Aufschwung des

---

[39] Auszug aus der Homepage der Accenture.com.
[40] Auszug aus der Homepage der Pennsylvania Capital Bank.

Expeditionstourismus zu den Weltbergen in den letzten Jahren ist ein gutes Beispiel für das Bedürfnis vieler Menschen, sich und ihr Schicksal testen zu wollen. »Ich möchte mir und anderen eine Geschichte erzählen«, dies ist nicht nur das Leitmotiv von Extrembergsteigern wie Reinhold Messner, sondern Grundmotivation vieler Abenteurer: Ob Bungeejumping oder Wasserfall-Eisklettern, Go-Kart-Rennen, Hochseesegeln oder Speedbootfahren – was Abenteuer unterscheidet, ist oft nur das Format: Himalaya-Bergsteigen gehört zur XXL-Klasse, die Eiger Nordwand ist XL, der Großglockner ist Medium und Naturfilme über afrikanische Safaris sind Abenteuer Klasse S.

Zum Abenteuermarkt gehören jedoch nicht nur die Abenteuerangebote selbst, sondern natürlich auch alle Requisiten, die Mann oder Frau braucht, um solche Heldentaten zu meistern: Zeiss-Ferngläser für Safaritouristen, Breitling-Uhren für Hochseesegler und die Aston Martins und BMWs, die James Bond braucht, um seine Abenteuer zu bestehen, sind nur erste Beispiele. Viel Unternehmen folgen diesen Trends bereits und engagieren Agenten in Hollywood, die bei großen Filmproduktionen für das richtige »Product Placement« sorgen.

Eine neue Technik für das Adventure-Teleshopping steht schon in den Startlöchern: Spätestens beim übernächsten Bond-Film brauchen wir nur noch die 007-Requisiten anzuklicken, um sie automatisch in unseren elektronischen Einkaufswagen zu laden. Nach dem Film geben wir noch schnell die Kreditkartennummer dazu, und schon sind die Dinge an uns unterwegs, die uns ein wenig das Gefühl geben, dem Mann mit der Tötungslizenz wesensverwandt zu sein... Fragen sie sich also:

Wird ihr Markenname durch ein Abenteuer-Image an Motivation und Inspiration gewinnen?

Können sie ihre Produkte und Dienstleistungen klar auf das Abenteuer-Segment positionieren (Beispiel: Breitling-Sportuhren)?

Zusammengehörigkeit, Freundschaft und Liebe

Emotionale Erfüllung ist einer der Schlüsselwerte der Erlebnisgesellschaft. Zwischenmenschliche Beziehungen in Partnerschaft und Familie, aber auch zu Freunden und Nachbarn sind vermutlich die wichtigste Ebene unserer Existenz, um diese emotionale Erfüllung zu erleben.

Von daher erstaunt es nicht, daß viele Unternehmen den Zusammengehörigkeitsmarkt als Quelle für Stories erkannt haben.

Unternehmen wie Nokia (»connecting people«), aber auch viele Telefongesellschaften stellen in den Mittelpunkt ihres Auftritts nicht mehr die Technik oder ihre Dienstleistung, sondern definieren sich als *Lieferant für Zusammengehörigkeit.*

Die irische Brauerei Guinness hat diesen emotionalen Markt so präzise studiert wie wenige andere. Sie verkauft nicht Bier, sondern Zusammengehörigkeit und das »In-guter-Gesellschaft-sein« in ihren Irish Pubs. Nach Angaben des Wall Street Journal eröffnet Guinness jeden Tag irgendwo auf der Welt ein irisches Restaurant mit Namen wie »James Joyce« oder »O'Reilley's«. Vom irischen (rothaarigen?) Barkeeper über irisches Dekor bis hin zur irischen Musik wird die jahrhundertealte Tradition der Iren, sich mit Nachbarn und Freunden in guter Atmosphäre auf ein Bier zu treffen, wiederbelebt.

Unser Bedürfnis nach Gesellschaft und danach, mit anderen in guter Stimmung zusammenzusein, ist uns genauso eigen wie unsere Sehnsucht nach Geschichten; nicht zufällig besteht die schlimmste Strafe der meisten Rechtsordnungen darin, jemandem »lebenslänglich« zu geben: Wir entziehen ihm die Freiheit, mit anderen nach seinem Gusto zusammenzusein. (Und sogar die »Lebenslänglichen« haben genau geregelten Anspruch auf gemeinsame Zeit mit anderen Häftlingen, wie z.B. beim Hofgang – es sei denn, sie begehen im Knast weitere Verbrechen: dann droht ihnen Einzelhaft!)

Themenparks wie Disney Paris oder Disneyland Tokio, die Jahr für Jahr zwei- bis dreimal mehr Touristen anziehen als der Eiffelturm, wissen längst, daß sie Familien eine Plattform für Zusammengehörigkeitserlebnisse anbieten. Nicht zufällig erhält Disney Jahr für Jahr rund *zweiundzwanzigtausend Anfragen für die Ausrichtung von Hochzeiten,* obwohl bei sechs Trauungszeremonien pro Tag die Kapazitätsgrenze bei zweitausendzweihundert Hochzeiten im Jahr liegt.

Viele Unternehmen haben noch nicht erkannt, daß sie vom Emotionsmarkt »Zusammengehörigkeit und Liebe« profitieren können; Menschen, die zusammengehören, *brauchen Symbole und Rituale, um dies auszudrücken:*

- Kein Weihnachtsfest, kein Geburtstag, kein Jubiläum, keine Hochzeit, keine Ferien (und auch keine Beerdigung) *ohne Bilder:* die Fotoindustrie (und vor allem ihre Schwester, die digitale Fotografie am Computer) könnten viel wirkungsvollere Werkzeuge anbieten, um unser Bedürfnis nach Erinnerungsankern rund um die Fotografie zu erfüllen.
- Die Modeschmuckindustrie sieht sich immer noch als Teil des »Werbin-ich-Marktes«. Natürlich wissen wir alle: »A diamond is forever«, aber nicht immer reicht unser Portemonnaie für einen Einkauf bei Tiffany's. Wenn der Preis also als Indiz für die Tiefe der Gefühle ausscheidet, *dann bleibt nur die Form.* Der Anhänger mit der Kombination der Sternzeichen des Paares wäre bei einer innovativen Modeschmuckfirma nur der Einstieg in eine Welt von Dutzenden von Zusammengehörigkeitssymbolen....
- Die Parfumindustrie arbeitet von jeher im Emotionsmarkt (»True love«, »Dolce Vita«, »Eternity«, »Eden«). Sie hat deswegen auch einen der großen Vorteile dieses Geschäfts erkannt: Top-Marken stehen so sehr für starke Gefühle, daß es keinen Discount gibt – *auf Liebe und Sensualität kann es keinen Rabatt geben!*

Ob Innenarchitekt, Filmregisseur, Komponist, Juwelier, Fotograf, Caféhausdesigner, Telefongesellschafter oder Geschenkartikler: Die Liste der Berufe und Branchen, die vom Emotionsmarkt Zusammengehörigkeit, Freundschaft und Liebe profitieren können, ist lang. Fragen sie sich also:

Wie kann ich in meiner Branche den Storymarkt von Zusammengehörigkeit und Liebe nutzen?

Fürsorge bieten

- Als es bei der Oderflut 1997 für weite Teile Ostdeutschlands hieß:
  »Land unter«, ging eine Welle der Hilfsbereitschaft durch unser Land,
  die alle Kritiker der hartherzigen Deutschen Lügen strafte. Die Flut
  von Geld- und Sachspenden war so groß, daß die staatlichen Hilfsor-
  ganisationen Schwierigkeiten bekamen, die eingegangenen Gelder
  und Güter gerecht zu verteilen.
- Als in Los Angeles weiße Polizisten freigesprochen wurden, die einen
  Schwarzen mißhandelt hatten, gab es die größten Rassenunruhen der
  jüngeren Geschichte, und hunderte Geschäfte wurden innerhalb weniger Stunden völlig verwüstet. Wenige Tage später zeigte das Fernsehen Heerscharen von Freiwilligen, die existenzbedrohten Klein-
  unternehmern halfen, ihre Schaufenster und Geschäftsausstattung zu
  erneuern.

Unser *Bedürfnis, denen zu helfen, die Hilfe und Fürsorge brauchen*, ist
tief verwurzelt. Es zeigt sich nicht nur in tatkräftiger Unterstützung in
lebensbedrohlichen Notlagen, sondern auch in den kleinen Unter-
stützungsgesten des Alltags: Wie froh sind die meisten von uns, wenn
wir anderen helfen können – und sei es nur, daß wir ihnen den Weg
zum Bahnhof erklären.

Der Fürsorge-Markt hat in den letzten Jahren einen erheblichen
Aufschwung genommen. Das Geschäft mit Haustieren ist ein Milliar-
den-Euro-Markt geworden, der dafür gesorgt hat, daß Wale, Delphine,
Robben, Füchse und viele weitere bedrohte Tierarten endlich die Unterstützung bekommen, die ihnen über Jahrzehnte vorenthalten blieb.

Das nachdrücklichste Beispiel dafür, wie gut der Fürsorge-Markt zu
kapitalisieren ist, bietet das Computerküken Tamagotchi. Bekommt es
Aufmerksamkeit und Fürsorge, ist es ein fröhliches Küken. Wird es

vernachlässigt, dann wird es zum bösen Monster. Rein rational gesehen macht dieses Computer-Küken überhaupt keinen Sinn: Es hat nichts, bringt nichts und stiehlt uns nur die Zeit.

Psychologisch gesehen, gibt es jedoch Kindern und Erwachsenen *Gelegenheit, sich um ein liebes (digitales) Wesen zu sorgen und zu kümmern.* Astronomische Verkaufszahlen, leere Regale und Schlange stehende Kunden beweisen, wie wichtig Menschen der Fürsorge-Instinkt ist – psychologisch (und deshalb auch ökonomisch) gesehen, sind Tamagotchis sehr sinnvoll. Fragen sie sich deshalb:

Könnten auch wir am Fürsorgemarkt partizipieren?

Fassen wir den ersten Teil von Magnet-Marketing zusammen:

Die Wirtschaftswelt von morgen wird immer mehr zu einem Hochgeschwindigkeitsnetz. Dieses Netzwerk erlaubt, Informationen und Emotionen – das Wirtschaftsgold der Zukunft – so effizient zu generieren und zu verteilen wie nie zuvor in unserer Geschichte. In der transparenten World of G.I.V.E. – der Welt der unbegrenzten Ressourcen von *Geschwindigkeit, Information, Vernetzung* und *Emotion* – werden diejenigen die Nase vorn haben, denen es gelingt, sich als Experte zu positionieren: Wer in einem transparenten Markt sichtbar mehr rationalen und emotionalen Nutzen bietet als seine Mitbewerber, der *wird Interessenten und Kunden magnetisch anziehen.* Wie Sie einen solchen Expertenstatus aufbauen, um die Chancen der neuen Wirtschaft und des neuen Verkaufens optimal zu nutzen, zeigt Ihnen jetzt der zweite Teil von Magnet-Marketing...

Teil II:
Die Magnet-Marketing-Strategiegesetze

Kapitel 8:
Kräftekonzentration

Der Amerikaner Peter Drucker gilt vielen als der führende Unternehmensberater der Welt. Als er vor einigen Monaten seinen 90. Geburtstag feierte, wurde er von fast allen internationalen Wirtschaftsmagazinen um Interviews gebeten. Bei einem dieser Interviews wurde er auch gefragt, auf welchen seiner beispiellosen Erfolge in seiner mehr als 50jährigen Karriere er besonders stolz sei. Drucker antwortete: »Als ich vor wenigen Jahren führende amerikanische Konzerne auf die Bedeutung des E-Business hinwies, wurde ich von den Vorstandschefs dieser Unternehmen ausgelacht und wohl nur im Hinblick auf mein fortgeschrittenes Alter nicht gesteinigt. Ich bin deshalb sehr froh, daß die Entwicklung meine Einschätzung bestätigt hat und die damals ungläubigen Vorstandskollegen mir heute Abbitte tun.«

Wenn Sie sich also ein Bild von der Innovationskraft und Kreativität von Peter Drucker machen wollen, dann brauchen Sie nur an einen 86jährigen Großvater zu denken, der für seine innovativen Ideen zur Informationstechnologie von Vorstandsvorsitzenden von Telekommunikationskonzernen ausgelacht wird, die noch nicht einmal halb so alt sind wie er…

Doch Peter Drucker ist nicht nur sehr innovativ und zukunftsorientiert, seine profunden Wirtschaftsanalysen zeichnen sich auch durch besondere Langlebigkeit aus. So werden auch heute an führenden amerikanischen Universitäten immer wieder Diplomarbeiten ausgegeben mit folgender Aufgabenstellung: »Bitte finden Sie eine Managementtechnik der neunziger Jahre, die Peter Drucker in seinen Grundlagen-Lehrwerken aus den fünfziger und sechziger Jahren für das Ende des 20. Jahrhunderts noch nicht richtig vorhergesagt hat.« Und so tun sich dann Diplomanden über Wochen und Monate schwer, irgend etwas Brauchbares zu finden, was der kritische und innovative Geist von Peter Drucker nicht bereits 40 Jahre zuvor zutreffend eingeschätzt hat.

Vielleicht fragen Sie sich jetzt, warum ich Ihnen mit diesen beiden Beispielen Peter Drucker so nahebringen möchte. Der Grund ist simpel: Ich wünsche mir, daß Sie sich eingehend mit seiner Analyse auf die Frage beschäftigen:

1. Was ist der größte Fehler in der strategischen Unternehmensführung?
2. Was ist der häufigste Strategiefehler?
3. Was ist der gefährlichste Strategiefehler?

Peter Drucker gibt auf alle drei Fragen dieselbe Antwort. Er stellt als Konsequenz seiner mehr als 50jährigen Tätigkeit als Unternehmensberater schlicht folgendes fest:

Die meisten Unternehmer machen von allem etwas, aber nichts richtig!

Peter Drucker spricht damit das *Prinzip der Kräftekonzentration* an, das Grundgesetz strategischer Unternehmensführung, das in Deutschland seit den siebziger Jahren, vor allem von Wolfgang Meves, dem Begründer der Engpaß-konzentrierten Strategie EKS, nachdrücklich vertreten wird. Auch international, spätestens seit dem Grundlagenlehrwerk »Positioning« von Al Ries und Jack Trout aus dem Jahre 1967, dürfte es niemanden im Management und in der Unternehmensführung geben, der nicht um dieses Grundprinzip weiß. Die interessante Frage ist: Wenn alle um den Hauptgrundsatz strategischer Unternehmensführung wissen, warum wird er dann so selten in der Praxis realisiert?

Ganz allgemein gibt es sicherlich viele Gründe, warum Menschen etwas als gut und richtig Erkanntes nicht in die Tat umsetzen. Bekanntlich hat ja schon der heilige Apostel Paulus an die Gemeinde in Korinth geschrieben: »Das Gute, das ich tun wollte, habe ich nicht getan, statt dessen das Böse, daß ich meiden wollte.«

Ein erster Hauptgrund, Dinge wider besseres Wissen nicht zu tun, ist, daß man sich nicht intensiv genug mit ihnen beschäftigt hat. Dem wollen wir hier abhelfen, und darum stellt Ihnen dieses Kapitel das Prinzip der Kräftekonzentration aus sieben verschiedenen Perspektiven vor.

Die physikalische Perspektive

Mein alter Physiklehrer hatte einen sehr eigenen Weg, uns Schülern das Gesetz *»Kraft ist gleich Druck durch Fläche«* beizubringen. Anläßlich eines etwas verregneten Schulausfluges bat er meinen Klassenkameraden Paul-Peter zu sich, einen Hünen von über 1,90 Meter Größe, der schon im zarten Alter von 16 Jahren gut hundert Kilo schwer war und ehrfurchtgebietende Adidas-Turnschuhe in Schuhgröße 49 trug. Er forderte Paul-Peter auf, sich vor uns auf eine Lehmfläche zu stellen. Anschließend fragte er uns: »Wenn sich jetzt Rita (die attraktive Freundin eines Schulkameraden mit maximal 45 Kilo Lebendgewicht) neben Paul-Peter stellt, wer wird tiefer einsinken?« Die Mehrheit von uns tippte natürlich auf Paul-Peter, um anschließend schnell festzustellen, daß Ritas Pfennigabsätze sich zentimetertief in den Boden bohrten, während Paul-Peters Riesenlatschen nur dezente Spuren hinterließen.

Die Grunderkenntnis: *Je kleiner die Felder, auf die ich meine Energie konzentriere, um so größer die Wirkung!*, ist nicht nur für Unternehmer lebensrettend: Als vor wenigen Jahren in Düsseldorf der Flughafen brannte, versuchten sieben Gäste in der Air-France-Lounge, sich durch eine Fensterscheibe einen Weg ins Freie zu bahnen. Alle sieben nahmen einen Tisch und zehn Meter Anlauf und versetzten in Panik und Todesangst der Sicherheitsglasscheibe heftige Rammstöße – leider jedoch ohne Erfolg. Ein Passant, der draußen vorbeikam und die vergeblichen Befreiungsversuche sah, erinnerte sich offenbar besser an seinen Physikunterricht. Er marschierte zu seinem Golf, holte den Wagenheber und benutzte ihn als scharfkantigen Hammer. Dank Kräftekonzentration gelang ihm, was dem Siebener-Team trotz Todesangst-vereinter Kräfte nicht glückte: Die Überwindung des Widerstandes.

Übertragen wir diesen Grundgedanken auf das Wirtschaftsleben: Wir alle sind in unseren Kräften begrenzt. Wir alle verfügen nur über ein beschränktes Maß an Zeit, Energie, Finanzen, Manpower, Know-how und anderen Ressourcen. Und je größer die Bandbreite des Fach- und Geschäftsgebietes ist, das wir abdecken, um so weniger Durchschlags-kraft können wir entwickeln.

Dies zeigt sich besonders deutlich am Beispiel von IBM, einem der größten und stärksten Unternehmen weltweit. Denken sie zum Bei-spiel an den Markennamen, der wie kein anderer zum Inbegriff für die Computerindustrie geworden ist. Denken Sie an die seit über hundert Jahren bestehende Erfolgsgeschichte des Unternehmens. Denken Sie an eine Börsenbewertung von mehreren hundert Milliarden Euro oder an jährliche Marketingetats von über einer Milliarde Dollar. Doch auch diese Stärken helfen nicht, wenn es darum geht, den Gesamtmarkt »Computer« zu beherrschen; denn irgendwann kommt ein kleines Un-ternehmen – sagen wir Compaq – und beschließt: »Wenn IBM für Computer steht, dann konzentrieren wir uns auf ein ganz kleines Teil-segment dieses Marktes, nämlich Personal Computer, und sorgen da-für, daß wir dort einen uneinholbaren Vorsprung gewinnen.« Und so geschah es.

Und dann kommt das nächste Unternehmen und überlegt: »IBM ist zu groß für uns, und auch Compaq ist zu groß für uns. Den Gesamt-markt von PCs können wir mit unseren bescheidenen Kräften nie in den Griff bekommen, aber wie wäre es mit einem Teilmarkt der PCs? Beispielsweise hochlukrativen Schlepptops – den Minicomputern, die Manager so gerne als Statussymbol in ihre Konferenzen schleppen.« Und so begann Toshiba, sich mit Erfolg auf diesen Teilbereich des Teil-bereichs der Computer zu spezialisieren.

Und dann war da eine Firma, die sich entschied, zum Spezialisten für Großrechner heranzureifen. Und irgendwann flog Big Blue dann der Markt um die Ohren, als Spezialisten an allen Ecken und Enden begannen, IBM die Rosinen aus dem Computerkuchen zu stehlen. Louis

Gerstner verordnete deshalb nach seinem Antritt als Vorstandsvorsitzender dem Konzern zunächst eine Strategie-Kur: *die Rückkehr zu den Kernkompetenzen.*

Die Militärperspektive

In der Geschichte der Menschheit sind möglicherweise Militärs diejenigen, die sich am längsten und intensivsten mit der Frage beschäftigen, wie man mit weniger Energie – einer nach Köpfen und Schwertern unterlegenen Mannschaft – einen überstarken Gegner besiegen kann.

Der Mann, den viele westliche Militärs nach wie vor für den Urheber aller Strategiekonzepte halten, ist Epaminondas. Er war Feldherr im alten Theben und ging in die Militärgeschichte ein, weil es ihm gelang, die Spartaner – eine der gefürchtetsten Schlägertruppen des Altertums – mehrfach zu besiegen. Epaminondas ließ sein Heer nicht in drei Reihen antreten, sondern konzipierte einen überstarken linken Flügel. Dem gelang es, die Reihen der Feinde zu durchbrechen, ihnen in den Rücken zu fallen und sie von hinten aufrollend zu besiegen.

Ob Epaminondas wirklich der erste Stratege der Weltgeschichte war oder ob er – wie einige Seminarteilnehmer aus China meinten – auf der Weisheit chinesischer Kriegsführer aufgebaut hat, kann und soll hier nicht geklärt werden. Denn letztlich gehört es spätestens seit der Jungsteinzeit zum Erfahrungsgut der Menschheit, daß man mit Mörsern Widerstände verdichtet und mit Nägeln, Dolchen, Beilen und anderen Gegenständen, die die eigene Kraft zuspitzen, Widerstände überwindet.

Die ökonomische Perspektive

Spätestens seit Igor Ansoff in den siebziger Jahren versucht hat, Unternehmern beizubringen, ihre Firmen nach dirigistischen Plänen zu führen, die der sowjetischen Zwangsverwaltungswirtschaft alle Ehre gemacht hätten, blüht das Geschäft der Strategie-Consultants.

Großunternehmen begannen, Planungsstäbe einzurichten, und zur alljährlichen Strategiekonferenz durften scharfsinnige Analytiker zum besten geben, was sie in ihren Unternehmensplanspielen ersonnen hatten. Nach Einschätzung von Henry Mintzberg, Professor für Management an der McGill University in Montreal und am INSEAD in Fontainebleau, können die meisten Unternehmen sehr froh sein, daß ihre Strategieplanspiele nie Einfluß auf die Budgets und damit die operative Geschäftsführung des Unternehmens genommen haben und deswegen auch nicht viel Schaden anrichten konnten.[41] Nach 30 Jahren Strategiediskussionen dürften allerdings zwei Dinge feststehen:

- In einer immer dynamischer werdenden Welt funktionieren die starren Strategiekonzepte ähnlich gut wie die Fünfjahrespläne der Sowjets, an denen die einstige Weltmacht Sowjetunion weitgehend erstickt ist.

- Die Strategie-Modewelle von der Diversifikation des Angebots hat sich still und leise verabschiedet. Die Überlegung: »Wenn ich ohnehin schon nicht weiß, was passiert, dann ist es hilfreich, mich auf vielen Märkten zu tummeln, denn wenn einer den Bach hinuntergeht, dann können wir noch auf anderen Märkten gewinnen«, *funktioniert schlichtweg nicht*. Wer dies noch immer bezweifelt, braucht sich nur die fernöstlichen Universalunternehmen vom Schlage Hyundai anzuschauen, die von Autos über Motorräder bis hin zu Kühlschränken und Consumer-Elektronik alles herstellen, was sich verkaufen läßt. Ihre Umsatz- und Gewinnentwicklung hat sie in den letzten 20 Jahren immer weiter hinter jene zurückfallen lassen, die der weisen Einsicht der Beschränkung auf Kernkompetenzen gefolgt sind.

Es ist deshalb nicht verwunderlich, daß sich unter international renommierten Experten heute kaum noch jemand findet, der das Konzept der Kräftediversifikation verfolgt. Zusammengefaßt: *Wenn auch Riesen wie IBM dazu übergehen, ihre Kräfte auf das zu konzentrieren, was sie am*

---

[41] Henry Mintzberg/Bruce Ahlstrand/Joseph Lampel: Strategie Safari. Wien, Ueberreuter 1999, S. 64ff.

besten können, dann gilt dies für Einzelunternehmer und Mittelständ-
ler erst recht.

Wer hierzu noch weiteres Anschauungsmaterial braucht, sollte »Die
heimlichen Gewinner« von Prof. Hermann Simon[42] lesen. Dort findet
sich eine Analyse der Strategie von 500 deutschen mittelständischen
Unternehmen, die in ihrem Marktsegment den Weltmarkt dominieren.
Sie alle sind Spezialisten in Marktnischen, in denen sie 40, 50, in manchen
Fällen auch 60 oder 70 Prozent Weltmarktanteil haben. Diese »Michael
Schumacher des Mittelstands« halten sich im übrigen exakt an das,
was Schumacher als Einzelunternehmer zum Erfolg verholfen hat:

Vor einigen Jahren traf ich einen Seminarteilnehmer, der Michael
Schumacher noch aus seiner Jugendzeit kannte. Er erzählte mir, daß
Schumacher einer der bewegungsbegabtesten Menschen sei, den er
zeitlebens getroffen habe. Der Teilnehmer, der selbst zu Deutschlands
Tischtennis-Leistungselite gehört hat, rühmte etwa Michael Schu-
machers exzellentes Reaktionsvermögen. Er hob seinen unbändigen
Siegeswillen hervor und verwies darauf, daß Michael eher bewußtlos
vom Rennrad fallen würde, bevor er einem Kollegen beim Paß-Hinauf-
radeln den Vortritt lassen würde. Darüber hinaus verwies er auf Michael
Schumachers einmaliges Ballgefühl und schloß mit der Bemerkung:
»Schumacher ist der kompletteste Athlet, den ich je getroffen habe.«

Seither betone ich in meinen Seminaren:

> Es ist gut, daß Michael Schumacher sich nicht entschieden hat, in
> zehn Disziplinen Kölner Stadtmeister zu werden.
> Er wäre damit vermutlich der kompletteste Athlet, würde aber immer
> noch von der Sporthilfe leben.
> Die Tatsache, daß er all seine Talente darauf konzentriert hat, für
> jeden erkennbar einige Zehntel mehr im Gasfuß zu haben als alle
> anderen, wird ihn neben Tiger Woods zu einem der ersten Einzel-
> unternehmer-Milliardäre der Welt machen.

[42] Hermann Simon: Die heimlichen Gewinner. 4. Aufl., Frankfurt/Main, New York
1997.

Hermann Simon bringt in seiner Analyse den Nachweis, daß sich die von ihm untersuchten Mittelständler ihre Marktführerschaft – wie Michael Schumacher – mit dem *Prinzip der Reduktion auf Kernkompetenzen* erarbeitet haben – der Volksmund würde sagen: Schuster, bleib' bei Deinen Leisten!

Welche nahezu unglaublichen Erfolge auch heute noch in klassischen Branchen möglich sind, sobald ein Unternehmer das Prinzip der Kräftekonzentration konsequent anwendet, beweist unter anderem der griechische Reedersohn Stelios Haji-Ioannou. Er bietet mit seiner Firma Easy Rentacar Mietwagen nur über das Internet an – und zwar ausschließlich die Mercedes-A-Klasse. An 17 Stationen in Europa – wegen der teuren Mieten nicht direkt an Flughäfen – gibt's den kleinen Daimler für 22,50 Euro pro Tag – einen Kampfpreis, der sogar Erich Sixt nachdenklich machen dürfte. 13.000 Mietwagen hat Großabnehmer Haji-Ioannou schon geordert, auf 7000 weitere hat er eine Option. Sollte Easy Rentacar ähnlicher Erfolg beschieden sein wie Easyjet, werden wir von dem Griechen noch einiges hören: Der 1995 gegründete Billigflieger macht 2001 bereits 500 Millionen Euro Jahresumsatz mit Angeboten wie London – Nizza für 90 Euro. Das Geheimnis des Strategen: Auch in der Luft gibt es nur einen Maschinentyp (Boing 737), damit Wartung und Schulung billiger werden. Zudem erfolgen 90 Prozent der Aufträge als Direktbuchungen über das Netz – Michael Dell läßt grüßen.[43]

Die psychologische Perspektive

Psychologen beschäftigen sich seit Jahrzehnten mit Fragen der menschlichen Wahrnehmung. So zerstritten sie in vielen Fragen ihres Fachgebietes auch sind, so gut gesichert sind ihre Erkenntnisse im Bereich der Wahrnehmungsverzerrungen, die schon weitgehend zum Allgemeinwissen gehören. So können die meisten von uns etwas mit selektiver

---

[43] Axel Gloger: »Easy« ist führend bei E-Commerce. »Die Welt« vom 16.06.2001, S. 15.

oder projektiver Wahrnehmung anfangen. Leider ziehen wir aus diesen Erkenntnissen selten Konsequenzen, wenn es um den Aufbau einer Spezialisierung und eines Expertenstatus geht. Deshalb einige Vertiefungshinweise:

Ein für Unternehmer beim Aufbau eines Expertenstatus sehr nützliches Phänomen ist der sogenannte Halo-Effekt. Psychologen bezeichnen damit unsere Tendenz, daß eine *hervorstechende Eigenschaft unsere Gesamtwahrnehmung so überstrahlt, daß andere Elemente in den Hintergrund treten.*

Das bedeutet im Klartext für den Business-Alltag: Wann immer jemand als Experte in seinem Spezialgebiet so gut geworden ist, daß seine Stärke alles andere überstrahlt, sind wir bereit, ihm viele Dinge nachzusehen, für die wir andernfalls überhaupt kein Verständnis hätten. Dies gilt für Produkte genauso wie für Unternehmen oder Menschen: Viele Jaguar- und Ferrari-Fahrer sind bereit, bei ihren Edelgefährten Qualitätsdefizite zu akzeptieren, die jeden WV-Polo-Fahrer sofort auf die Barrikaden und auf dem schnellsten Wege in seine Vertragswerkstatt bringen würden.

An dieser Stelle ein kleiner Exkurs für Eltern: Sollten Sie Ihre Kinder im Alter von spätestens zehn Jahren dazu anhalten, in der Schule in wenigstens einem oder zwei Fächern ein Experte zu werden?

Meine Antwort ist ein *klares und kompromißloses JA.* Ihr Sohn oder Ihre Tochter kann sich in allen Fächern ein ›ausreichend‹ oder ›mangelhaft‹ erlauben, solange er oder sie wenigstens in Mathematik, Physik Biologie oder sonst irgendwo ein ›sehr gut‹ vorweisen kann. Ein Zehnjähriger, der überall ›ausreichend‹ ist, aber zwei ›sehr gut‹ vorweisen kann, wird vom gesamten Lehrerkollegium zu hören bekommen: »Du bist doch so intelligent, du hast doch in Mathematik ein ›sehr gut‹. Wir wissen doch, daß du es kannst. Gib doch mal in den anderen Fächern Gas, du bist doch nur faul.« Dieser Mathespezialist wird bis zum Abitur das Fremdbild gespiegelt bekommen, er sei intelligent und könne auf seine Talente und Fähigkeiten vertrauen – und damit ein optimales Wachstumsumfeld vorfinden, in dem sich seine Persönlichkeit entwickeln kann.

Und jetzt im Kontrast der Nichtspezialist, zu dessen Gunsten der Halo-Effekt nicht greift: ein Zehnjähriger, der in allen Fächern ausreichende Leistungen erbringt, weil er sich für Schule insgesamt nicht interessiert. Er wird von seinen Lehrern bewußt und unbewußt gespiegelt bekommen, daß es mit ihm und seinen Leistungen ohnehin nicht weit her ist – ein Umfeld, in dem sich auch geniale Talente nur schwer entfalten können.

Und da wir gerade bei der Familie sind: Sollten auch Hausfrauen und Mütter sich einen Expertenstatus erarbeiten? Sollten auch sie vom Überstrahl-Effekt des Experten profitieren?

Meine Empfehlung ist wieder ein *kompromißloses JA*. Es ist eben kein Zufall, daß Alleskönner in unserer Gesellschaft nur geringe Wertschätzung genießen. Die Mutter, die den Haushalt exzellent im Griff hat, ihrem Mann eine gute Ehefrau ist, ihre Kinder in der Entfaltung von deren Talenten unterstützt, die Familie zusammenhält, Nachbarn, Freunden und Verwandten stets freundlich und verständnisvoll begegnet, kennt das Feedback unserer Gesellschaft zur Genüge: »Nur-Hausfrau« – Undank ist der Welten Lohn.

Doch auf einmal entschließt sich unsere Mutter, einen Expertenstatus aufzubauen und ihre künstlerischen Talente wie Grandma Moses in naiver Malerei auszuleben. Es kann sein, daß sie das Haus nicht mehr so gründlich putzt wie früher. Mag auch sein, daß ihre Kinder in einigen Bereichen viel zu sehr sich selbst überlassen sind. Vielleicht kommen beim engagierten Zweitberuf der Hausfrau jetzt auch der Ehemann oder die Freunde zu kurz.

Doch auf einmal hat unsere Hausfrau den Expertenstatus, auf den sich ihr Mann schon seit Jahren bezieht: Kaum schmücken die Exponate ihrer naiven Malerei die Wohnzimmerwände, kann sie sich der Bewunderung ihrer Umwelt sicher sein: »Du meine Güte, wie du das schaffst! Donnerwetter, ich bewundere dich für dein künstlerisches Talent! Woher du die ganze Zeit nimmst!« – und so weiter und so fort. Die Moral von der Geschicht': *Wer sich spezialisiert und wer sich einen Expertenstatus aufbaut, der darf auf die überstrahlende Wirkung seiner Positionierung vertrauen.* Ihm werden deshalb viele Schwächen nachgesehen. (Dies gilt im übrigen auch für Verbrechen: Wer so experten-haft wie der englische Posträuber Ronald Biggs oder der deutsche Erpresser Dagobert zu Werke geht, darf sich sicher sein, neben einer gerechten Strafe auch die Bewunderung für seinen Expertenstatus zu bekommen.)

Das zweite psychologische Phänomen, das zugunsten von Spezialisten aktiv wird, ist das Andorra-Phänomen. »Andorra« ist der Titel eines Romans von Max Frisch, in dem er die Geschichte eines Jungen erzählt, der nicht Jude ist, aber von seiner Umwelt für einen Juden gehalten wird. Max Frisch schildert sehr eindrücklich, wie dieser Junge sich immer mehr in die Rollenerwartungen seiner Umwelt hineinent-wickelt und nach und nach jüdische Verhaltensweisen annimmt. Frisch hat diesen Roman dem Phänomen gewidmet, daß wir alle *die Tendenz haben, auf Dauer so zu werden, wie man es von uns erwartet.*

Wem es also wie unserem Zehnjährigen gelingt, mit zwei »sehr gut« den Nachweis zu erbringen, daß er intelligent ist, der wird in die so gespiegelte Erwartung seiner Umwelt immer stärker hineinwachsen können.

Das Belohnungsprinzip der Evolution

Testfrage: Wie wird gute Leistung in unserer Gesellschaft honoriert?

Die meisten Menschen kommen zu der interessanten Beobachtung, daß gute Leistungen in unserer Gesellschaft eher durchschnittlich be-zahlt werden. Und sie stellen weiter fest, daß sehr gute Leistungen gut bezahlt werden.

Interessant ist nun, sich diejenigen anzuschauen, deren Leistungen noch drei Prozent besser sind als sehr gut. *Sie verdienen in unserer Gesellschaft in aller Regel dreihundert, fünfhundert und manchmal auch tausend Prozent mehr als diejenigen, die nur sehr gut sind.*

Michael Schumachers Können mag nur wenige Prozent über dem von Mika Häkkinen liegen; wenn es aber darum geht, wie diese wenigen Prozent mehr Leistung entlohnt werden, stellen wir fest: Schumacher bekommt im Jahr mindestens das Fünffache von Häkkinen.

Dieses Entlohnungsphänomen ist keinesfalls auf Weltstars wie Michael Schumacher, Tiger Woods oder Michael Jordan beschränkt:

In jeder größeren Stadt gibt es einen Kinderarzt, der nur drei oder fünf Prozent besser ist als seine Kollegen, in dessen Wartezimmer aber fünfzig Prozent mehr Eltern mit ihren Kindern geduldig warten als im Wartezimmer seiner Kollegen.

Ein Beispiel: Als wir vor einigen Jahren nach Bad Münstereifel zogen, erkundigte sich meine Frau bei der ersten Erkältung unserer damals einjährigen Zwillinge, welcher Kinderarzt in der Nähe den besten Ruf genoß. Empfohlen wurde ihr ein Spezialist im zwanzig Minuten entfernten Rheinbach, der – so die Mund-zu-Mund-Propaganda – ein besonderes Händchen für Kinder habe. Er gebe den Kindern beispielsweise bei der Visite zunächst einmal einen Dauerlutscher oder einen Kaugummi, um so deren Vertrauen zu gewinnen. Seien die Kinder erst einmal relaxed, sei die anschließende Impfung überhaupt kein Thema mehr… Mag sein, daß unser Kinderarzt das Einfühlungsvermögen seiner Kollegen im Selbstmarketing nur um zwei bis drei Prozent übertrifft: *Im eigenen Dorf der Erste zu sein, ist erheblich erfolgreicher, als in Rom Zweiter zu sein.*

Wann immer die Gehälter unserer Sportstars oder Superentertainer wie Thomas Gottschalk oder Harald Schmidt zur Stammtisch-Diskussion kommen, geht es um die Frage: Gibt es den gerechten Preis?

Unabhängig davon, ob es ethisch und moralisch gerechtfertigte Preise gibt oder nicht: Der Preis richtet sich nach Angebot und Nachfrage, und *das Füllhorn der Nachfrage wird über diejenigen ausgeschüttet, die noch einmal wenige Prozentpunkte besser sind als alle anderen.* Wer bei olympischen Spielen fünf Goldmedaillen gewinnt, ist mit Sicherheit ein Jahhunderttalent. Wenn er aber das Pech hat, daß seine Leistung von den sieben Goldmedaillen eines Mark Spitz noch ein klein wenig überboten wird, dann steht er schon wieder im Schatten.

Soziologen suchen nach wie vor nach einer Erklärung für diese Unfairneß. Manche behaupten, in unserem Bewertungsverhalten spiegele sich das Grundprinzip der Evolution, das Füllhorn aller Wachstumschancen auf die stärksten Positiv-Mutationen zu konzentrieren. Ob dem wirklich so ist, kann uns herzlich gleichgültig sein: *Konzentrieren Sie ihre Kräfte so, daß Sie im Dorf der Erste werden – und ihre Leistung wird auch wirtschaftlich überproportional entlohnt werden.*

Die Markttransparenz

Ökonomen tun seit Jahrzehnten so, als seien unsere Märkte transparent. Dabei kennen wir alle Märkte, in denen dies eindeutig nicht stimmt: Banken und Versicherungen sind keinesfalls die einzigen, die mit möglichst kunstvoll verkomplizierten Tarifen ihre Kunden verwirren, um eine Vergleichbarkeit ihrer Leistungen auszuschließen.

Doch die Tage dieser Verwirr-Spezialisten sind gezählt. Wenn es heute noch kein Internet-Portal für Hypothekenbank-Konditionen geben sollte, dann ist es zumindest nicht mehr weit weg: In wenigen Jahren werden wir Hypothekenbank-Konditionen mit allen versteckten Kosten genauso übersichtlich aufgelistet finden wie Krankenversicherungstarife oder die Konditionen für unsere Handy-Tarife.

Bis zum Erreichen dieser Markttransparenz haben wir alle – je nach Branche einige Monate oder wenige Jahre – noch Schonfrist. Sobald diese Transparenz jedoch erreicht ist, werden die Kundenherzen und Portemonnaies denjenigen zufliegen, die in ihrer Marktnische und ihrer Kommunikationsgemeinschaft die Ersten sind.

Wer also bislang in intransparenten Märkten die Chance hatte, durchschnittliche Leistungen zu verschleiern, für den hat die Morgendämmerung begonnen. Im hellen Tageslicht der neuen Märkte werden diejenigen, die nur anzubieten haben, was alle anderen auch haben, immer deutlicher erkennen: *Was alle haben, ist so viel wert wie Sand in der Wüste.* Deshalb: Erkennen Sie, daß Ihre Schonfrist läuft! Konzentrieren Sie sich auf Ihre Talente und Begabungen! Schaffen Sie sich eine Marktnische, in der Sie sichtbar besser sind als alle anderen! Noch ist es nicht zu spät: *Doch der Countdown läuft.*

Kapitel 9:
Die Strategie-Gesetze zur Umsetzung der Kräftekonzentration

Intelligente Spezialisierung

Auch wenn Kräftekonzentration und Spezialisierung nach dem oben Gesagten naheliegen mag, so hat doch unsere christlich-abendländische Erziehung mit ihrem griechischen Kulturideal ihre Spuren hinterlassen:

Dreizehn Jahre Schulausbildung haben sich tief ins Gehirn eingegraben; wer nicht weiß, wer 333 vor Christi in der Schlacht bei Issos wen verprügelt hat, soll sich gefälligst schuldig fühlen.

Wer Richard Wagners Opern nicht kennt, möge sich doch bitte als Banause fühlen und seinem Banausen-Dasein endlich abhelfen.

Sollen wir uns wirklich auf unsere Talente konzentrieren, unser ganzes Leben das machen dürfen, was uns am meisten Spaß macht? Wirklich durchstarten und dort dazulernen, wo es uns am leichtesten fällt? Ist das nicht Frevel?

Sollen wir nicht doch besser ein ganzes Leben lang hart an der Überwindung unserer Schwächen arbeiten? Sind einseitige Spezialisten nicht Menschen, die immer mehr über immer weniger wissen, bis sie dann endlich alles über nichts wissen?

Unterschätzen wir nicht die Verteidigungsstrategien unseres Unterbewußtseins, das uns davor zurückschrecken läßt, einen Expertenstatus aufzubauen.

Eine der bewährtesten Bremser-Strategien ist dabei die Angst. »Und was passiert, wenn ich mich auf das Falsche spezialisiere? Was passiert, wenn ich mich auf ein Verfahren konzentriere, das morgen überholt ist? Was passiert, wenn ich mich für eine Zielgruppe entscheide, der es morgen schlechter geht? Wie kann ich dann verhindern, daß ich nicht hineingerate in den Strudel und ebenfalls abgemeldet bin?«

Den ebenso einfachen wie klaren Rat, mit diesen Ängsten umzugehen, verdanken wir meines Wissens Wolfgang Meves, dem Begründer
der engpaß-konzentrierten Strategie EKS[44]. Er erkannte schon in den
siebziger Jahren, was in der Dynamik des technischen Fortschritts heute
noch offensichtlicher ist:
*Wer sich auf ein Verfahren spezialisiert, der wird über kurz oder
lang vom technischen Fortschritt überholt.*
Wolfgang Meves wählt das Beispiel des Kohleofens. Wer sich auf
Kohleöfen spezialisiert, guckt in die Röhre, sobald Öl, Erdgas oder
Nachtspeicherheizungen »in« sind.

Wer sich aufs Bausparen konzentriert, ist weg vom Fenster, sobald
im Rahmen einer europäischen Rechtsvereinheitlichung die Bauspar-
förderung eingestellt wird.

Gleichgültig, wie sehr ein Verfahren oder eine Technik heute »in«
ist, es wird der Tag kommen, an dem diese durch ein neues, leistungs-
fähigeres Verfahren abgelöst wird. Und bei der Dynamik des technischen
Fortschritts werden die Lebenszyklen von Techniken und Verfahren
immer kürzer.

Wer sich heute als junger Persönlichkeitstrainer im neuro-linguisti-
schen Programmieren ausbilden läßt, um NLP-Trainer zu werden, der
sollte schon jetzt in seine Karriereplanung aufnehmen, daß dieser Boom
eines Tages zu Ende gehen wird. Und wer sich dann zehn Jahre oder
länger mit Slogans wie: »NLP and more« am Markt den Ruf eines
Verfahrensspezialisten aufgebaut hat, der wird mitansehen müssen, daß
er genauso schnell zum alten Eisen gehört wie die Technik, für die er
steht. Die Strategieempfehlung von Wolfgang Mewes heißt deshalb:

Spezialisieren Sie sich auf Grundbedürfnisse, nicht auf Verfahren.

Der Spezialist für Kohleöfen tut also gut daran, sich zu fragen, welches
Grundbedürfnis das Verfahren Kohleofen befriedigt. Die Antwort ist
klar: preiswerte Heizwärme. Wer sich als Spezialist für preiswerte Heiz-

---

[44] Wolfgang Mewes: EKS. Frankfurter Allgemeine Informationsdienste.

wärme für Wohnräume definiert, hat den strategischen Grundstein für
ein Business gelegt, das bis zu seiner Pensionierung (und wahrscheinlich auch noch einige tausend Jahre darüber hinaus) funktionieren wird.
Als Spezialist für preiswerte Heizwärme bin ich auf der Hannover-
Messe einer der ersten, der sich Ölöfen und Nachtspeicherheizungen
anschaut.

Der Unterschied zwischen einem Verfahrens- und einem Bedürfnis-
spezialisten mag am Anfang gering erscheinen, er ist jedoch entscheidend: »Ein kleiner Schritt für einen Menschen, ein großer Schritt für
die Menschheit«, gilt hier im übertragenen Sinne: Ein kleiner Unterschied im aktuellen Fokus führt zu einem Riesenunterschied in der langfristigen Ausrichtung des Unternehmens.

Der Spezialist für Bausparen definiert sich als Spezialist für preiswerte Baufinanzierung und wird zu einem der ersten, der neue Finan-
zierungsinstrumente vom EG-Markt für seine deutschen Kunden nutzbar macht.

Der NLP-Spezialist definiert sich neu als Spezialist für die Verhal-
tensänderung des einzelnen oder von Teams. Und er wird damit zu
einem der ersten, der die neuen Erkenntnisse von Performanceteams
für seine Kunden zum Einsatz bringt.

Der Bäcker – bislang Verfahrensspezialist für Brötchen – erfindet
sein Unternehmen neu als Spezialist für ein wohlschmeckendes Frühstück. Und wenn der aktuelle Trend heute wohlschmeckende Baguettes
und Croissants ist, dann bietet er seinen Kunden genau das. Und wenn
morgen bei seinem Single-Kunden in Schwabing Siebenkorn-Müslis
»in« sind, weil die den Computerspezialisten mehr Energie zum Nachdenken geben, dann wird er seinen Kunden genau dieses maßgeschneiderte Angebot liefern. Vielleicht sogar kombiniert mit einer Dienstleistung wie »frisches Frühstück am Arbeitsplatz«, und vielleicht steigt
dann sein Deckungsbeitrag von acht Cent am Müsli-Rohstoff auf acht
Euro für ein Hochleistungsfrühstück am Arbeitsplatz. Doch dazu später
mehr…

Damit wir uns nicht mißverstehen: Verfahrensspezialisierungen können einen schnellen Einstieg in eine Branche oder ein neues Geschäft bedeuten. Dies ist vor allem deswegen so, weil sich unsere Wirtschaft immer mehr zu dem im ersten Teil beschriebenen Hochgeschwindigkeits-Netzwerk entwickelt hat: Informationen werden heute schneller verbreitet als je zuvor; während Edisons Glühlampe noch 50 Jahre bis zu ihrer flächendeckenden Verbreitung brauchte, benötigen Mobiltelefone noch maximal fünf bis sieben Jahre, bis sie in den letzten Winkel unserer Republik vorgedrungen sind.

Ein Verfahrensspezialist für Mobiltelefone kann also einige Jahre von dem hervorragenden Tempo profitieren, mit dem sich sein Markt ausweitet. Doch je perfekter eine Technik wird, um so selbstverständlicher wird sie auch. Farbfernseher waren in den sechziger und siebziger Jahren eine wunderbare Wachstumsbranche, doch wer heute nur mit Fernsehern sein Geld verdienen will, ist arm dran. Der Handyspezialist von heute tut also gut daran, sich von vornherein als Spezialist für mobile Kommunikation zu definieren. Wie sehr Mobiltelefone heute nur noch das Einstiegsverfahren in die Kundenbeziehung sind, zeigt ja die aktuelle Praxis: Handys gibt es üblicherweise gratis dazu, wenn der Kunde denn bereit ist, eine Dienstleistungsbeziehung für die nächsten 24 Monate abzuschließen. Und wer darüber nachdenkt, wie er in diesen 24 Monaten die Bedürfnisse seines Kunden in der mobilen Kommunikation immer umfassender befriedigen kann, der hat gute Chancen, auch den Anschlußvertrag zu verkaufen...

Fragen Sie sich also:

Was ist das Grundbedürfnis meiner Kunden, das ich befriedige?

Diese Frage ist bei weiten nicht so harmlos und einfach, wie sie auf den ersten Blick erscheinen mag. Deswegen ein besonders nachdrückliches und mahnendes Beispiel: Die 1768 gegründete Encyclopaedia Britannica gilt bis heute als die umfassendste und maßgebendste Enzyklopädie der Welt. Sie erschien bisher in 15 Auflagen und erreichte 1990 einen Jahresumsatz von 650 Millionen Dollar. Die Britannica war in der Lexikawelt mit ihren beherrschenden Marktanteilen, einem ständigen und kontinuierlichen Wachstum, hervorragenden Deckungsbeiträgen und ihrer über zweihundertjährigen Geschichte die Nummer-Eins-Marke unter den Nachschlagewerken weltweit.

Seit 1990 hat die Encyclopaedia Britannica allerdings über 80 Prozent ihres Umsatzes verloren und ist durch die Einführung der CD-ROM bis zur Bedeutungslosigkeit geschrumpft. Einer der größten Markennamen der englischsprachigen Welt wurde innerhalb von nur fünf Jahren fast vollständig vernichtet – von einer vermeintlich billigen, glänzenden Scheibe. Denn während man für eine Britannica zwischen 1500 und 2200 Dollar hinblättern muß, gibt es CD-ROM-Enzyklopädien wie Microsofts Encarta bereits für 50 bis 70 Dollar. Oft werden sie beim Kauf eines Computers auch als Gratis-Beigabe dazugelegt.

Eine vordergründige Analyse wird hier zu dem Ergebnis kommen, daß es den Nachschlagewerken mit der CD-ROM halt genauso gegangen ist wie einige Jahre zuvor den Schallplatten mit der CD. Eine genauere Betrachtung offenbart allerdings, daß die mehrjährige Untätigkeit des Britannica-Managements, den Absturz in die Bedeutungslosigkeit aufzuhalten, auf etwas anderes zurückzuführen ist – *nämlich auf die Unkenntnis des Managements darüber, welches Grundbedürfnis die Encyclopaedia Britannica eigentlich befriedigt.*

Jeder Lexikonverkäufer weiß, daß sich – von Ausnahmen abgesehen – eine Enzyklopädie nur an Familien mit Kindern im schulpflichtigen Alter verkaufen läßt. Nur dann kann ich nämlich an die Ängste der Eltern appellieren, ihre Kinder könnten in der neuen Informationswelt viel zu kurz kommen. Eltern, die sich zu wenig um ihre Kinder kümmern und deswegen ein schlechtes Gewissen haben, bekommen so die Gelegenheit, »etwas für ihre Kinder zu tun«. Daß dies keine böswillige Unterstellung ist, kann jede Vertriebsorganisation eines Nachschlagewerks aus eigenem Erleben hundertfach bestätigen. Weithin ist dort nämlich die Tatsache bekannt, daß Kinder fast nie in ein Nachschlagewerk hineinschauen – insbesondere nicht ohne die notwendige Anleitung durch die Eltern. Dies spielt jedoch für den Verkauf des Produktes keine Rolle, da die Schuldgefühle der Eltern gebührend

besänftigt werden. Ergebnis: *Die Encyclopaedia Britannica befriedigt das Grundbedürfnis der Eltern, ihre Schuldgefühle den eigenen Kindern gegenüber abzubauen.*
Wenn sich heute Eltern um die schulischen Leistungen ihrer Kinder Sorgen machen und Schuldgefühle bekommen, weil sie sich zu wenig um ihre Kinder kümmern, dann kaufen sie ihren Kindern einen Computer. Auch wenn der eigene Nachwuchs den Rechner anfangs nur für Videospiele benutzen sollte, haben Eltern das gute Gefühl, wieder einmal etwas für ihre Kinder getan zu haben. Ausgehend vom tatsächlichen Grundbedürfnis, das die Encyclopaedia Britannica bei den meisten ihrer Nutzer befriedigt, ist das substituierende Produkt nicht Microsofts CD-ROM, sondern der PC. Hätte das Management der Encyclopaedia Britannica sich vorurteilsfrei mit dem Know-how seiner Vertriebsorganisation beschäftigt, dann hätte es schon weit vor 1990 erkennen können: Mit dem PC wächst eine Technik heran, die das Grundbedürfnis der Eltern, ihre Kinder zu unterstützen, besser und interessanter befriedigt als ein Lexikon.

Vom Nomaden zum Seßhaften: So werden Sie Zielgruppenbesitzer

Stellen Sie sich vor, eines Abends vor 10.000 Jahren hätten Sie wieder mal gemütlich am Lagerfeuer gesessen. Und weil Sie schon damals Anfang Fünfzig waren und langsam in die Breite gingen, waren Sie ziemlich frustriert:
Wann immer ihre Kinder und Enkel am Horizont Beerenbüsche mit dicken, leuchtenden und wohlschmeckenden Beeren entdeckten, sprinteten sie los und ließen Ihnen keine Chance. Und wenn Sie dann keuchend die abendliche Dinner-Tafel erreicht hatten, waren die schönsten und fruchtigsten Beeren bereits aufgefuttert. Ihnen blieben nur die kleinen schrumpeligen Beeren mit den Wurmstichen drin.
Und so saßen Sie mal wieder am Lagerfeuer im Kreis der anderen alten Übergewichtigen und klagten ihr Leid. Doch auf einmal hatte einer der Senioren eine grandiose Idee:

»He, ihr Nomaden! Hört mal zu! Ich habe eine großartige Entdeckung gemacht. Ist euch eigentlich schon einmal aufgefallen, daß an den Beerenbüschen, unter denen kein Unkraut wächst, die mit Abstand dicksten, schönsten und saftigsten Beeren sind? Vielleicht liegt das ja daran, daß in diesem Fall kein Unkraut den Beerenbüschen Energie entzieht. Ich schlage vor, wir geben unser Nomadendasein auf und werden hier seßhaft. Laßt doch die Kinder und Enkel immer weiter dem Sonnenhöchststand hinterherlaufen. Wir bleiben hier und jäten den Winter über Unkraut. Dann haben wir Senioren im nächsten Frühjahr auf unseren Plantagen die dicksten und schönsten Beeren – und das ohne jede Joggerei.« Möglicherweise waren sie skeptisch und fragten zurück: »Und was ist, wenn du mit Deiner Idee schiefliegst?« Die Antwort des Kollegen, der schon damals sehr unternehmerisch dachte: »Dann sind wir alle tot. Aber ein gewisses unternehmerisches Risiko liegt in jeder Entscheidung!«…

Ob die unternehmerische Entscheidung, seßhaft zu werden, genau mit diesen Worten gefallen ist, weiß ich natürlich nicht. Entscheidend ist jedoch das Ergebnis: Als die Nomaden nämlich im nächsten Frühjahr mit dem Sonnenhöchststand wieder die Steppe hinaufgejoggt kamen, gab es um ihre Plantage kilometerlange Zäune. Dazu alle 50 Meter ein Warnschild: »Betreten verboten«, »Vorsicht, bissiger Hund« oder »Wilderer werden erschossen« – und vor allem: »Arbeitswillige am Haupthaus zum Plantagenpflücken melden«.

Dieses kleine Beispiel verdeutlicht zweierlei:

Erstens: Grund und Boden wurden irgendwann in grauer Vorzeit zum ersten Produktionsmittel und damit zum ersten Machtfaktor. Zweitens – und noch wichtiger: In der Nomadenkultur wurde Grund und Boden für völlig wertlos gehalten.

Wenn Sie damals als erster auf die Idee gekommen wären, sich am Ufer des Starnberger Sees ein 8000 Quadratmeter großes Grundstück abzustecken, während ihre Nomaden dort vorbeijoggen, wären Sie von Ihren Kollegen auch noch ausgelacht worden.

In ähnlicher Weise gibt es auch in der Wirtschaft von heute und morgen einen neuen Machtfaktor, den viele der heutigen Nomaden ebenfalls noch nicht sehen. Und genau wie *damals können Sie einer der ersten sein, der die schönsten Filetgrundstücke für sich und seinen Familienclan reklamiert.* Dazu gleich mehr, doch zunächst weiter in unserem Exkurs zur Wirtschaftsgeschichte.

Grund und Boden waren so lange der bestimmender Produktions- und Machtfaktor, bis James Watt die Dampfmaschine erfand. Auf einmal brauchte man keinen großen Acker mehr, um produzieren zu können, sondern nur noch eine kleine Dampfmaschine. Und die Macht wanderte von denen, die Grund und Boden besaßen, zu den Eigentümern des neuen Produktivvermögens.

Irgendwann wurden die Dampfmaschinen größer und größer, bis sie schließlich so groß waren, daß der einzelne sie nicht mehr alleine finanzieren konnte. Und so wuchs die Macht der Banken, die die finanziellen Mittel vieler Investoren zu Aktiengesellschaften bündelten und als Herren des Geldes lange Zeit das Sagen hatten.

Wer sich in der neuen Wirtschaftswelt umschaut, wird schnell feststellen, daß Geld nicht mehr der entscheidende Engpaß und damit auch nicht mehr der entscheidende Machtfaktor ist. Es gibt weltweit sehr viel mehr Geld als gute Gelegenheiten, in die es zu investieren lohnt.

So ist es kein Wunder, daß Venture-Capital-Profis im Durchschnitt bei etwa 150 Businessplänen nur eine Geschäftsgelegenheit entdecken, bei der sich eine Investition rentiert.

Der letzte Machtfaktor in einer Welt, in der die Produkte immer gleicher, immer leistungsstärker und immer billiger werden, ist Zielgruppenbesitz.

Die meisten Märkte von heute und morgen sind durch ein Überangebot auf der Anbieterseite gekennzeichnet. Wer in solchen Märkten Kontakt zu denjenigen hat, die überhaupt noch kaufen wollen, ist King oder Queen.

Stellen Sie sich einmal vor, Sie und ich besäßen eine Zielgruppe von 5000 Reiselustigen, die mit uns im September und Oktober auf den Kanarischen Inseln Urlaub machen wollten. Dann müßten wir doch reichlich minderbemittelt sein, wenn wir uns jetzt eine Airline zulegen und einige Hotels auf Gran Canaria kaufen würden (bevor Sie diesen Gedanken für weit hergeholt halten, analysieren Sie einmal den Einstieg des Wienerwald-Begründers und Backhändel-Papstes Wilfried Jahn in die Reisebranche, der vor einigen Jahren tatsächlich mit einem ähnlichen Konzept gestartet ist).

Wenn Sie und ich Zielgruppenbesitzer sind und 5000 Interessenten mit uns auf Gran Canaria Urlaub machen wollen, dann werden wir die Chefverkäufer von Condor, LTU, Hapag-Lloyd, Iberia und Lufthansa zu uns ins Büro bestellen und sie genüßlich fragen:»Wir haben hier 5000 Urlauber, die im September und Oktober nach Gran Canaria fliegen möchten. Was ist auf Grenzkostenbasis Euer Bestpreis?« Und in ähnlicher Weise werden wir mit den Hotels verfahren…

Wenn Sie immer noch zweifeln, ob Zielgruppenbesitz sich heutzutage noch lohnt, dann lassen Sie mich ihnen das Beispiel eines Brüderpaares schildern, die in meiner Heimatstadt Essen in den fünfziger Jahren im Stadtteil Rüttenscheid ihre Karriere mit einem kleinen Tante-Emma-Laden begonnen haben. Die Brüder, von denen ich ihnen berichten möchte, haben es in einer Generation geschafft, in ihrem Unternehmen ca. 3,75 Milliarden Euro Umsatz *allein damit zu erwirtschaften, daß Sie anderen Unternehmen gnädig erlauben, bei ihrer Zielgruppe vorzusprechen.*

Damit wir uns recht verstehen: Die ALDI-Brüder, von denen ich rede, erwirtschaften in Deutschland allein rund 15 Milliarden Euro Jahresumsatz, von denen rund 25 Prozent – die oben erwähnten 3,75 Milliarden Euro also – auf Produkte entfallen, die mit ihrem eigentlichen Kerngeschäft nichts zu tun haben. Kinderskianzüge für 12,50 Euro oder Champagner für 8,50 Euro, der in Blindverkostungen auf dieselbe Gesamtnote kommt wie Dom Perrignon von Moët et Chandon, sind typischerweise in wenigen Tagen ausverkauft.

Wie fest ALDI seine Zielgruppe vom Fiat-500- bis zum Mercedes-500-Fahrer im Griff hat, zeigt folgendes Beispiel: Wenn ALDI ankündigt, daß es in seinen Filialen am nächsten Montag um 8.00 Uhr mal wieder PCs zu verteilen gibt, dann gehen clevere Deutsche auf ihren

Speicher. Und holen sich dort ihren Schlafsack. Anschließend legen sie sich geordnet in der Reihe der anderen eintreffenden PC-Interessenten vor die nächste ALDI-Filliale zum Schlafen nieder, damit sie am nächsten Morgen zwischen 8.00 Uhr und 8.02 Uhr zu den wenigen Glücklichen zählen, die beim Zielgruppenbesitzer für H-Milch-Kunden einen PC erwerben konnten.

Ich verfolgte seit vielen Jahren die Entwicklung des amerikanischen Marktes in den Branchen, in denen wir unsere Kunden im Marketing- und Verkaufsconsulting betreuen.

Seit Beginn der neunziger Jahre läßt sich in den USA in vielen Branchen der Trend beobachten, daß sich Unternehmen mit ihren Zielgruppen kommunikativ stark verflechten. Ob Finanzdienstleister, Investmentbanker oder Chiropraktiker: Wer vor zehn Jahren drüben zu den ersten gehörte, die ihr Angebot ganz gezielt auf besonders interessante und lukrative Zielgruppen ausgerichtet haben, der sitzt heute auf einem Erbhof.

In der Branche der freien Versicherungsmakler und Finanzdienstleister zum Beispiel ließ sich in den USA über die letzten zehn Jahre hinweg ein regelrechter Ausverkauf der interessanten Zielgruppen beobachten. Das Sprichwort: »Wer zuerst kommt, der mahlt zuerst«, bekam hier eine überraschend neue Bedeutung. Die Networking-Profis, die sich als erste mit den lukrativsten Zielgruppen eng vernetzt haben, haben einen uneinholbaren Vorsprung gewonnen.

Als nach zwei bis drei Jahren die Erfolgsbeispiele dieses neuen Marketing-Ansatzes kommuniziert wurden, setzte ein goldrauschähnlicher Run auf weitere interessante Zielgruppen ein: Es gab Versicherungsmakler, die sich auf Autohändler spezialisierten und von da an auf jeder Händlerkonferenz auftauchten. Sie begannen ihre PR-Arbeit auf die Profilektüre ihrer Industrie abzustimmen. Sie entwickelten teilweise spezielle, auf die Bedürfnisse ihrer Zielgruppe zugeschnittene Angebote und sorgten dafür, daß ihr Konterfei aus den Hauszeitungen ihrer Zielgruppe nicht mehr wegzudenken waren. Ob Autohändler, Rechtsanwälte, Installationsfachbetriebe oder Beerdigungsunternehmer: Keine Zielgruppe war vor den neuen Networking-Architekten sicher.

Wer heute beispielsweise als junger Versicherungsmakler in den Ballungsgebieten der USA anfangen muß, sich seinen Kundenstamm aufzubauen, ist wahrlich nicht zu beneiden.

Wenn Sie noch irgendeine Motivationsspritze brauchen sollten, warum es jetzt *an der Zeit ist, im »Noch-immer-Schlaraffenland-Deutschland« damit anzufangen, vom hin- und herwandernden Nomaden zum seßhaften Zielgruppenbesitzer zu werden, der sollte spaßeshalber seinen Vergleichsmarkt in den USA studieren:*

> Wer zu spät kommt – wie wir alle seit Gorbatschow wissen –, den bestraft das Leben.

Nutzen Sie also den entscheidenden Vorteil, den ihnen der deutsche Markt zur Zeit bietet: Stecken Sie Ihr Seeufergrundstück ab, solange ihre Nomadenkollegen sich noch weiter joggend an die Stirn tippen.

Marktsegmentierung nach Kommunikationsgemeinschaften

Kennen Sie den Unterschied zwischen einem aktiven und einem passiven Empfehlungsgeber?

Passive Empfehlungsgeber sind all die Kunden, die uns von sich aus keine Empfehlung geben. Erst, wenn wir Sie lange genug anbetteln, werden diese Empfehlungs-Passivisten wach: » Herr Kunde, wie hat Ihnen denn meine Beratung gefallen?« – »Ausgezeichnet!« – »Na prima, dann überlegen Sie doch einmal, wen Sie noch kennen, der sich ebenfalls über eine so tolle Beratung freuen würde. Herr Kunde, ich brauche jetzt auch nicht Ihr gesamtes Telefonverzeichnis, Ihre 30 besten Freunde würden mir fürs erste schon reichen…«

Wenn Kunden auf solche oder ähnlich armselige Bettelversuche überhaupt noch reagieren, ist dies nur damit zu erklären, daß sie sich erstens dem Gebot christlicher Nächstenliebe verpflichtet fühlen und zweitens uns schnellstmöglich loswerden wollen…

Wieviel besser geht es uns mit einem aktiven Empfehlungsgeber – einem Kunden, der jederzeit bereit ist, enthusiastisch von unseren Leistungen zu schwärmen, einem Fan also, der nicht müde wird, bei allen passenden und unpassenden Gelegenheiten uns in den höchsten Tönen zu loben.

Sie glauben, solche Kunden gäbe es kaum und meine Beschreibung wäre viel zu schön, um wahr zu sein? Irrtum! *Die meisten Kunden reagieren exakt so, wie gerade beschrieben,* vorausgesetzt, eine der nachfolgenden Bedingungen wird von uns erfüllt:

Ein guter Freund erzählt Ihnen, daß er seinem Sohn zum Geburtstag in 14 Tagen einen Sony-Walkman schenken möchte. Drei Tage später lesen Sie eine Anzeige des Media-Marktes, in der der Walkman zu einem einmaligen Discountpreis angeboten wird, bei dem Ihr Freund 35 Euro auf den üblichen Verkaufspreis sparen kann. Würden Sie unter diesen Umständen zum Telefonhörer greifen und Ihrem Freund einen entsprechenden Tip geben?

Die Moral von der Geschicht': Sind wir felsenfest von der einmaligen Qualität oder dem einmaligen Nutzen eines Angebotes überzeugt, dann werden wir aktiv und geben unseren guten Freunden gerne Tips.

Stellen Sie sich vor, Sie sind abends zu einer Party eingeladen. An Ihrem Tisch sitzen beruflich erfolgreiche Menschen. Nach kurzer Zeit spielen alle das Spiel:»Meine Frau – mein Haus – mein Ferrari…« Einer Ihrer neuen Geschäftspartner gibt zum besten, daß er seit 26 Jahren Marathonläufer ist und jede Woche rund 250 Trainingskilometer zurücklegt. Da dies auf die Dauer auch das beste Knie nicht aushalten könne, habe er sich jetzt in der Majo-Klinik in den USA Teflon-Kniegelenke einsetzen lassen. Seit der Operation sei auch das Quietschen in seinen Knien weg, und er sei über tausend Meter noch einmal 15 Sekunden schneller geworden… Ihr nächster Tischnachbar, der für seinen sportlichen Fahrstil weithin bekannt ist, erzählt, daß er neulich mal wieder 14 Punkte in Flensburg angesammelt und daraufhin den besten Verkehrsrechtsexperten Deutschlands zu Rate gezogen habe. Dieser habe folgendes erreicht: Sein Punktekonto sei nicht nur auf null reduziert worden, sondern er habe sogar einen Verlustvortrag von minus zehn Punkten eingetragen bekommen, so daß er jetzt wieder ganz unbeschwert fahren könne...

Umgeben von solchen Koryphäen, bewegt Ihr Ego jetzt nur noch eine drängende Frage: *Welchen Experten kennen Sie, mit dem Sie jetzt einmal so richtig gut angeben können?*

Haben sie schon einmal darauf geachtet, wie besitzergreifend und stolz Unternehmer von »ihrem« Steuerberater sprechen? Und was für den kleinen Unternehmer »sein« Steuerberater, das ist für den erfolgreichen Mittelständler »sein« Wirtschaftsprüfer. Und bei denen, die es dann wirklich zu etwas gebracht haben, heißt es: »Wissen Sie, unseren Jahresabschluß macht KPMG«.

Schlußfolgerung: Menschen erzählen gerne, breit und ausführlich von den Unternehmen, mit denen Sie zusammenarbeiten. Bei Bedarf schmücken Sie die Leistung der Koryphäe, die sie für sich haben arbeiten lassen, zur individuellen Selbstdarstellung weiter aus: »Wissen Sie, der Müller-Wohlfahrt hat mir gesagt, einen so komplizierten Oberschenkel-Halsbruch wie meinen hat er in fünfunddreißig Berufsjahren noch nicht gesehen...«

Schauen wir uns jetzt das vierte Magnet-Marketing-Gesetz näher an: »Marktsegmentierung nach Kommunikationsgemeinschaften« bedeutet, daß wir *unseren Markt und unsere Zielgruppe so bestimmen, daß sich aktive Mund-zu-Mund-Propaganda genau dort herumspricht, wo wir auch unsere neuen Kunden suchen.*

Obwohl die meisten Unternehmer intuitiv wissen, daß Mund-zu-Mund-Propaganda die wirkungsvollste Werbung für ein Unternehmen darstellt, verschwenden die meisten keinen Gedanken daran, wie sie solche Mund-zu-Mund-Propaganda für sich und ihr Unternehmen nutzen können.

Im Gegenteil: Viele Unternehmer sind so amateurhaft unterwegs, daß sie *jeden Ansatz einer Mund-zu-Mund-Werbung durch ihre übrigen Aquisitionsmaßnahmen weitgehend zunichte machen.*

Ein Beispiel: Viele Unternehmer sind stolz auf ihr Call-Center, das für sie einen Aquisitionstermin nach dem anderen legt. Heute einen Termin beim Chefarzt der Orthopädie in Essen, morgen einen Termin beim Dachdeckermeister in Solingen und übermorgen einen Termin bei einem Banker in Dortmund. Wer sich seine potentiellen Kunden so zusammensucht, der darf sich ziemlich sicher sein, daß der Banker in Dortmund von dem Dachdeckermeister in Solingen genauso wenig gehört hat wie von dem Orthopäden in Essen.

Lassen Sie uns die Unbekümmertheit, die in diesem Vorgehen zum Ausdruck kommt, noch anders illustrieren:

Stellen Sie sich vor, Ihre Aufgabe bestünde darin, im tropischen Regenwald eine Brandrodung vorzunehmen. Weil es so unglaublich naß ist, trocknen Sie in mehrstündiger Arbeit zunächst eine Tanne mit einem Heißluftgebläse. Anschließend marschieren sie 50 Meter weiter in den dampfenden Regenwald hinein und föhnen dort die nächste Tanne trocken. 14 Tage später merken Sie mit Bitterkeit, daß Sie noch immer keine kritische Masse an Trockenfläche erreicht haben, um ein Feuer anzuzünden.

Ihr Kollege auf der anderen Seite der Forststraße, der eine Tanne neben der anderen getrocknet hat, konnte sich schon am dritten Tag über ein sich munter ausbreitendes Lauffeuer freuen...

Der eine oder andere meiner Klienten schmunzelt über diese drastische Darstellung; sie hilft jedoch, einen entscheidenden Punkt zu verdeutlichen: Menschen kennen andere Menschen – von wenigen Ausnahmen abgesehen – nur aus vier Sektoren:

• Familie und Verwandtschaft,
• Beruf,
• Nachbarschaft,
• Hobbys.

Das bedeutet im Klartext: Mund-zu-Mund-Propaganda und damit Empfehlungen über unseren hervorragenden Expertenstatus, unsere Top-Produkte und die Qualität unserer Dienstleistungen verbreiten sich nur

• im Familien- und Bekanntenkreis unserer Kunden,
• im beruflichen Umfeld unserer Kunden,
• in der Nachbarschaft unserer Kunden und

• in den Interessengemeinschaften unserer Kunden, in denen sie ihre Hobbys pflegen.

Amerikanische Untersuchungen von Dr. Thomas J. Stanley[45] belegen, daß Unternehmen, die ihre Zielgruppe im Rahmen der Kommunikationsgemeinschaften definieren, die ihre Kunden bilden, um bis zu 260 Prozent schneller wachsen als ihre Konkurrenten.

> Wenn Sie um 260 Prozent schneller wachsen wollen als ihre Mitbewerber, dann bestimmen Sie Ihre Zielgruppe nach den natürlichen Verbreitungsmechanismen von Mund-zu-Mund-Propaganda.

Die meisten Zielgruppen-Definitionen, auf die wir in unserer Consulting-Praxis stoßen, werden diesen Anforderungen nicht gerecht: »Unsere Zielgruppe sind Menschen, die als Verheiratete mindestens 80.000 Euro im Jahr verdienen und in den nächsten zehn Jahren weiterhin Einkünfte in gleicher Höhe erwarten«, erläuterte mir einmal der Inhaber einer Firma, die sich auf Kapitalanlage-Immobilien spezialisiert hatte.

Meine Antwort: So hilfreich das in der Theorie sein mag, so wenig hilft es Ihren Verkäufern. Kein Mensch lernt andere Menschen deswegen kennen, weil sie in der gleichen Einkommenskategorie sind wie er.

Angenommen, vor Ihnen parkt ein Mercedes 500 an der Tankstelle. Würden Sie aus Ihrem Oberklasse-BMW aussteigen, auf den S-Klasse-Fahrer zugehen und sich mit den Worten vorstellen: »Guten Tag, ich habe gerade Ihren PKW gesehen. Ich vermute, Sie verdienen mehr als 80.000 Euro im Jahr. Schauen Sie sich mein Auto an. Mir geht es genauso. Wollen wir nicht heute abend mal ein Bier trinken gehen?...«

Damit wir uns recht verstehen: Es ist völlig in Ordnung und korrekt, wenn Produktmarketing-Spezialisten ihre Zielgruppe zunächst allein nach Sachkriterien bestimmen. Aber es ist völlig unzureichend, wenn der Vertrieb, der anschließend dieses Produkt effizient verkaufen möchte,

---

[45] Thomas J. Stanley: Networking with the Affluent. Irvine, Chicago 1993.

darauf verzichtet, die Eigendynamik überzeugender Mund-zu-Mund-Propaganda zu seinen Gunsten zu nutzen.

Erster werden in einer neuen Kategorie

Wissen Sie noch, wer 1927 als erster über den Atlantik flog?

Oder können Sie sich noch daran erinnern, wie der Neuseeländer hieß, der 1953 als erster den Mount Everest bezwang?

Oder – letzter Test: Wissen Sie noch, wer als erster 100 Meter in handgestoppten 10,0 Sekunden gelaufen ist?

Es gibt Seminarteilnehmer von mir, deren enzyklopädische Allgemeinbildung ihnen erlaubt, alle drei Fragen richtig zu beantworten: Charles Lindbergh, Sir Edmund P. Hillary und Armin Hary. Wenn auch Sie zu denen gehören, die spontan die richtigen Antworten gewußt haben, darf ich ihnen gratulieren.

Bevor Sie sich jetzt jedoch möglicherweise voreilig entscheiden, sich in einer Quizshow der Millionärsfrage zu stellen, lassen Sie uns Ihre Allgemeinbildung noch einem zweiten kleinen Härtetest unterziehen.

Wer ist als zweiter über den Atlantik geflogen?

Wie hießen die Mitglieder der zweiten Expedition, die am Mount Everest erfolgreich war?

Und wer war der zweite, der 100 Meter in 10,0 Sekunden gelaufen ist?

Möglicherweise denken Sie jetzt spontan: Warum soll ich mir einen solchen Mist merken? Es ist doch für mich als Nichtflieger, Nichtbergsteiger und Nichtsprinter absolut unerheblich zu wissen, wer die jeweiligen Zweittäter waren. Damit haben Sie recht. Doch letztlich ist es für Sie genauso unerheblich zu wissen, wer die Ersttäter waren. Die entscheidende Frage lautet also:

Warum haben Sie sich bei gleicher Bedeutungslosigkeit für Ihr Leben jeweils die ersten, die etwas geschafft haben, gemerkt, nicht aber die zweiten?

Möglicherweise antworten Sie jetzt: »Weil die ersten eben die ersten waren!« Und damit haben sie hundertprozentig recht! Eine bessere Erklärung hat auch die Lernpsychologie nicht anzubieten. Warum können sich so viele von uns noch Jahrzehnte später an ihren ersten Schultag erinnern? Warum wissen wir noch, wie es war, als wir zur ersten Heiligen Kommunion oder zur Konfirmation gegangen sind? Warum erinnern sich viele von uns noch an den ersten Kuß oder die erste große Liebe, die erste Wohnung, das erste Auto oder daran, als sie das erste Mal geflogen sind?

Führende Lernpsychologen haben hierzu genau das anzubieten, was der gesunde Menschenverstand ohnehin nahelegt: Sie erklären den hohen Gedächtnis-Haftwert, den Ersteindrücke für uns haben, damit, daß das *Abspeichern von Ersterfahrungen entwicklungsgeschichtlich gesehen selektionsvorteilig ist.*

Wer also vor 10.000 Jahren um eine fremde Ecke bog und dort einen Bären traf, ist möglicherweise vertrauensvoll auf dieses putzige, knuddelige Wesen zugegangen und hat ihm freundlich die Hand geschüttelt. Wenn uns anschließend zwei Finger gefehlt haben, dann war klar, daß wir uns diese erste Lektion im Umgang mit Bären gut merken würden. *Jeder Erstkontakt mit einer Gefahrenquelle, die anschließend mit einer dauerhaften Warnung eingespeichert war, erhöhte unsere Überlebenschancen.*

Das gleiche galt natürlich auch bei Positiveindrücken: Wer etwa Angehörige eines fremden Stammes dabei beobachten konnte, wie sie mit Baumstämmen oder Rädern schwere Lasten fortbewegten, der verschaffte sich umgehend einen Selektionsvorteil, wenn sein Gehirn diesen Ersteindruck besser speicherte, als wir heute unsere englischen Vokabeln lernen. So simpel diese Erkenntnis ist, so entscheidend ist sie für unsere Magnet-Marketing-Praxis:
• Bitte denken Sie einmal spontan an ein Erfrischungsgetränk.
• Bitte denken Sie jetzt einmal an Computer (Hardware).
• Bitte denken Sie jetzt einmal spontan an Computer (Software).

Wenn ich vor großem Auditorium frage, wie viele von ca. 1000 Zuhörern spontan an Pepsi-Cola gedacht haben, dann melden sich drei bis fünf. Von den übrigen 995 haben mindestens 950 Coca-Cola im Sinn gehabt... Ein Ergebnis, das die Firma Pepsi-Cola nachdenklich machen sollte. Genauso denkt die ganz überwiegende Mehrheit bei Computer-Hardware spontan an IBM und bei Computer-Software an Microsoft und Bill Gates.

Die entscheidende Frage ist: Warum haftet Coca-Cola soviel besser in unseren Köpfen als Pepsi-Cola, obwohl doch Pepsi-Cola in den letzten Jahren regelmäßig mehr für Marketing und Werbung ausgegeben hat als Coca-Cola?

Die Antwort lautet schlicht und simpel: *Wir denken an Coca-Cola, weil Coca-Cola zuerst da war.* Wir denken bei internationalen Autovermietungen zunächst an Hertz und dann erst an AVIS, die ewige Number two (»We try harder«); wir denken bei deutschen Automobilen zuerst an Mercedes-Benz, und dann an den Rest. Geländewagen sind für viele von uns immer noch »Jeeps«, und wir verlangen auch nach Jahrzehnten nicht nach einem Papiertaschentuch, sondern sagen: »Gib mir doch bitte mal eben ein Tempo!«

> Wer Erster ist im Kundenkopf, genießt einen unschätzbaren Wettbewerbsvorteil.

Stellen Sie sich vor, Sie würden umziehen. Die ersten Wochenenden in Ihrer neuen und noch fremden Umgebung vergehen damit, daß Sie die Wohnung einrichten. Am dritten Wochenende streikt Ihr Lebenspartner oder Ihre Lebenspartnerin und verlangt: »Wenn du heute wieder meine Unterstützung haben willst, bekomme ich zum Frühstück erst einmal zwei Mohnbrötchen!«

Unsere halbherzige Ausrede, wir wüßten gar nicht, wo hier in der Nähe ein Bäcker ist, weiß unser Partner leicht zu parieren: »In der letzten langgezogenen Kurve vor der Autobahnauffahrt ist links ein Einkaufscenter. Da hängt ein Eduscho-Schild. Und in dem Haus ist unten eine Bäckerei. Da holst du jetzt Mohnbrötchen, oder du kannst alleine arbeiten...«

Angespornt durch solch finstere Drohungen, machen wir uns auf,

den ersten Bäcker in unserer neuen Heimat ausfindig zu machen. Und
der hat jetzt eine Riesenchance: Wenn es vor seinem Geschäft einen
Parkplatz gibt, seine Brötchen durchschnittlich groß und teuer sind und
seine Verkäuferin durchschnittlich freundlich ist (was in Deutschland
ja keinen allzu hohen Service-Standard erfordert), dann hat dieser Bäk-
ker heute eine tolle Gelegenheit:

*Die Chance nämlich, für die nächsten 30 Jahre einen treuen Stamm-
kunden hinzuzugewinnen.*

Ich will nicht behaupten, daß das immer und unter allen Umständen
so sein muß. Aber die Wahrscheinlichkeit ist groß, daß wir – nach dem
Gesetz menschlicher Trägheit – diesen ersten Bäcker zu unserem Bäcker
machen, solange nicht größere Unzufriedenheit dem entgegensteht.

Fragen Sie sich also eindringlich:

> Bei welchen Zielgruppen kann ich einen prägenden Ersteindruck im
> Kundenkopf hinterlassen?

Um im Kundenkopf Erster zu werden, gibt es mindestens vier erfolg-
versprechende Strategien:

1. Überlegen Sie, welche neuen und interessanten Zielgruppen für Ihren
   Markt in Betracht gezogen werden können, die mit Ihrer Branche
   noch überhaupt nicht in Kontakt gekommen sind:
   Finanzdienstleister könnten zum Beispiel zu dem Ergebnis kommen,
   daß die Zielgruppe der Ärzte und Zahnärzte ziemlich überlaufen ist
   und einige Kollegen dort schon zur Genüge Negativeindrücke hinterlassen haben. Diese Investmentexperten könnten sich nun fragen,
   welche neuen Berufsgruppen in den letzten Jahren ähnliche oder
   bessere Einkünfte erzielt haben als Ärzte, bislang jedoch noch überhaupt keine Erfahrung mit Finanzberatern gesammelt haben (wenn
   man mal vom Kundenberater der Sparkasse absieht).
   Einem weitsichtigen Finanzdienstleister könnte also auffallen, daß
   er dem jungen Computerspezialisten beim letzten Absturz seines
   Rechners 90 Euro die Stunde gezahlt hat. Und dann würde ihm auffallen, daß es nicht nur Computer-Experten gibt, die gut verdienen,

sondern auch Software-Entwickler, Netzwerkspezialisten, Informatiker, Web-Designer, Graphik-Spezialisten, Graphiker und Werbedesigner und viele andere junge Dienstleister, die hervorragendes Geld verdienen. Viele dieser neuen jungen Erfolgreichen haben noch kein Konto bei einer Privatbank und demzufolge auch noch keinen Wertpapierspezialisten, der sich intensiv um sie kümmert. Viele sind gerade erst dabei, sich ein Expertenteam von Financial Advisors aufzubauen, das sie dann für den Rest Ihres Lebens hermetisch von anderen abschirmt....

Wer im Kopf dieser jungen und finanziell erfolgreichen Klientel einen prägenden Ersteindruck hinterlassen kann, ist seinen Mitbewerbern weit voraus.

2. Ein weiterer Weg zu prägenden Ersteindrücken im Kundenkopf ist die systematische Suche nach Zielgruppen, die andere aufgegeben haben. Atari war beispielsweise bis 1985 der führende Anbieter von Spiele-Computern. Dann entschloß man sich, in den Club der richtigen Computerhersteller aufsteigen zu wollen (was nicht so erfolgreich war, denn welcher Manager möchte schon mit einem Laptop von Atari gesehen und von Kollegen gefragt werden, ob heute wieder nur Spielen angesagt ist). Nintendo erkannte die von Atari kampflos aufgegebene Marktlücke und konnte sich in zwei Jahren fest im Kundenkopf einnisten.

Gleiches geschieht zur Zeit in Deutschland im Bankgeschäft. Während sich viele Banken aus der Fläche und damit der individuellen Betreuung ihrer Kunden zurückziehen, haben leistungsstarke Mitbewerber aus dem freien Kapitalmarkt hier die Chance, auf die sie seit Jahren gewartet haben – nämlich einen positiven Ersteindruck bei denen zu hinterlassen, die davon enttäuscht sind, daß ihre Bank sie links liegenläßt, weil ihr Anlagevermögen weniger als 100.000 Euro beträgt.

3. Ein dritter Weg besteht darin, aktiv in die Betreuung von Zielgruppen einzusteigen, die von Wettbewerbern seit Jahren sträflich vernachlässigt werden.

Angesichts der riesigen Kundenbestände in deutschen Versicherungsunternehmen gibt es durchaus Stammkunden, die ihren Versicherungsvertreter schon seit Jahren nicht mehr zu Gesicht bekommen haben. Und wenn sie ihn dann einmal gebraucht haben, wurden sie teilweise Opfer abenteuerlicher Servicemängel, die samstags abends bei RTL zur Unterhaltung mißhandelter Verbraucher ausführlich besprochen werden...

Wer also weiß oder ahnt, daß seine Zielgruppe bei seinen Mitbewerbern einen eher schlechten als rechten Service genießt, hat dort ebenfalls gute Chancen, mit einem neuen, leistungsstarken Servicekonzept für einen bleibenden Ersteindruck zu sorgen.

4. Strategie: Die Konkurrenz bei der Markteinführung auf dem Weg in den Kundenkopf überholen.

   Beispiel: Die Mehrzahl aller Microsoft-Entwicklungen gab es bei der Konkurrenz schon Jahre zuvor. Doch diesen Wettbewerbern gelang es nie, mit durchsetzungsstarkem Marketing eine Position in den Köpfen der Kunden zu besetzen. Denken Sie beispielsweise an das Windows-Betriebssystem. Die Windows-Benutzeroberfläche gab es bei Apple schon Jahre zuvor... Aber es gelang Steve Jobs und seinen Mitstreitern nicht, damit *in den Köpfen ihrer Kunden einen bleibenden Eindruck zu hinterlassen.*

   Als Bill Gates Windows 95 auf den Markt brachte, investierte er folgerichtig über 500 Millionen US-$, um vom zweiten Startplatz aus zumindest in den Köpfen seiner Kunden als erster anzukommen. Was ihm auch gelungen ist.

   Verzagen Sie also nicht, wenn Sie beim Start eines neuen Produktes oder der Einführung einer neuen Dienstleistung einige Wochen und Monate hinten liegen. Entscheidend ist nicht, wer als erster das neue Produkt hat, sondern *wem es gelingt, dieses Nutzenangebot in den Köpfen seiner Kunden zu verankern.*

Lassen Sie uns dieses Kapitel mit einer weiteren kleinen Lektion abschließen, die wir von Charles Lindbergh lernen können: Ernstzunehmende Historiker behaupten, daß Lindbergh überhaupt nicht der erste Atlantiküberquerer gewesen sei, sondern nur der erste, der ihn in Ost-

West-Richtung überquert habe (und seine Leistung als erster werbe-
wirksam verkauft hat).

Übrigens: Der zweite Atlantiküberquerer war ein junger Ingenieur
namens Bernd Hinkler. Er überquerte den Atlantik deutlich schneller
als Lindbergh, verbrauchte auch viel weniger Benzin und galt unter
den Eingeweihten der damaligen Zeit als der bessere Pilot. Allein: Bernd
Hinkler ist nur unter Schwierigkeiten in unseren Geschichtsbüchern zu
finden – und auch dann nur in einer Fußnote. *Nutzen Sie also Bernd
Hinkler als mahnendes Beispiel und sorgen Sie dafür, daß Sie in den
Köpfen Ihrer Kunden Erster werden!*

Der Bekanntheitsgrad als Expertenvermutung

Manager, die an Dialektikseminaren teilgenommen haben, wissen, daß
man unser logisches Denkvermögen mit einfachen Mitteln austricksen
kann.

Stellen Sie sich vor, jemand sagt zu Ihnen: »Golfbälle sind rund,
Tennisbälle sind rund, Handbälle sind rund… Mit einem Wort: alle
Bälle sind rund.« Zwei Sätze weiter fährt der Sprecher fort: »Aber nicht
nur Bälle sind rund. Denken Sie auch einmal an Murmeln oder Perlen,
und Sie werden schnell erkennen: Alles, was rund ist, ist eine Kugel.«

An dieser Stelle hat sich nun ein Denkfehler eingeschlichen: Richtig ist zwar, daß Bälle und andere Kugeln rund sind, aber das heißt
noch lange nicht, daß alles, was rund ist, auch die Form einer Kugel
hat: Eheringe, Markstücke, Eier und viele hundert andere Dinge sind
rund, aber gleichwohl keine Kugel.

Was uns bei diesem übersichtlichen Sandkasten-Beispiel leicht ins
Auge springt, erkennen wir bei komplexen Sachverhalten des Alltags
weniger gut:

Die meisten Experten sind sehr bekannt. Unser Gehirn ist deswegen
leicht geneigt, *vom Bekanntheitsgrad eines Menschen vorschnell auf
seinen Expertenstatus zu schließen* – auch, wenn das eine mit dem anderen nichts zu tun hat.

Denken Sie zum Beispiel an die Anzeigenwerbung, in der Uwe Seeler Maggi-Suppe in sich hineinlöffelt und deren guten Geschmack lobt: Gibt es Ihrer Ansicht nach einen Erfahrungssatz, der besagt, daß die Geschmacksnerven von jemandem, der vor 40 Jahren sehr gut Fußball spielen konnte, heute besser sind als Ihre oder meine? Offensichtlich gibt es einen solchen Erfahrungssatz nicht. Und deshalb wäre es von der sachlichen Folgerichtigkeit viel einleuchtender, wenn die Maggi-Werbung uns einen wahren Geschmacksexperten präsentieren würde, zum Beispiel den Drei-Sterne-Koch Eckart Witzigmann.

Da Eckart Witzigmann außerhalb der Fangemeinde echter Gourmets nur wenigen bekannt ist, vertrauen die Maggi-Marketingexperten zurecht auf die Zugkraft von Uwe Seeler: Wer so bekannt ist, auf dessen Expertenurteil vertrauen wir halt…

Apropos Witzigmann: Eckart Witzigmann ist einer der renommiertesten deutschen Starköche. Er hat sich über mehr als zwei Jahrzehnte auch als Kochbuchautor einen exzellenten Namen gemacht und seine großformatigen Bildbände zum Thema Kochen viele zehntausend Male an den Mann oder die Frau gebracht. Er galt in der Branche deshalb nicht nur als Starkoch, sondern auch als Starautor.

Doch dann hat ihn die Unfairneß des Lebens stark erwischt: Denn auf einmal ging am Himmel der Kochbuchautoren ein Stern auf, in dessen hellem Licht das Genie von Eckart Witzigmann innerhalb weniger Monate zu verblassen drohte:

Peinlicherweise ist der neue Kochbuch-Star im Vergleich zu Eckart Witzigmann bestenfalls ein ambitionierter Hobby-Koch, der weder in der Profi-Liga spielt, noch den Anspruch erhebt, dazugehören zu wollen. Als Amateur reinsten Wassers beschreibt der neue Autoren-Star im übrigen nicht seine eigenen Kochrezepte, sondern die, die andere ihm zugetragen haben: TV-Talkmaster Alfred Biolek hat in kürzester Zeit mit Büchern wie »Über die Nachtische meiner Gäste« aufgrund seines Bekanntheitsgrades eine Verbreitung als Kochbuch-Autor erreicht, von der Eckart Witzigmann bis zum Rest seines Lebens vermutlich nur träumen kann.

Die Moral von der Geschicht': *Es ist gut, ein wahrer Experte zu sein. Und es ist noch besser, einen Bekanntheitsgrad zu genießen, der in anderen den Glauben an unser Universalgenie weckt.*

In nahezu jeder deutschen Großstadt gibt es eine Bäckerei, die bis vor wenigen Jahren genauso unbekannt war wie all ihre Mitbewerber. Dann wurde dieser Backbetrieb vom Vater auf den Sohn übertragen. Und der junge Diplom-Kaufmann schaffte dann in wenigen Jahren, was dem Handwerker-Vater zeitlebens versagt blieb: Er nahm einige tausend oder zehntausend Mark in die Hand und gab dem Handwerksbetrieb seines Vaters ein frisches Gesicht, das er überall bekannt machte. Viele Bäckereien verdanken es weder ihren größeren Brötchen noch ihren günstigeren Preisen oder ihrem freundlicheren Service, daß sie heute 18 Filialen betreiben können. *Schlüssel ihres Erfolges war allein die Bereitschaft des Inhabers, den Bekanntheitsgrad zu optimieren in einer Branche, in der die meisten anderen Mitbewerber Marketingaktivitäten keine so große Bedeutung zumessen.*

Ein klassisches Beispiel für die Strategie »Erfolg dank überragenden Bekanntheitsgrades« liefert die Firma Time-System in Hamburg: Klaus-Jochen Schaeffer, der Time-System 1982 gründete, fiel auf, daß amerikanische Zeitplanbuchspezialisten bis zu 40 Prozent ihres Umsatzes in Werbung investierten, während deutsche Anbieter es regelmäßig bei fünf Prozent des Umsatzes bewenden ließen. Herr Schaeffer entschloß sich, diese Lücke zu nutzen. Er sagte sich: ›Wenn ich 25 Prozent meines Umsatzes für Marketing ausgebe, dann werde ich bei gleichem Umsatz wie meine Mitbewerber im deutschen Management bewußt oder unbewußt den Eindruck erwecken, schon fünfmal größer, bekannter und erfolgreicher zu sein...‹

Verstehen Sie mich bitte richtig: Ich bin weit davon entfernt, den Erfolg von Time-System auf seine Marketingaktivitäten reduzieren zu wollen. Aber eines zeigt dieses Beispiel sehr deutlich:

> Wem es gelingt, bei gleicher Leistung einen höheren Bekanntheitsgrad zu erzielen, der hat im Wettbewerb die Nase vorn.

Ein besonders gelungenes Beispiel für einen Expertenstatus, der zum Teil auf seinen überragenden Bekanntheitsgrad zurückzuführen ist, liefert auch der Münchener Orthopäde Dr. Hans-Wilhelm Müller-Wohlfahrt. Er ist ca. 80 Prozent meiner Seminarteilnehmer von Flensburg bis Berchtesgarden ein Begriff, obwohl vermutlich nur jeder zehntausendste nahe genug bei München wohnt, um vom Experten-Know-how dieses Sportarztes zu profitieren.

Was zeichnet Dr. Müller-Wohlfahrt aus? Ist er tatsächlich der beste deutsche Orthopäde? Sind ihm geniale Transplantationen geglückt wie dem ersten Herzverpflanzer Christian Barnard?

Eines steht sicher fest: Wie ich aus der Einschätzung vieler Bundestrainer und einiger Top-Athleten weiß, die sich bei Sportverletzungen von Dr. Müller-Wohlfahrt behandeln lassen, ist er ein hervorragender Arzt. Aber das allein kann seinen Erfolg nicht erklären. Sein Marketinggeheimnis: Müller-Wohlfahrt ist der Vereinsarzt von Bayern München, der Betreuer der deutschen Fußball-Nationalmannschaft und der Sporthausarzt einiger Superprominenter wie Boris Becker. Das Geheimnis seines Marketingerfolges:

Star-Kunden sind oft Sprungbrett zum eigenen Star-Status!

Das Marketingkonzept von Dr. Müller-Wohlfahrt in München kann jeder Orthopäde in Bochum, Münster oder Buxtehude ebenfalls für sich nutzen: Vielleicht hat der VfL Bochum sich schon für einen Vereinsarzt entschieden, so daß diese Position nicht mehr zu vergeben ist. Dann ist halt etwas Kreativität angesagt: Wie wäre es zum Beispiel mit der örtlichen Eishockeymannschaft? Da wird härter gespielt als im Fußball, und deshalb wird dort auch häufiger etwas zu behandeln sein. Ein Sportarzt, der mit seinem Eishockeyteam die Deutsche Meisterschaft gewinnt, dürfte für die meisten Freizeitsportler überzeugend nachgewiesen haben, daß er ein Experte ist...

Reinhard Rauball, der frühere Präsident von Borussia Dortmund, ist im Hauptberuf Rechtsanwalt und – wie mir Kunden erzählten – Inhaber einer der führenden Anwaltskanzleien in Dortmund. Er selbst hat sich nicht nur als Spezialist der deutschen Sportgerichtsbarkeit einen Namen gemacht, sondern profitiert auch davon, daß viele Menschen, die erstmals einen Anwalt brauchen, sich an seine Kanzlei wenden. Die Erfahrungsregel: »Wer viel Zeit als Sportfunktionär investiert, der wird auch ein hervorragender Rechtsanwalt sein«, ist sicher nicht Bestandteil der allgemeinen Lebenserfahrung. Aber wir wollen unserem Anwalt vertrauen. Und wenn wir nur einen Anwalt kennen, der in einem anderen Kontext einen exzellenten Ruf genießt, dann vertrauen wir ihm auch sonst und engagieren ihn.

Zusammengefaßt: Der Aufbau eines Expertenstatus verlangt von uns allen mehr als harte Arbeit. Wir müssen auch bereit sein, unseren teuersten Sprachfehler abzustellen, nämlich: *Unsere Unfähigkeit, nein sagen zu können.*

In der Beschränkung auf das Wesentliche zeigt sich der Meister, sagt der Volksmund. Und damit hat er recht. Wer in den zunehmend transparenter werdenden Märkten der Welt von morgen die Nase vorn haben will, der muß einer bestimmten Zielgruppe ein sichtbar besseres Nutzenangebot machen als die Konkurrenz. Gelingt ihm dies, wird er nach den Gesetzen des Magnet-Marketing einen Sog auslösen, der ihm im Hochgeschwindigkeits-Netzwerk der neuen Wirtschaft schneller und preiswerter neue Kunden zuführen wird als je zuvor. Wer diese Chance verschenkt und weiter hofft, mit seinem Bauchladen-Angebot bestehen zu können, in dem er von einer scheinbar interessanten Zielgruppe zur nächsten hüpft, der wird die Schlacht um die Märkte von morgen verlieren.

Kluge Zielgruppenbesitzer bestimmen darüber hinaus ihr Marktsegment so, daß sich Mund-zu-Mund-Propaganda zu ihren Gunsten auf natürlichem Wege fortsetzen kann.

Profis nutzen darüber hinaus auch noch die beiden Abkürzungswege zum Expertenstatus: Erster werden in einer neuen Kategorie und Aufbau eines hohen Bekanntheitsgrades als Nutzenvermutung.

Teil III:
Persönlichkeitsvoraussetzungen zum Aufbau des Expertenstatus

Kapitel 10:
Talent

Als ich vor elf Jahren im Rahmen meiner Ausbildung zum NLP-Trainer Practionner- und Master-Practionner-Kurse bei NLP-Gründer Richard Bandler besuchte, fiel dort immer wieder der Name des zweiten NLP-Begründers John Grinder. Die meisten Kursteilnehmer kannten – anders als ich, der damals die Ausbildung in den USA gerade erst begonnen hatte – Grinder persönlich von einigen Veranstaltungen und sprachen von ihm mit einer Hochachtung und Ehrfurcht, wie ich es bis dahin (auch bei anderen Top-Trainern) noch nie erlebt hatte. »John Grinder ist ein Genie!«, lautete regelmäßig die Zusammenfassung, wenn wieder einige schier unglaubliche Geschichten die Runde gemacht hatten: »John spricht acht Sprachen perfekt. Letztes Jahr hat er in einhundertzwanzig Stunden unter notarieller Aufsicht Französisch gelernt und anschließend die Abschlußprüfung mit dem höchsten Diplomaten-Level bestanden.« Oder: »John ist als Linguistikprofessor bei der Erforschung afrikanischer Dialekte neue Wege gegangen. Morgens hat er mit den Kindern auf dem Dorfplatz gespielt, nachmittags hat er sich in Hypnose an die Sprachmuster, die er vormittags nachgeahmt hatte, erinnert und sie analysiert... Er spricht über dreißig Ureinwohnerdialekte fließend.« »John ist einer der besten Felskletterer Amerikas, sein liebstes Hobby ist Kunstfliegen...« Und immer wieder: »Er ist ein Genie.«

Einige Zeit später hatte ich dann Gelegenheit, John Grinder bei einem Seminar in Deutschland selbst kennenzulernen. Wie viele andere Teilnehmer war ich eher skeptisch, ob jemand, der so in den Himmel gelobt worden war, unseren hohen Erwartungen auch nur annähernd gerecht werden konnte. Verstohlen musterte ich ihn vor Veranstaltungsbeginn: Er wirkte sehr locker, souverän und gelöst und hing seinen Gedanken nach, als er wenige Minuten vor Beginn leise auf einer afrikanischen Buschtrommel spielte. Als es endlich losging, erwähnte John Grinder, daß er das letzte Mal vor dem Fall der Berliner Mauer in Deutschland

gewesen sei. Und damit auch vor den schweren Stürmen, die kurze
Zeit vor seinem Besuch über Deutschland hinweggefegt waren und in
manchen Regionen bis zu einem Viertel der Waldbestände verwüstet
hatten. Grinder sprach von flexiblen Gräsern, die sich im Sturm beug-
ten, und von starren Bäumen, die an ihrem Mangel an Flexibilität zer-
brachen... Er erzählte locker, aus dem Stegreif, und doch begriffen wir
Zuhörer, daß dieser Mann uns in fünfzehn Minuten mit seiner Analyse
von gelungenen und gescheiterten Change-Prozessen so brillant einen
Spiegel vorhielt, daß es uns fast den Atem nahm....

In der Pause stand ich neben ihm an der Kaffeemaschine. Wie zuvor
wirkte er völlig locker, souverän, wachsam und freundlich. Eine Teilnehmerin fragte:»John, du hast eben gesagt, Töchter hätten oft Pro-
bleme mit ihren Vätern. Aber das muß doch nicht so sein...?« Ich weiß
nicht mehr genau, was Grinder antwortete – ich weiß nur noch, daß die
Teilnehmerin innerhalb kürzester Zeit ein Trauma durchlebte und einen
Weinkrampf bekam, wie ihn die Mehrheit der Anwesenden wohl noch
nicht erlebt hatte. John Grinder unterhielt sich weiter leise plaudernd
mit der Dame, als hätte er genau diese Reaktion vorhergesehen. Nach
etwa fünfzehn Minuten hatte das Gespräch ein sehr versöhnliches Ende,
und die überglückliche Teilnehmerin erzählte immer wieder, daß sie in
diesem kurzen Gespräch ein Durchbruchserlebnis hatte, das ihr bislang trotz jahrelanger Therapie versagt geblieben war...

Zum Ende des Seminars bewegte uns Teilnehmer nicht mehr der
Gedanke:»Ist John Grinder wirklich so gut«, sondern nur noch die
Frage:»Ob der wohl immer so gut ist?«

Die Kommunikationsleistung von John Grinder war schlicht atemberaubend. Uns allen war klar, daß er diese Performance weder auf
Rhetorik-Seminaren der Volkshochschule noch bei Dale-Carnegie-
Kursen gelernt hatte. Inspiriert durch sein Vorbild, bewegte einige von
uns die Frage, ob jeder so gut werden kann. Oder gibt es am Ende allen
Lernens und allen Trainings eine Experten-Stufe, die nur denen vorbehalten ist, die dazu auch das erforderliche Talent in der Wiege vorgefunden haben?

• Zum Beispiel der LKW-Fahrer, der Jahr für Jahr einhundertvierzigtausend Kilometer zurücklegt und in über dreißig Jahren keinen einzigen Unfall baute, obwohl seine Kollegen im Jahresschnitt 2,4 kleinere oder größere Schäden haben: Hat er nur Glück gehabt oder mehr trainiert als die anderen – oder hat er eine besondere Begabung für seinen Job?

• Der Fahrer des Schwertransporters, der sechzig Meter lange Brückenteile durch den Verkehr manövriert und zentimeternah so geschickt an Hausecken vorbeizirkelt, daß auch erfahrene Kollegen nur noch mit dem Kopf schütteln – eine Fähigkeit, die sich mit genügend Übung von jedem erwerben läßt, oder ein angeborenes Talent?

• Die Krankenschwester mit den goldenen Händen, von der alle Patienten die Spritze bekommen wollen, weil sie die richtige Injektionstechnik mit soviel Einfühlungsvermögen kombiniert, daß die Patienten viel entspannter sind – alles erlernbar oder teilweise angeboren?

Die Bedeutung der Übereinstimmung von Expertenprofil und Begabung

Genug der Beispiele. So faszinierend es ist, Menschen über die Schulter zu schauen, die es in ihrem Fachgebiet zu wahrer Meisterschaft und dem damit verbundenen Expertenstatus gebracht haben, irgendwann kommen wir zur Frage unseres eigenen Expertenstatus. Und dann gilt es, zu prüfen: *Habe ich in meinem ausgewählten Fachgebiet das Potential, den von mir angestrebten Expertenstatus zu erreichen?*

Kommunikationsmeister John Grinder pflegte auf die Frage, ob normal Sterbliche NLP-Techniken eines Tages ebenso perfekt beherrschen könnten wir er, freundlich zu versichern, es handele sich ausschließlich um Skills, die mit genügend Übung von jedem gemeistert werden könnten. So motivierend und pädagogisch geschickt diese Antwort auch ist, so sehr geht sie an unser aller Praxiserfahrung vorbei:

• Auf tausend ausgebildete NLP-Master-Practionner kommen keine zehn, die ihrem Lehrer John Grinder auch nur ansatzweise das Wasser reichen können.

- Jeder Vertriebschef weiß, daß auch die nächsten fünf Verkaufstrainings aus seinen »Minderproduzenten« keine charismatischen Überzeugungstäter machen, die seinen Top-Verkäufern das Wasser reichen.
- Wer sich von seiner Persönlichkeit her schwer damit tut, sich selbst zu organisieren, wird auch mit großem Aufwand bestenfalls mittelmäßig organisiert sein, während Menschen mit »einer Antenne für Organisation« mit einem Bruchteil an Energieeinsatz ein Mehrfaches erreichen.
- Wer einen Redeauftritt von Al Gore und Bill Clinton erleben durfte, der weiß genauso wie nach einem Rededuell zwischen Rudolf Scharping und Gerhard Schröder oder Joschka Fischer, daß es Rede- und Rednerqualitäten gibt, die nicht über Seminare zu vermitteln sind.

Und genau diese Erfahrung habe ich in den letzten Jahren in vielen Dutzend Coachings von Unternehmern und Führungskräften gemacht:

> Paßt das Experten-Anforderungsprofil mit den Fähigkeiten des Karrierewilligen zusammen, lassen sich in wenigen Wochen und Monaten entscheidende Durchbrüche erzielen.
>
> Gibt es dagegen größere Differenzen, so scheitert auch das beste strategische Konzept daran, daß der Kandidat die ins Auge gefaßte Positionierung auf Dauer nicht glaubhaft zu leben vermag.

Obwohl nahezu jeder Manager das Konzept »Stärken stärken« kennt und auch anerkennt, habe ich in unserer Arbeit als Management- und Vertriebsconsultants immer wieder festgestellt, daß – Taten sagen mehr als tausend Worte – genau diese Erkenntnis in der Praxis nicht genutzt wird:

- Viele Unternehmen geben nach wie vor mehr Geld für Schulungen aus als dafür, von vornherein den Richtigen zu finden.
- Der Hauptfokus bei Management-Trainings liegt nach wie vor darauf, Defizite abzustellen.
- Beförderungen basieren zu einem großen Teil immer noch auf Ausbildung und Erfahrung und weniger auf den tatsächlichen Ergebnissen.

Kurz: Wir leben immer noch in einer Kultur, die auf der Grundüberzeugung beruht, das Gute sei das Gegenteil vom Schlechten: Mediziner studieren Krankheiten, um das Geheimnis der Gesundheit zu entdecken; Psychologen beschäftigen sich mit Depressionen, um dem Glück auf die Spur zu kommen; *und Unternehmen in aller Welt studieren ihre Schwachstellen, um durch deren Beseitigung zu Top-Performern zu werden.* Und doch:

Das Abstellen von Schwächen führt nicht automatisch zum Aufbau einer Stärke, denn: Stärke hat ihre eigenen Muster!

Der größte Durchbruch in unseren Coachings, das persönliche Begabungsprofil mit dem strategisch geforderten Expertenprofil zur Deckung zu bringen, kam mit der Auswertung der Erkenntnisse einer großen Gallup-Untersuchung von Buckingham und Coffman.[46] Aus einer Gesamtheit von über zwei Millionen Managern wurden bei dieser Studie die achtzigtausend Manager mit den besten Ergebnissen detailliert interviewt. Es ging darum, herauszufinden, was sie anders machen als ihre durchschnittlichen Kollegen. Obwohl die Teilnehmer aus 63 Ländern kamen und 101 Unternehmen an der Untersuchung beteiligt waren, stimmten die Antworten der Top-Leute weitgehend überein:

• Die Top-Leute glauben nicht, daß jeder alles lernen kann.
• Die Top-Leute glauben, daß das größte Potential ihrer Mitarbeiter im Bereich der größten Stärken liegt.
• Die Top-Leute glauben nicht, daß die größten Optimierungschancen für eine Organisation im Bereich der größten Schwächen liegen.

---

[46] Marcus Buckingham/Curt Coffman: First, Break All the Rules. Simon & Schuster, New York 1999.

- Der Hauptfokus der Top-Leute liegt darauf, für jede Position das richtige Talent zu finden.
- Top-Leute verbringen die meiste Zeit mit ihren Spitzenleistern.[47]

Ein besonders nachdrückliches Beispiel für diese Art von Spitzenleister-Denken habe ich im Juni 2001 bei der Konferenz des Clubs der Europäischen Marketing- und Verkaufsexperten auf Kreta erlebt. Der Club hatte den diesjährigen Award für herausragende Marketing-Leistungen an Dietrich Mateschitz überreicht, um dessen hervorragende Leistungen beim Aufbau der Red-Bull-Markenstrategie zu würdigen. Die Clubmitglieder – zu einem großen Teil Marketing- und Verkaufstrainer – fragten Mateschitz, wie er über den Einsatz von Beratern und Trainern in seinem Unternehmen denke.

Seine Antwort: »Ich messe dem sehr große Bedeutung bei. In meinem Unternehmen sind ständig Top-Personalberater damit beschäftigt, für unsere Schlüsselpositionen die richtigen Leute zu finden…« Während die Consultants gedanklich überwiegend in der Kategorie Training verweilten, verstand Dietrich Mateschitz unter Beratung vor allem Talenteinkauf.

Wenn sie jetzt vermuten, daß diese Erkenntnisse der weltweit erfolgreichsten Manager so sonnenklar sind, das sie eigentlich von jeder Führungskraft erkannt und umgesetzt werden müßten, dann sollten sie einen weiteren Blick in die Gallup-Untersuchung tun. Dort wurde nämlich auch ermittelt, wie viele Menschen an ihrem Arbeitsplatz täglich die Gelegenheit haben, ihre Begabungsstärken einzusetzen und das zu tun, was sie am besten können:

- Von 1,7 Millionen Befragten in großen Organisationen bejahte *nur jeder fünfte* die Frage: »Haben sie täglich Gelegenheit, das zu tun, was sie am besten können?«

---

[47] Buckingham/Coffman, S. 11.

• Je länger die Zugehörigkeit im Unternehmen und je höher die Position, um so *seltener* wurde die Möglichkeit bejaht, die eigenen Stärken regelmäßig nutzen zu können...[48]

Lernbiologische Erkenntnisse zum Thema Begabung

Fragen wir Lernbiologen, was sie uns zum Thema Begabung anbieten können, dann bekommen wir etwa folgende Kurzfassung:

Unser Gehirn wächst anfangs sehr schnell.
Dann schrumpft es auf unserem Weg zum Erwachsenwerden.
Während unser Gehirn kleiner und kleiner wird, werden wir klüger und klüger.

Und hier das Ganze etwas ausführlicher: Am 42. Tag nach der Empfängnis entwickeln wir die erste Gehirnzelle, 120 Tage später besitzen wir rund hundert Milliarden (was linear betrachtet einer durchschnittlichen Produktivität von 9.500 Gehirnzellen *pro Sekunde* entspricht!).

Etwa sechzig Tage vor der Geburt fangen unsere Nervenzellen an, miteinander zu kommunizieren. Die Nervenzelle bewegt sich mit ihren Faserenden (Axonen) dazu auf andere Faserenden zu und bildet an der Schnittstelle eine Synapse – eine Verbindungsstelle, die anschließend die Kommunikation erlaubt.

Bis zum dritten Lebensjahr bildet jede Gehirnzelle etwa 15.000 solcher Verbindungen aus, so daß wir anschließend über ein Verbindungsnetz mit rund 1,5 Trillionen Schnittstellen (= 1,5 Millionen Milliarden) verfügen.

Nach dem dritten Lebensjahr beginnt ein Teil dieser Nervenverbindungen zu verkümmern, und bis zum 16. Lebensjahr ist die Hälfte unseres Netzwerkes wieder verschwunden.

[48] Marcus Buckingham/Donald O. Clifton: Now, Discover Your Strengths. Simon & Schuster, New York 2001.

Nach dem heutigen Stand unseres Wissens liegt in der individuellen Verdrahtung unserer Hardware der Schlüssel zu unseren Talenten:

- Als Talent definieren Wissenschaftler jedes sich wiederholende Muster von Gedanken, Gefühlen oder Verhaltensweisen, das produktiv genutzt werden kann.[49]
- Die Muster dieser Gedanken, Gefühle und Verhaltensweisen ergeben sich aus den Mustern, die durch die Nervenverbindungen in unserem Kopf erzeugt werden.

So wissen wir beispielsweise aus der Lernforschung, daß alle sogenannten »Jahrhunderttalente« (z.b. Sportler wie Boris Becker, Steffi Graf, Tiger Woods, Michael Schumacher und Ayrton Senna) die Grundbewegungsmuster ihrer Sportart bereits zwischen dem vierten und siebten Lebensjahr erworben haben. Die Forscher arbeiten hier mit dem Begriff des sogenannten »Begabungsfensters«, in dem die Bewegungsgrundlagen gelernt werden müssen, damit sie anschließend auf höchstem Niveau beherrscht werden können.

Nach John T. Bruer, dem Autor des faszinierenden Buches »Der Mythos der ersten drei Jahre«[50], arbeitet unser Gehirn mit dem verschwenderischen Prinzip, erst einmal 1,5 Millionen Milliarden Verbindungen aufzubauen, um anschließend 750.000 Milliarden in den nächsten zehn Jahren wieder verkümmern zu lassen, damit wir

1. in den Anfangsjahren wie ein Schwamm Informationen aufsaugen können und
2. überall ein Hardware-Angebot haben, von dem wir je nach Umfeld dann verstärkt Gebrauch machen können.

---

[49] Buckingham/Clifton, S. 48.
[50] John T. Bruer: Der Mythos der ersten drei Jahre. Beltz, Weinheim u. Basel 2000.

Anschließend – so Bruer – reduziert unser Gehirn die Komplexität, um *ein besseres Funktionieren der verbleibenden Verbindungen zu erlauben:* Führen irgendwann 80 Feldwege durch die Wüste zum Ozean, ist es besser, 40 stillzulegen und die anderen zu gut sichtbaren Autobahnen auszubauen...

Interessant ist übrigens, daß unser Gehirn einmal verlorene Nervenverbindungen kaum wieder herstellen kann. Wir wissen zwar, das unser Gehirn z.b. nach dem Verlust des Augenlichtes oder einem Schlaganfall faszinierende neue Netzstrukturen aufbaut; wir wissen aber auch, das es, abgesehen von solchen Extremsituationen, dies normalerweise nicht tut. Als Erwachsener bleiben uns deswegen drei Wege des Lernens (nach Bruer):

1. Der Ausbau der vorhandenen Synapsenbahnen (was von selbst geschieht, wenn wir unsere Talente ausbauen).
2. Der weitere Verlust von wenig gebrauchten Verbindungen (zu dem es kommt, wenn wir uns auf unsere Talente fokussieren und dadurch andere Verbindungen weiter verkümmern lassen).
3. Der Aufbau einiger weniger, völlig neuer Synapsenverbindungen.

Der dritte Weg ist nach den Erkenntnissen der Lernforschung der ineffizienteste: Wir brauchen die meiste Energie, und es besteht die Gefahr, daß wir ausbrennen, bevor wir am Ziel sind. Denn Verbesserungen erfordern Durchhaltevermögen. Und Durchhaltevermögen kommt zum größten Teil von Etappenerfolgen auf dem Weg. Und die gibt es am eindrucksvollsten dort, wo das meiste Talent vorliegt...

Wie Sie Ihre Stärken erkennen

Wenn sie nach den bisherigen Ausführungen zu der Erkenntnis gelangen, es sei hilfreich, seinen Expertenstatus mit dem Rückenwind der eigenen Stärken zu entwickeln, dann sollten wir uns damit beschäftigen, was genau Stärken sind, woran man sie erkennt und wie man sie am besten entwickeln kann.

Eine Stärke ist die konsistente, nahezu perfekte Performance einer Aktivität.

Ist jemand also ein starker Redner wie z.B. Oskar Lafontaine, dann kann derjenige mit nahezu perfekten Reden aufwarten und solche Redeleistungen auch sehr regelmäßig erbringen, so daß seine Fähigkeit, Gruppen zu überzeugen, ein vorhersehbarer Teil seiner Performance ist.

Wir wissen darüber hinaus aus psychologischen Untersuchungen, daß das Ausüben einer Stärke von den meisten Menschen als sehr lustvoll erlebt wird und zu innerer Genugtuung führt.

Die Testfragen zum Ermitteln einer Stärke heißen also:

Kannst du es erfolgreich? Kannst du es ständig? Macht es dich glücklich?

Bill Gates beispielsweise ist ein sehr erfolgreicher Unternehmensführer – und zwar nicht nur ab und an, sondern ständig. Und doch entzieht ihm diese Tätigkeit nach eigenem Bekunden sehr viel Energie (anders als z.B. seinem Partner Steve Ballmer), weshalb er sich entschieden hat, den Vorstandsvorsitz an Ballmer abzugeben, um sich seiner tatsächlich größten Stärke zu widmen: dem Entwickeln neuer Software, mit der er weltweit Standards besetzen kann.

Eine weitere wichtige Erkenntnis aus der Analyse vieler Begabungsprofile ist die Zerstörung des Mythos, daß Top-Performer ein wohlabgerundetes Stärkenprofil haben. Die Analyse zeigt vielmehr, daß die meisten eine Menge Ecken und Kanten haben, *allerdings die Fähigkeit besitzen, erfolgreich um ihre Schwächen herumzumanagen:*

- Arnold Schwarzenegger wird wohl nur von den treuesten seiner Fans großes schauspielerisches Talent zuerkannt. Da er sich als Actionheld auf Rollen spezialisiert hat, bei denen er mit möglichst coolem Gesichtsausdruck und sehr sparsamen Dialogen zum Erfolg kommt, konnte er in seiner Nische gleichwohl zum Box-Office-Superstar aufsteigen.

- Lance Amstrong ist nach jahrelanger Krebstherapie muskulär weniger gut ausgebildet als die meisten seiner Kollegen. Mit kleinen Übersetzungen, einer 110er-Trittfrequenz und einem phänomenalen Herz-Kreislauf-System fährt er – wie Jan Ullrich bestätigen kann – trotzdem die Konkurrenz in Grund und Boden.
- Tiger Woods ist hervorragend bei seinen Longdrives und beim Putten. Sein Bunker-Spiel ist im internationalen Vergleich eher durchschnittlich. Mit seinen Stärken umgeht er die meisten Bunker jedoch so erfolgreich, daß dem Rest der Welt regelmäßig die Spucke wegbleibt.

Die dritte und vielleicht wichtigste Erkenntnis der Begabungsforscher heißt:

> Persönlichkeitsentwicklung geschieht nur und wesentlich durch den Ausbau unserer Stärken.

Das bedeutet – wie die Beispiele oben zeigen – nicht, daß wir unsere Schwächen ignorieren sollten. Es bedeutet vielmehr, daß wir *lernen, um unsere Schwächen herumzumanagen* – sei es durch Schadensbegrenzung oder die Unterstützung eines Teams mit komplementären Fähigkeiten.

Die Forderung der Tempel-Inschrift in Delphi: »Erkenne dich selbst«, ist leichter anzuerkennen, als im eigenen Leben zu realisieren. Schauen wir uns also im einzelnen an, aus welchen Komponenten unsere Stärken bestehen, welche Anteile davon lernbar und entwickelbar sind und welche nicht:

- Stärken bestehen aus Talenten, Wissen und Skills.
- Talente sind natürlich auftretende Muster von Gedanken, Gefühlen und Verhaltensweisen. Sie lassen sich kaum verändern.
- Wissen besteht aus Fakten und Erfahrungswissen. Beides kann erworben werden.
- Skills sind die Einzelschritte einer Aktivität. Sie können ebenfalls gelernt und trainiert werden.

Beispiel Versicherungen: Die verschiedenen Versicherungstarife, d.h.
die Produktfeatures, sind das erlernbare Wissen; die Technik, beim
Kunden durch offene Fragen den Bedarf zu ermitteln, ein (ebenfalls
lernbarer) Skill. Die Fähigkeit, den Kunden im richtigen Augenblick
zum Abschluß zu führen (das Einfühlungsvermögen als Voraussetzung
für optimales Timing), ist ein Talent. Schauen wir uns die einzelnen
Komponenten einer Stärke einmal näher an.

Die Stärkenkomponente Wissen

Die exakte Definition von »Wissen« ist seit Jahrhunderten philosophisch
umstritten und kann für unsere Zwecke auch offenbleiben. Wenn es
darum geht, Stärken zu entwickeln, sind zwei Arten von Wissen wichtig:
1. *Faktenwissen:* Produktkenntnisse im Verkauf, Beherrschung von
   Vokabeln in einer Fremdsprache – diese Art von Content-Wissen
   garantiert keine Top-Performance, aber ohne sie sind hervorragende
   Leistungen ausgeschlossen (»Faktenwissen ist notwendige, aber nicht
   hinreichende Bedingung«, würden Mathematiker sagen).
2. *Erfahrungswissen:* Damit wird das »Know-how« bezeichnet, das
   nicht aus Büchern oder in Seminaren gelernt werden kann, sondern
   sich nur aus dem täglichen »learning by doing« ergibt. Welche Witze
   mit welcher Betonung bei welchem Publikum am besten ankom-
   men, ist ein Wissen, das Redner nur »on the job« erwerben können.
   Neben solch »praktischem« Wissen gehört zum Erfahrungswissen
   auch unser konzeptionelles Wissen (z.B. unsere Werte): Wer nach
   einem Herzinfarkt vom Saulus zum Paulus wird, sich gesünder er-
   nährt, mehr Sport treibt und seinen Terminkalender um ein Drittel
   reduziert, der weiß von den Fakten her genau das, was er auch vorher gewußt hat: *Die Veränderung auf der Werteebene,* also das bisherige Gesundheits-Wissen auch zu leben, gehört zur Meta-Ebene
   des konzeptionellen Wissens genauso wie Paradigmen über das
   Selbstbild, die eigenen Stärken und sonstiges Vorverständnis, das
   Faktenwissen ordnet.

Die Stärkenkomponente Skills

Skills geben unserem Erfahrungswissen Struktur: Wenn die Erfahrungen, die die Besten gesammelt haben, in die richtige Folge sequenzieller Schritte gebracht werden, dann entsteht Performance. Skills erlauben uns also, die Lernphase von Versuch und Irrtum zu umgehen und direkt in unsere Performance die Entdeckungen der weltbesten Spitzenleister aufzunehmen.

Skills sind hervorragend geeignet zur Schadensbegrenzung, weil sie den weniger Talentierten eine gute Struktur und ein gutes Gerüst geben. Deshalb können z.B. von den NLP-Skills viele durchschnittliche Kommunikatoren profitieren, auch wenn sie mangels Talent nie in der Lage sein werden, so zu kommunizieren wie ihr Lehrmeister John Grinder. (Grinders jüngerer Bruder Michael, den ich seit vielen Jahren kenne, sagt dazu:»John ist wirklich ein Genie. Das einzige Problem, daß andere Menschen – auch wir acht Geschwister – mit ihm haben, ist, daß er bis heute nicht begriffen hat, wie es ist, wenn man nicht so begabt ist wie er...«)

Um es deshalb noch einmal zu betonen: Alle Redebaupläne dieser Welt können untalentierte Redner besser machen. Doch sie sind – wie alle Skills – nicht das Ticket zu Expertenstatus und Top-Performance.

Die wichtigste Stärkenkomponente: Talent

Wie bauen Sie Ihren persönlichen Expertenstatus auf? Wie sieht Ihr Weg zu einem emotional erfüllten Leben mit immer neuen faszinierenden Lern- und Erfolgerlebnissen aus?

Entdecken Sie ihre Talente, polieren Sie sie mit Wissen und Skills, und Sie sind unterwegs auf dem Weg zu Ihrem individuellen Erfolg!

Unsere Talente sind das wichtigste Rohmaterial zur Entwicklung unserer Stärken und zum Aufbau eines (lebenslangen) Expertenstatus. Die Einstiegsfragen kennen Sie bereits:

- Können sie es ständig und nahezu perfekt?
- Hat es die »Es-fühlt-sich-super-an«-Qualität?
- Und glauben Sie (wie John Grinder): »Das ist doch selbstverständlich – das kann bestimmt jeder«?

Schauen wir uns jetzt einmal das Verfahren an, das wir seit Jahren im Finetuning einsetzen, um unsere Kunden zu unterstützen, ihren Expertenstatus aus dem Zentrum ihrer größten Talente heraus zu entwickeln.

Es gibt mindestens fünf Wege, Ihre größten Talente zu entdecken:

1. Die innere Berufung (oft in frühester Kindheit)
   Steven Spielberg und Konrad Hilton gehören beispielsweise in diese Kategorie:
   - Steven Spielberg spürte schon in frühester Jugend den unstillbaren Drang, Filmregisseur zu werden. Nach einigen Jahren Amateurtraining mit der Videokamera seiner Eltern »besetzte« er bereits als Siebzehnjähriger ein leerstehendes Büro auf dem Gelände einer großen Filmgesellschaft und brachte draußen das Schild »Steven Spielberg, Direktor« an. So verschaffte er sich bereits vor dem Ende seiner Schulausbildung den Zugang zu der Welt, die er einmal meistern wollte.
   - Konrad Hilton nervte seine Mutter und seine Spielkameraden schon im Grundschulalter, weil er immer schon an das Hotelfach dachte; die anderen mußten die Gäste spielen, damit Klein-Konrad der Direktor sein konnte... Fragen Sie sich also:

> Gibt es ein inneres Sehnen und Drängen, eine »Berufung«, die ich schon immer in mir getragen habe?

2. Schlüsselerlebnis
   Manche Menschen stolpern anläßlich eines weichenstellenden Erlebnisses in ihrem Leben über ihre wahren Talente:
   - Mutter Teresa beispielsweise war bis zum 36. Lebensjahr eine ganz normale Ordensschwester in Kalkutta, als das Erlebnis eines »Kastenlosen«, der in ihren Armen im Rinnstein starb, ihre ein-

maligen Führungstalente weckte, ihren eigenen Orden zu gründen und ihr Leben den Ärmsten der Armen zu widmen.

• Albert Schweitzer war mit 38 Jahren schon auf dem Weg zu einem angesehenen Organisten, als ihn das Schicksal der Menschen in Afrika so aufrüttelte, daß es seinem größten Talent, anderen als Arzt zu helfen, zum Durchbruch verhalf.

3. Superschnelles Lernen als Indikator

Manche Menschen berichten davon, daß anläßlich der Beschäftigung mit völlig Neuem bei ihnen eine »ganze Batterie von Lichtern angeht«. Vielleicht kennen Sie dieses Gefühl aus eigener Erfahrung: Sie beschäftigen sich mit einem neuen Lernstoff und sind nach kürzester Zeit Feuer und Flamme. Sie lernen schneller und besser als ihre Klassenkameraden und lassen das anfängerhaft Unrunde schnell hinter sich. Fragen Sie sich deshalb:

Gibt es Lern- und Arbeitsthemen, bei denen bei mir »alle Lichter angehen«?

Nicht jeder ist vom Schicksal so begünstigt, daß er seine Talente so zweifelsfrei und schlaglichtartig mit den gerade vorgestellten Schlüsselindikatoren bestimmen kann. Bei vielen von uns kündigen sich unsere Talente eher mit leiseren Tönen an:

4. Die »Immer-schon-gekonnt«- und »Immer-schon-gerne-getan«-Indikatoren

Die meisten unserer Kunden, die im Coaching ihre Positionierung und Talente aufeinander abgestimmt haben, sind ihren Talenten mit einer sorgfältigen Erfahrungsanalyse auf die Spur gekommen.

Was ist mir von Kindesbeinen an immer schon leichtgefallen?
Und was habe ich immer schon gerne getan?

Solche Fragen helfen uns, die vielen kleinen Hinweise unseres Herzens zu verstehen, die im Lärm des Alltagsgeschäfts oft untergehen. Anna Mary Robertson Moses war schon als junges Mädchen eine begeisterte Malerin, verzichtete auf dieses Hobby jedoch eine lange Zeit, um den harten Anforderungen eines Lebens als Bauersfrau gerecht zu werden. Sie malte deshalb 60 Jahre lang überhaupt nicht. Erst als sie sich mit 78 Jahren zur Ruhe setzte, öffnete sie die Schleusen ihres angestauten künstlerischen Talentes: Sie malte bis zu ihrem Tode 23 Jahre später tausende Szenen, die sie aus ihrer Kindheit in Erinnerung behalten hatte, und ging als Grandma Moses in die Kunstgeschichte ein.

5. Der Gallup-Strengths-Finder-Test

Wenn Sie sich das empfehlenswerte Buch »Now Discover Your Strengths« von Markus Buckingham und Donald O'Cliften zulegen, können Sie im Internet kostenlos den Gallup-Talenttest durchführen. Meine Empfehlung: Es lohnt sich! Der Gallup-Strengths-Finder-Test basiert auf der Analyse von über zwei Millionen Begabungsprofilen, aus denen die Forscher 34 Hauptthemen herauskristallisiert haben. Diese Talente liegen bei jedem Menschen in einer einzigartigen Kombination vor. Der Test erlaubt Ihnen, die fünf Haupttalente herauszufiltern, um die Sie Ihr Leben, Ihre Karriere und Ihre Expertenpositionierung aufbauen können.

Kapitel 11:
Das Motivationsumfeld

Wir können unsere Talente mit Samen vergleichen: Wer Redetalent hat, kann unter günstigen Umständen ein großer Redner werden, genauso wie unter günstigen Umständen aus einer Eichel ein großer, stattlicher Baum werden kann.

Nun wissen wir alle aus dem Biologieunterricht, daß die Natur verschwenderisch viele Samen produziert, weil nur wenige von ihnen so gute Bedingungen vorfinden, daß sie sich optimal entfalten. Mutterboden, genügend Sonne, Regen und Wind sind z.b. einige der »Motivationszutaten«, die aus kleinen Pflänzchen große Bäume werden lassen.

Damit kommen wir zu der Frage, was der Motivations-Mutterboden ist, den kleine Experten-Pflänzchen brauchen, um über Jahre hinweg dauerhaft motiviert und inspiriert zu großen Experten-Eichen heranzureifen.

Russische Sportpsychologen haben sich schon in den siebziger Jahren damit beschäftigt, wie das Trainingsumfeld von Athleten beschaffen sein muß, damit aus talentierten Anfängern nach vielen Jahren harten Trainings wirklich Weltmeister werden.[51] Die Russen fanden dabei zunächst heraus, daß verschiedene Menschen unterschiedliche Motivationsumfelder brauchen, um sich optimal zu entwickeln.

- Manche Menschen entfalten sich z.B. optimal, wenn sie möglichst großen Wettbewerbsdruck haben, während andere unter Druck eher eingehen.
- Andere entwickeln sich optimal, wenn sie alleine und für sich ihren Weg gehen können, während wieder andere ein gutes Teamklima brauchen, um aus ihren Talenten das Beste zu machen.
- Ein Teil der Athleten brauchte ständig Feedbacks über ihre Leistungen, um weiter zu machen, während andere lieber gar nicht wußten, wo sie standen, um sich nicht irritieren zu lassen.

[51] Charles A. Garfield: Peak Performance. Warner Books, Los Angeles 1984, S. 40ff.

- Für manche Athleten galt: Je größer die Herausforderung, desto größer die Motivation. Für andere wiederum waren Herausforderungen durch übermächtige Gegner, Verletzungen oder Krankheit eher eine Zusatzbürde, die demotivierte.

Die russischen Wissenschaftler erzielten einen großen Durchbruch in der Systematisierung solcher Beobachtungen, als sie einen Weg fanden, für jeden Athleten individuell dessen persönliche Motivationsfaktoren zu bestimmen.

Sie gingen dabei von folgender Überlegung aus: Angenommen, ein Athlet nimmt zehnmal an Olympischen Spielen, Weltmeisterschaften und russischen Staatsmeisterschaften teil, wächst dabei dreimal über sich hinaus und stellt eine neue persönliche Bestleistung auf.

Dann – so die Hypothese der Wissenschaftler – könnte das Hinauswachsen über bisherige Leistungsgrenzen darauf zurückzuführen sein, daß der Athlet in den Wochen und Monaten davor für sich ein optimales Wachstums- und Motivationsklima vorgefunden hat. Wenn nun bei allen Leistungsverbesserungen die gleichen oder ähnliche Umfeldfaktoren gegeben wären, dann – so spekulierten die Psychologen – könnten wir danach die individuell besten Wachstumsbedingungen für jeden Athleten bestimmen.

Gesagt, getan: Die Sowjets interviewten Hunderte von Top-Athleten und kristallisierten insgesamt vierzehn Komponenten äußerer und innerer Motivationsumfelder heraus, die in unterschiedlicher Kombination für jeden Athleten das ideale Wachstumsfeld beschrieben.

Die 14 Hauptmotivatoren

1. *Selbst in Aktion sein:* Manche Menschen brauchen ein Motivationsumfeld, *in dem sie selbständig für »Action« sorgen können.* Wer gerne ständig selbst aktiv ist und schaltet und waltet, der braucht ein entsprechendes Umfeld als Karriere-»Humus«. Wenn Sie zu den Menschen gehören, die paradoxerweise an den Tagen, an denen sie

eh am meisten zu tun haben, besonders viele Extra-Aufgaben erledigt bekommen, dann wissen sie den Momentum-Beschleuniger »Action« vermutlich ähnlich zu schätzen wie Arnold Schwarzenegger...

2. *Inspiration durch Vorbilder:* Inwieweit lassen Sie sich durch andere (Weltklasse-)Performer motivieren und anspornen? Die russischen Sportpsychologen fanden heraus, daß einige Athleten immer dann zu besonderen Leistungen fähig waren, wenn sie Selbstvertrauen aufbauen konnten nach der Devise: »Wenn der das kann, kann ich das auch.« Wenn sie ähnlich empfinden, sorgen sie auf ihrem Weg zum Expertenstatus dafür, sich mit anderen inspirierenden Spitzenleistern zu umgeben...

3. *Erinnerungen:* Manche Menschen beziehen einen wichtigen Teil ihrer dauerhaften Selbstmotivation aus der Erinnerung an vergangene Erfolgserlebnisse: Wer bei Kilometer 32 beim Marathon vor die »innere Wand« läuft, dem helfen Erinnerungen an zurückliegende Siege über den inneren Schweinehund, um auch in der aktuellen Situation zusätzliches Durchhaltevermögen zu entwickeln.

4. *Zukunftsperspektiven*: Für eine ganze Reihe von Menschen ist das gedankliche Verweilen in der Zukunft – oft verbunden mit dem Sich-Ausmalen, schon am Ziel zu sein – ebenfalls ein inneres Motivationsumfeld, das zu optimalen Leistungen befähigt. Wenn Sie zu denen gehören, die tendenziell bereit sind, heute einen hohen Preis zu zahlen, damit sie morgen noch erfolgreicher sind, dann gehört der Motivator »Zukunft« ebenfalls in ihre Werkzeugkiste.

5. *Wettbewerb- und Rekordorienterung:* Der Wunsch, der Erste und Beste zu sein, war natürlich für viele der untersuchten Weltklasseathleten ein Hauptmotivator. Bei einigen Athleten war dieser »Motivationsknopf« so stark ausgeprägt, daß sie beim Fehlen eines entsprechenden Wettbewerbsumfeldes nicht mehr in der Lage waren, Top-Leistungen zu erbringen: Der englische Zehnkämpfer Dailey Thompson war bekannt für seine Fähigkeit, immer dann zur Höchstform aufzulaufen, wenn er von seinen Gegnern richtig gefordert wurde. Bei den Olympischen Spielen 1984 in Los Angeles beispiels-

weise – im Zehnkampfduell gegen Jürgen Hingsen – verbesserte er sich im Diskuswurf prompt um 1,50 m, als Hingsen ihm bedrohlich nahe kam. Nachdem Jürgen Hingsen dann im Stabhochsprung gepatzt hatte und Thompson praktisch als Sieger feststand, legte er im abschließenden 1500-m-Lauf nur noch einen besseren Dauerlauf hin und verpaßte den damaligen Weltrekord um exakt einen Punkt.

6. *Alleine arbeiten können:* Die Möglichkeit, allein und nach selbst bestimmten Rythmen tätig werden zu können, ist für manche Menschen eine unverzichtbare Komponente ihres Motivationsumfeldes, ohne die sie zu dauerhaften Spitzenleistungen nicht in der Lage wären.

7. *Selbst gestalten können:* Einflußmöglichkeiten und Gestaltungsspielräume sind für viele Experten ebenfalls ein wichtiger Motivationsfaktor, ohne den sie zu jahrelangen Höchstleistungen nicht in der Lage wären (und ohne mehrjährige Investitionen in die Entwicklung des eigenen Talents kommen nur wenige auf den obersten Sprossen der Erfolgsleiter an).

8. *Macht und Einfluß:* Die Gewißheit, das Sagen zu haben und andere kraft Know-how oder Amtsautorität zum Folgen veranlassen zu können, ist für viele Manager ebenfalls ein unverzichtbarer Motivationsanreiz.

9. *Anerkennung:* Der Wunsch, von anderen Menschen für Top-Leistungen anerkannt zu werden und sich ihren Respekt zu verdienen, ist für viele ebenfalls ein wichtiger Bestandteil des Motivationsumfeldes: Wer also von seiner Persönlichkeit her das Rampenlicht und den regelmäßigen Applaus braucht, wird sich schwertun, einen Expertenstatus aufzubauen, wenn der Schwerpunkt seines Schaffens hinter den Kulissen liegt.

10. *Sachfeedback:* Hierbei geht es um *die Rückmeldung der Arbeitsfortschritte während der Arbeit.* Für viele Menschen ist es zentral wichtig, immer wieder durch meßbare (Zwischen-)Fortschritte auf ihrem Weg bestätigt zu werden. So habe ich beispielsweise häufiger erlebt, daß Top-Verkäufer von Finanzdienstleistungen mit dem Wechsel in die Immobilienbranche in ein Motivationsloch gefallen sind:

Wer bislang täglich einen oder sogar mehrere Abschlüsse gewohnt
war – und dies für seine Motivation auch brauchte –, der schaut sich
halt um, wenn beim Vertrieb großer Immobilien über Monate hinweg gar nichts passiert.

11. *Companionship:* Meint die *Tendenz, durch die gemeinsame Arbeit
mit anderen im Team stark motiviert zu werden.* Sie ist nicht zu ver-
wechseln mit Teamfähigkeit oder Teamgeist: Teamfähigkeit meint,
in einer Gruppe konstruktiv mit anderen arbeiten zu können, Teamgeist bezeichnet die Einstellung zu teamorientiertem Handeln. Companionship als Motivationsfaktor mißt demgegenüber speziell, wie
motivierend und unterstützend für persönliche Höchstleistungen eine
solche Teamumgebung ist.

12. *Herausforderung* ist ein weiterer interessanter Motivationsfaktor:
Es gibt Menschen, die nur dann wirklich Großes leisten und über
sich hinauswachsen, wenn sie vor besonderen Schwierigkeiten stehen. Ein typisches Beispiel dafür ist Lee Iacocca, der mit seiner Sa-
nierung von Chrysler Managementgeschichte geschrieben hat. Anschließend aber, als das Unternehmen wieder in ruhigerem Fahr-
wasser war, beging er Managementfehler, die man einem weniger
verdienten CEO nicht nachgesehen hätte. Extrem herausforderungs-
motiviert ist auch Alberto Tomba: Wann immer er im ersten Lauf
hinten lag, konnte sich die Konkurrenz darauf einstellen, im zweiten Durchgang mit solidem Zeitabstand deklassiert zu werden. Lag
Tomba nach dem ersten Durchgang dagegen vorn, unterliefen ihm
mangels Herausforderung immer wieder gröbere Fehler.

13. *Gute Vorbereitung:* Ein Umfeld, in dem die Spitzenleistung sorgfältig vorbereitet werden kann, ist für manche Experten unverzichtbar: Wer von seiner Persönlichkeit her für Spitzenleistungen gute
Vorbereitung braucht, verkrüppelt innerlich, wenn sein Job ständi-
ges Improvisieren verlangt. Dies gilt auch umgekehrt. Wer als ac-
tion-orientierter Improvisierer – z.B. als Chefredakteur einer großen Tageszeitung – in seinem Element ist, würde möglicherweise
im Mitarbeiterstab der Abteilung für Unternehmensplanung eines
Großkonzerns eingehen.

14. Der *Sinn*, den eine Tätigkeit vermittelt – z.b. das gute Gefühl, als Buchhalter beim Roten Kreuz einen Beitrag zur Verbesserung der Welt zu leisten –, ist für manche Menschen von zentraler Bedeutung. Anderen ist diese Wertedimension ziemlich gleichgültig:»Wenn ich den Job als Buchhalter beim Zigarettenkonzern nicht mache, dann macht ihn halt jemand anders. Ich verführe die Leute ja nicht zum Rauchen«, sagt sich vielleicht jemand, dem die Sinnfrage nicht so viel bedeutet.

Halten wir also fest: Das Zusammenspiel von äußerem Motivationsumfeld und unseren inneren Motivationspräferenzen entscheidet darüber, wie stattlich unser »Expertenbaum« wird. Um dauerhafte Selbstmotivation immer wieder neu aus seinem Arbeitsumfeld zu schöpfen (und einem inneren Ausbrennen vorzubeugen), ist es deshalb unverzichtbar, die eigenen Motivationspräferenzen exakt zu bestimmen. Neben der Methode der russischen Sportpsychologen[52] gibt es noch einen bequemeren Weg:

Zwei erfahrene Persönlichkeitstests-Entwickler – Professor Dr. Richard Bentz aus den USA und Dr. Rainer Blank aus Deutschland – haben inzwischen einen Fragenkatalog entwickelt, der über das Internet (www.motivatorenanalyse.com) abgerufen werden kann und gegen eine Gebühr jedem Interessierten ein Gutachten über seine persönlichen Motivatoren erstellt – mit detaillierten Vorschlägen, wie diese für die eigene Karriere genutzt werden können.

---

[52] Vgl. Alexander Christiani: Weck den Sieger in Dir. Gabler, Wiesbaden 1997, Seite 159–176.

Kapitel 12:
Die verteilten Rollen im Team

Die letzten beiden Kapitel haben sich mit der Frage beschäftigt, wie wir unsere Talente und unsere persönlichen Motivationspräferenzen optimal zur Deckung bringen mit dem Expertenstatus, den wir aufbauen wollen: Wem nämlich das Talent fehlt, der kommt auf dem Weg zum Experten genauso wenig oben an wie derjenige, dem zwischenzeitlich der Dampf ausgeht.

Noch offengeblieben ist bislang allerdings die Frage, was wir denn tun können, wenn wir wichtige Komponenten auf dem Weg der Expertenqualifizierung nicht abdecken können:

Einer der einfachsten und elegantesten Wege, hier Abhilfe zu schaffen, besteht darin, die Dinge, die wir weniger gut beherrschen, an Menschen abzugeben, die genau dort ihre Stärken haben. So einleuchtend dieser Ansatz in der Theorie ist, so selten funktioniert er in der Praxis. Denn wir alle unterstehen dem Prinzip:

> »Wir mögen Menschen, die so sind wie wir!«

Wenn Sie also ein sehr kreativer und innovativer Mensch sind, dann ist die Wahrscheinlichkeit groß, daß Sie im Arbeits-, Freundes- und Bekanntenkreis mit den Menschen auf einer Wellenlänge liegen, die ein genau solches Ideenbündel sind wie sie selbst. Wie inspirierend ist es doch, einen ganzen Abend lang mit einem Seelenverwandten ein Feuerwerk an Ideen abzubrennen: »Was man alles im Vertrieb machen könnte, wenn man nur mal die Gelegenheit dazu hätte…«

Und wie dröge und langweilig ist es dagegen, den ganzen Abend mit jemandem verbringen zu müssen, der überhaupt keine eigenen Ideen hat: Mit jemandem, der bei unserer ersten Idee innehält, sie sorgfältig prüft und dann langsam Schritt für Schritt einen Umsetzungsplan entwickelt. Wir sind schon bei Idee Nr. 37, während dem Drögen alles zu schnell geht und er immer noch nicht weiß, ob sich unser fantastischer erster Gedanke realisieren läßt.

Umgekehrt ist es natürlich ähnlich: Aus der Sicht eines ergebnisorientierten Umsetzers sind alle Ideenorientierten, die sich an ihren eigenen Innovationen besoffen reden können, aber nie bis zur Umsetzung kommen, absolute Phantasten.

Rein rational leuchtet den Beteiligten vielleicht sogar ein, daß sie ein ideales Gespann wären: Der Ideenmensch braucht einen Umsetzer oder Macher, damit seine kühnen Pläne nicht heiße Luft bleiben, und eine Gruppe von Machern und Umsetzern braucht einen Impulsgeber, der neue Ideen und damit neues Leben in die Bude bringt. In einer sich stark verändernden Welt ist nämlich ohne innovative Konzepte bald nichts mehr zum Umsetzen da.

Auch wenn beiden Seiten einleuchtet, daß
• der Umsetzer nicht so viele Ideen haben darf (weil sie ihn vom Pfad der Umsetzungstugend abbringen würden) und
• Ideenfinder nicht zuviel Zeit in Realisierungsprozesse stecken können und wollen (sonst fehlte ihnen die Zeit, immer wieder etwas Neues zu erfinden),
tun sich Innovatoren und Umsetzer in ein- und derselben Mannschaft zunächst einmal schwer.

Die Frage, wie sich Menschen mit unterschiedlichen Talenten und Begabungen optimal zu einem starken Expertenteam ergänzen können, ist bislang in der Fachliteratur wenig erörtert worden. Bahnbrechende Erkenntnisse hierzu stammen von dem britischen Wissenschaftler Dr. Meredith Belbin, den viele für den Vater der Theorie der Teamarbeit halten.[53]

Belbins Verdienst ist es, als einer der ersten darauf aufmerksam gemacht zu haben, daß sich viele Firmen immer noch ausschließlich mit der Leistung, der Erfahrung und der Qualifikation *von Individuen*

---

[53] Stuart Crainer: Die ultimative Management-Bibliothek. Frankfurt und New York 1997, S. 40.

beschäftigen. Sie widmen sich der Auswahl, der Entwicklung, dem Training, der Motivation und der Beförderung einzelner. Sie diskutieren ihre Stärken und Schwächen, obwohl alle in ihrem Inneren wissen, daß es das ideale Individuum für eine zu besetzende Stelle kaum jemals gibt. Viele wichtige Managementeigenschaften (z.B. schnelles Entscheiden und gründliches Nachdenken, Verständnis für den einzelnen und Durchsetzungsstärke im Interesse der Sache, ein geborener Redner und ein guter Zuhörer sein etc.) schließen sich nämlich gegenseitig weitgehend aus. Deswegen – so Anthony Jay[54] in seinem Vorwort zu Belbins »Management-Teams« – »ist nicht das Individuum das Instrument eines dauerhaften und anhaltenden Managementerfolges, sondern nur das Team.«

Belbin hat zur Entwicklung seiner Teamrollentheorie mehr als neun Jahre Primärforschung betrieben und 212 Versuchsteams genauso sorgfältig analysiert wie 70 Firmenteams von Unternehmensleitern. Das daraus entwickelte Teamrollen-Konzept erlaubt uns heute, ganz gezielt Erfolgsteams zusammenzustellen. Darüber hinaus bietet die Teamrollentheorie wichtige Hintergründe für viele Erfahrungen, die die meisten von uns schon mit Teams gesammelt haben, wie z.B.

• die Erfahrung, daß fünf hochqualifizierte Spitzenleute, die zu einer Gruppe zusammengefügt werden, als Team nur wenig zustandebringen;

• die Beobachtung, daß eher durchschnittliche Performer in einem Team zu einer gemeinsamen Hochform mit Top-Ergebnissen auflaufen können;

• die Erfahrung, daß mit dem »Wegbefördern« eines Teammitglieds eine ganze Mannschaft nicht mehr funktioniert;

• die Erfahrung, daß mit den Neueintritt eines Mitglieds die Team-Performance dramatisch sinkt (oder auch – umgekehrt – deutlich steigt).

---

[54] R. Meredith Belbin: Management-Teams. Wörrstadt, Bergander 1996, S. 7.

Die neun Teamrollen nach Belbin

Schauen wir uns also einmal an, welche unterschiedlichen Talente und damit verbundenen Schlüsselrollen Belbin in Arbeitsteams herausgearbeitet hat:[55]

1. *Der Neuerer und Erfinder* ist ein genialer, phantasievoller Mensch mit großem Denkvermögen. Er ist eher ernst, individualistisch und zeichnet sich oft durch ein unorthodoxes Vorgehen aus. Manchmal ist er mit seinen Gedanken jedoch woanders und neigt dazu, praktische Details zu übersehen.

2. *Der Wegbereiter und Weichensteller* ist ein wahres Kontakttalent. Er greift gerne neue Ideen auf, reagiert auf Herausforderungen und stellt interne und externe Kontakte her. Er ist begeistert, kommunikativ und extravertiert. Sein Nachteil ist, daß er schnell das Interesse verliert, wenn die Anfangsbegeisterung nachgelassen hat.

3. *Der Koordinator und Integrator* stellt schnell die individuellen Talente der Gruppenmitglieder fest und weiß die Stärke des einzelnen geschickt einzubringen. Er ist selbstsicher, vertrauensvoll und hat einen ausgeprägten Sinn für Ziele. Er ist nicht überdurchschnittlich intelligent und kreativ (ein Profil, das Belbin bei vielen Vorstandsvorsitzenden angetroffen hat!)

4. *Der Macher* hat einen starken inneren Antrieb. Er übt Druck aus und bekämpft Selbstzufriedenheit, Trägheit und Ineffizienz. Er ist dynamisch, aufgeschlossen und oft stark angespannt. Er neigt mit seiner Art zu Provokationen und Irritationen und ist teilweise auch unaufmerksam.

5. *Der Spezialist* – die Teamrolle, die Belbin als letzte entdeckt hat – ist jemand, der auf seinem Fachgebiet über herausragendes Spezialwissen verfügt. Typischerweise arbeitet er gerne allein vor sich hin

---

[55] Belbin, S. 103.

und interessiert sich auch nicht sehr für Projektbelange, die jenseits
seines Fachgebiets liegen.

6. *Der Umsetzer* ist selbstdiszipliniert und arbeitet hart daran, Ideen in
die Tat umzusetzen. Er ist berechenbar, pflichtbewußt und konser-
vativ. Er ist etwas unflexibel und lehnt unbewiesene Ideen ab.

7. *Der Teamarbeiter* hat die Fähigkeit, mit unterschiedlichen Menschen
und Situationen fertigzuwerden. Durch seine umgängliche, sanfte
und empfindsame Art fördert er den Teamgeist, ist aber genau deswegen bei Zerreißproben im Team nicht entscheidungsfähig.

8. *Der Beobachter* ist ein besonnener und scharfsinniger Stratege. Zu
seinen Stärken zählen Urteilsvermögen, Nüchternheit und Diskre-
tion. Oft mangelt es ihm an Antriebskraft und der Fähigkeit, andere
zu inspirieren.

9. *Der Perfektionist* ist sorgfältig, ordentlich, gewissenhaft, aber auch
etwas ängstlich. Er stärkt das Team durch seine Fähigkeit, Dinge
vollständig und perfekt zu erledigen, hat jedoch die Tendenz, sich
schon über kleine Dinge Sorgen zu machen.

Die Teamrollenanalyse in der Praxis

Im Laufe seiner jahrelangen Recherchen hat Meredith Belbin folgendes festgestellt:

1. Bei den meisten Menschen sind – von der Ausprägung ihrer Begabungen her – zwei bis drei Teamrollen ziemlich stark ausgeprägt,
in denen sie gute Leistungen bringen können.

2. Weitere zwei bis drei Teamrollen können von ihnen ausgefüllt werden, wenn es dem Team daran insgesamt mangelt.

3. Bei den übrigbleibenden Teamrollen ist keine positive Performance
zu erwarten.

Belbins Erkenntnisse haben uns in der Praxis bei der Zusammenstel-
lung von Führungsteams ausgezeichnete Dienste geleistet. Eine Erfahrung haben wir dabei immer wieder bestätigt gefunden:

> Es bringt überhaupt nichts, Marketing-Strategiekonzepte zur Expertenpositionierung zu entwickeln, wenn das Führungsteam nicht in der Lage ist, diese Konzepte auch umzusetzen. Ob diese Umsetzungsfähigkeit besteht, läßt sich vorher mit einem Teamrollenprofil klären.
>
> Sollten wichtige Umsetzungsfähigkeiten fehlen, läßt sich das Teamprofil desjenigen bestimmen, der die Mannschaft gezielt verstärken könnte.[56]

Typische Indikatoren für unproduktive und erfolglose Teams sind:
- Ein Integrator, der von dominanten Machern unter Druck gesetzt wird.
- Zwei Erfinder in einem Team, von denen der eine den anderen dominiert.
- Ein Team von lauter Teamarbeitern und Umsetzern mit einem Beobachter als Vorsitzendem (das Team wird nichts Neues entwickeln).
- Ein Teamarbeiter, der nur Teamarbeiter, Umsetzer und Perfektionisten in der Mannschaft hat (eine glückliche Firma mit Angst vor Entscheidungen).
- Nur Wegbereiter und Erfinder in einem Team (viel reden, wenig tun).[57]

Erfolgreiche Teams zeichneten sich demgegenüber dadurch aus, daß sie
- die Position des Vorsitzenden mit einem guten Integrator besetzt hatten,
- einen kreativen und intelligenten Erfinder in ihren Reihen wußten,
- noch mindestens einen anderen »guten Denker« dabeihatten, der Sparringspartner für den Erfinder sein konnte (selbst aber nicht Erfinder war und dem anderen deswegen seinen Rang nicht streitig machte),
- mindestens einen guten Umsetzer an Bord hatten.

[56] Wir setzen dazu die Interplace-Software von Belbin ein. Nähere Informationen erhalten sie z.B. bei Silke Seemann unter seemann@Silke.at, die sich als Organisationsentwicklerin auf Teamconsulting spezialisiert hat.
[57] Belbin, S. 111.

Die besten Leistungen brachten übrigens die Teams, die sich nach Belbin ihre Teamrollen mit Stärken und Schwächen gezielt bewußtgemacht hatten und sich deshalb zu großen Teilen selbst steuern konnten.

Fazit: Marketingstrategien und -konzepte nur am Profil des Marktes auszurichten und das Leistungsprofil derjenigen außer acht zu lassen, von denen die erfolgreiche Umsetzung abhängt, greift erheblich zu kurz:

Marketing-Konzepte zum Aufbau eines Expertenstatus müssen genauso

- am Markt ausgerichtet sein wie
- am Talentprofil des einzelnen Experten und der gesamten Umsetzungsmannschaft.

Diese letzte Erkenntnis war für uns in den letzten Jahren einer der wichtigsten Schlüssel zum Umsetzungserfolg. Wenn Sie sich davon leiten lassen, ist die Umsetzung der jetzt folgenden Marketing-Techniken und -Rezepte nur noch ein »Klacks«.

Teil IV:
Magnet-Marketing-Techniken

Kapitel 13:
Die Stammkundenbasis sichern

Systematisches Kontaktmanagement

- Wo lassen die meisten Unternehmen das Geld auf der Straße liegen?
- Wo erlauben sich viele Unternehmer sträflichen Leichtsinn und Nachlässigkeiten, die sie in anderen Bereichen ihrer Firma niemals durchgehen lassen würden?
- Wo läßt sich in den meisten Unternehmen mit dem geringsten Aufwand die größte Ertragssteigerung erzielen?

Die Antwort lautet: *in der Stammkundenbetreuung*! Rund drei Viertel aller Kunden, die die Unternehmer AG im Vertriebsconsulting betreut, haben zu Beginn der Zusammenarbeit deutliche Defizite in der systematischen, durchdachten und regelmäßigen Betreuung ihrer Stammkunden – eine Unterlassungssünde, die den meisten Unternehmern durchaus bekannt ist, die sie aber aus eigenen Kräften nicht abstellen können:

> Im Kampf gegen die tägliche Routinebelastung und die Tyrannei des Dringenden bleibt die Stammkunden-Betreuung eines Unternehmens oft auf der Strecke!

Daß die exzellente Betreuung unserer guten Kunden wirtschaftlich höchst sinnvoll ist, leuchtet den meisten Chefs sofort ein:
- Um mit geringerem Aufwand und größerer Sicherheit Umsatzzuwächse zu erzielen, ist eine professionelle Betreuung der Stammkundschaft notwendig. So erzielen zum Beispiel viele unserer Kunden in den ersten drei Monaten der Zusammenarbeit Umsatzsteigerungen von rund 20 Prozent, die fast ausschließlich auf ein besseres Stammkundenmanagement zurückzuführen sind.

• Stammkunden sind für ein Unternehmen das, was Politiker ihre Hausmacht nennen: Die solide Basis, von der wir ausgehen, um neue Märkte und neue Zielgruppen zu erobern.

Da dies den meisten Unternehmern sehr klar ist, sind Umsetzungsdefizite also nicht im mangelnden Wissen begründet, sondern haben ihre Ursache im fehlenden Wollen oder Können.

Motivationsdefizite

Viele Top-Verkäufer definieren sich beispielsweise über ihre Fähigkeit, den Kunden zu überzeugen und zum Abschluß zu führen. »Die Unterschrift auf dem Vertrag ist das einzige, was zählt!« oder, noch drastischer: »Anhauen, umhauen, abhauen!«, sind typische Indikatoren für diese Denkhaltung. Viele Geschäftsführer und Manager formulieren ihr Verständnis zwar weniger kraß, sind aber in der Sache nicht weit weg: »Das einzige, was zählt, ist Wachstum!« – » Neugeschäft und nochmals Neugeschäft – alles andere kannst du vergessen!«, lautet ihre Grundeinstellung. All diesen »Profis« sei ins Stammbuch geschrieben:

Wer vom Kopf her »Verkäufer« ist und
• sich über Abschlüsse und Neugeschäft definiert,
• nicht zum Vertriebsunternehmer reift und
• nicht die Goldmine seines Kundennetzwerks pflegt,
für den ist auf der obersten Sprosse der Erfolgsleiter kein Platz.

Von wem ließe sich dies besser lernen als vom besten Verkäufer der Welt? Unter dieser Rubrik findet sich im Guiness-Buch der Rekorde zwölf Jahre lang ununterbrochen jedes Mal nur ein einziger Name: der des Amerikaners Joe Girard.
    Joe Girard verkaufte in seiner fünfzehnjährigen Karriere als Autoverkäufer 13.001 Auto – was bei 220 Arbeitstagen einem Durchschnitt von 3,94 Autos pro Tag entspricht.

1973, in seinem besten Jahr, verkaufte Girard 1425 Pkws und damit 6,48 Autos pro Tag – ein nahezu unvorstellbares Ergebnis, vor allem, wenn man bedenkt, das Girard weder Firmenfuhrparks noch Leasinggesellschaften als Kunden hatte, sondern *alle Autos einzeln an Endabnehmer verkauft hat* – ein Rekord übrigens, der bis heute ungebrochen ist.

Was ist das Geheimnis von Girard? Als ich vor einigen Jahren auf seine unglaubliche Erfolgsstory stieß, habe ich sofort meinen Schwager in den USA gebeten, für mich die Hintergründe zu recherchieren. Hier das Ergebnis:

»Mein Geheimnis ist simpel«, bekennt Joe Girard in einem Zeitungsinterview. »Ich schreibe jedem Kunden, der bei mir jemals ein Auto gekauft hat, *einmal im Monat eine Postkarte.* Am Ende meiner Verkäuferlaufbahn habe ich zwei Jahresgehälter durchschnittlicher Verkäuferkollegen allein in Porto investiert, aber es war die beste Investition in mein Business, die ich je getroffen habe.«

Vielleicht fragen Sie sich jetzt, wie um alles in der Welt ein Autoverkäufer, der maximal einmal im Jahr ein neues Modell ankündigen kann, zwölfmal jährlich einen guten Aufhänger findet, um sich bei seinen Kunden in Erinnerung zu bringen.

Für Joe war das alles kein Problem. Einzeiler wie »Hallo, ich mußte gerade an Sie denken« oder »Hi, ich mag Sie wirklich – Ihr Joe!« waren in den ersten Jahren die Basis seiner einfachen Kontaktstrategie.

Lassen sich auf diese plumpe Art wirklich Kunden gewinnen? Amerikanische Reporter, die einige von Girards Kunden ziemlich provokant befragt haben (»Kaufen Sie wirklich bei dem Mann ein Auto, nur weil er Ihnen zwölfmal im Jahr eine Postkarte geschrieben hat?«), bekamen folgendes zu hören: »Natürlich kaufe ich bei Joe nicht deswegen, weil er mir regelmäßig schreibt. Aber er hat mich damals wirklich gut beraten. *Und offensichtlich habe ich auch bei ihm einen Eindruck hinterlassen, sonst würde er sich nicht Jahre später noch immer wieder bei mir melden.* Wenn ich mal wieder ein Auto brauche, gehe ich zumindest mal bei ihm vorbei, um zu sehen, was für ein Angebot er mir diesmal machen kann.«

An dieser Stelle wird dann das Interview mit Girard fortgesetzt, der erklärt: »Das einzige, was ich brauche, ist eine Pipeline von Menschen, die sich bei mir im Laden einer nach dem anderen die Klinke in die Hand geben. Die Leute, die zu mir kommen, haben zweierlei: erstens ein altes Auto, das sie loswerden wollen. Und zweitens Geld für ein neues. Der Rest ist für mich als Verkäufer kein Problem. Und wenn ich wirklich einmal nichts Passendes anbieten kann, dann macht das gar nichts, denn es wartet schon der nächste Interessent. Mehr als sechs Abschlüsse pro Tag sprechen eine deutliche Sprache.«

Sollten Sie Ihren Kunden einmal im Monat schreiben? Und dann noch Postkarten? Mit immer ähnlichen Texten, die teilweise auch noch mißverstanden werden könnten (»Ich mag Sie wirklich!«)? Sollten Sie zu einer Nervensäge werden, die Ihren Kunden den Briefkasten verstopft? Nein, nein und nochmals nein!

Aber Sie sollten das Beispiel von Joe Girard zum Anlaß nehmen, sich für ein systematisches Kontaktmanagement zu entscheiden, das zu Ihnen und Ihren Kunden paßt – und es dann mit der weltmeisterlichen Konsequenz eines Joe Girard umsetzen.

Übrigens: Wann immer ich in Vorträgen und Seminaren auf Joe Girard zu sprechen komme, fällt einigen Teilnehmern spontan der Bonner Verlag Norman Rentrop ein: »Der Kerl verstopft mir regelmäßig den Briefkasten!« und »Deren Werbung wandert ungelesen in den Müll« höre ich dann immer wieder, aber auch die Erkenntnis: »Neunundzwanzigmal schmeiße ich seine Sachen weg, aber beim dreißigsten Mal erwischt es mich wieder, und ich kaufe eine Lose-Blatt-Sammlung für mein Sekretariat.«

Ob Sie Rentrops Werbung mögen oder nicht – an seinem systematischen Stammkundenmanagement gibt es genauso wenig zu deuten wie am wirtschaftlichen Erfolg des Unternehmens (von 0 auf 80 Millionen Euro Umsatz in wenigen Jahren).

Organisations-/Kompetenzdefizite

- Genügt es, daß Sie wissen: »Ich sollte mich regelmäßig um meine Stammkunden kümmern«?
- Genügt es, daß Sie sich – inspiriert durch das Beispiel des weltbesten Autoverkäufers – entscheiden, dies ab sofort auch zu wollen?

Die Erfahrung lehrt: Wissen und Wollen allein reichen nicht. Denn wenn Ihnen ständig die Tyrannei des Tagesgeschäftes dazwischenkommt, brauchen Sie auch *organisatorische Kompetenz, um Ihren Vorsätzen Taten folgen zu lassen.*

Beispiel: Stellen Sie sich vor, Sie wären im Waschraum eines erstklassigen Hotels. Roter Marmor, vergoldete Armaturen. Sie seifen Ihre Hände ein und stellen fest: leider keine Wasserhähne da. Sie bewegen Ihre Hände unter dem Wasserhahn auf und ab, um den Infrarotsensor zu aktivieren. Nichts passiert. Sie bewegen sich etwas vorwärts und rückwärts, weil Sie hoffen, so eine eventuelle Lichtschranke auszulösen. Wieder passiert nichts. Sie erinnern sich, daß in einigen Hotels in der Schweiz schwarze Gummibälle im Boden eingelassen sind. Sie schauen sich um und finden auch dort nichts…

Sie sehen: Ihr brennender Wunsch, endlich den Seifenschaum wegzuspülen, hilft Ihnen wenig; denn *solange unser Gehirn nicht weiß, welche konkreten Schritte in welcher Reihenfolge zum Erfolg führen, passiert nichts* und wir stehen wie der sprichwörtliche Ochs' vor dem Berg:

Wenn Sie montags morgens ins Büro kommen und dort keine Namensliste derjenigen Kunden vorfinden, die sie in dieser Woche kontaktieren wollen…,

wenn Sie keinen konkreten Aufhänger haben,
mit dem Sie sich identifizieren…,

und wenn Sie diesen Aufhänger nicht in ein Anschreiben oder einen Telefonleitfaden umgesetzt haben,

werden Sie in dieser Woche wieder nichts für Ihre Stammkunden tun!

Die Lösung: Das 13-Wochen-Kontaktmanagement

Systematisieren Sie Ihr Kontaktmanagement. Unterteilen Sie Ihre Kunden zum Beispiel nach Buchstabengruppen. Kontaktieren Sie in Woche eins die Kunden mit den Angfangsbuchstaben A und B, in der zweiten Woche die mit C und D ... und in der dreizehnten Woche die mit Y und Z. Freuen Sie sich dann, daß die komischen 26 Buchstaben des Alphabets so gut mit den 13 Wochen eines Quartals zusammenpassen...

Dies ist natürlich nur eine erste Anregung. Vielleicht ist es für Sie sachgerechter, Ihre Kunden nach A-, B-, C-Prioritäten zu ordnen. Die A-Kunden kontaktieren Sie dann beispielsweise viermal im Jahr, die B-Kunden im Frühjahr und im Herbst und die C-Kunden einmal jährlich. Möglicherweise geht es Ihnen auch so wie einem Seminarteilnehmer, der diese Methode zunächst ablehnte, weil er in der zehnten Woche bei den Buchstaben S und T viel mehr Kunden hatte als in Woche 13 bei Y und Z. Deshalb nochmals: Modifizieren Sie das Grundprinzip so, daß es Ihnen, Ihrer Branche und Ihren Kunden optimal entspricht. Folgende Fragen werden Ihnen dabei helfen:

1. Ist es sinnvoll, unsere Kunden nach A-, B- und C-Prioritäten zu untergliedern?
2. Wenn ja, wie viele Kunden haben wir in jedem Segment?
3. Wie oft können und wollen wir im Interesse optimaler Kundenbindung jeden unserer Kunden kontaktieren?
4. Wie sieht die ideale Kontaktmischung aus (Briefe, Telefonkontakte, E-Mails, Fax- oder SMS-Nachrichten)?

5. Wie schaffen wir aktive Kontaktanlässe, die dem Kunden wirklichen Nutzen bieten und mit denen unsere Verkäufer sich deswegen 100prozentig identifizieren?
6. Welche kreativen Kontaktanlässe können wir nutzen, um uns von bloßen »Weihnachtskarten-Versendern« abzuheben?
7. Wann und wie schaffen wir es, immer wieder neue Kontaktanlässe und charmante Aufhänger zu überlegen, die vom Kunden gerne gesehen und angenommen werden?

Und hier noch einige Konaktmanagement-Tips:

- Der rasante technische Fortschritt führt dazu, daß viele Produkte und Dienstleistungen immer schneller veralten und deswegen immer öfter ein Update brauchen: Welche Updates können Sie in Ihrer Branche als Aufhänger zum Kontaktmanagement einsetzen?

- In der Informationsökonomie gilt: Die Entwicklung einer Information erfordert eine Anfangsinvestition, aber ihre Vervielfältigung und Verteilung im Hochgeschwindigkeitsnetz der neuen Wirtschaft kostet fast nichts mehr (»die wunderbare Brotvermehrung«). Deshalb die Überlegung: *Welche für den Kunden geldwerten Informationen können Sie zu beinahe »Nullkosten« im Kundenbindungsmanagement einsetzen?*

- SMS-Nachrichten, die meist in mühevoller Kleinarbeit von Handy zu Handy geschickt und deshalb vor allem von Familienangehörigen und Freunden genutzt werden, können bei *guten persönlichen Kundenverbindungen* ein zusätzliches Kontaktmedium sein (bei weniger guten Geschäftspartnern geht der Schuß eher nach hinten los, es sei denn, Sie machen es wie amerikanische Reisebüros, die ihren Kunden auf dem Weg zum Flughafen Verspätungen aufs Display schicken und damit einen sehr willkommenen Zusatznutzen bieten können).

»Back-End«-Marketing: One-to-One

»Back-End«-Marketing bezeichnet im Insider-Jargon alle Konzepte und Maßnahmen, um Zusatzverkäufe bei denjenigen zu erzielen, die schon ein erstes Mal bei uns gekauft haben, d.h. bei jenen, die bereits Kunde sind.

Die dahinterstehende Grundüberlegung ist keinesfalls neu, wie das Beispiel vieler Cross-Selling-Konzepte zeigt, die schon seit Jahren am Markt sind. Der Erfolg vieler Cross-Selling-Maßnahmen hält sich aber meist in engen Grenzen, da Cross-Selling von vielen Vertriebsspezialisten, die jetzt fach- und produktübergreifend in einem anderen Bereich aktiv werden sollen, typischerweise nicht angenommen wird.

Cross-Selling-Konzepte, bei denen Verkäufer ihren Kunden Produkte anderer Sparten anbieten (Banker beispielsweise ihren Kunden auch Versicherungsverträge offerieren sollen), *funktionieren nur auf der Basis eines exzellenten Kommunikationskonzeptes, in das die Verkäufer von Anfang an eingebunden sind: Identifikation setzt nämlich Beteiligung voraus,* und auch das ist erst die halbe Miete: Solange Verkäufer bei einem Produkt »fremdeln«, d.h. ihnen das neue Produkt noch nicht durch gründliches Training zur zweiten Natur geworden ist, engagieren sie sich bestenfalls halbherzig für Cross-Selling, um sich auf keinen Fall eine Blöße zu geben.

Ein erfolgversprechender Weg, das »Back-End«-Geschäft mit den Stammkunden zu beleben, wurde in den letzten Jahren durch den technischen Fortschritt EDV-gestützter Datenbanken möglich: Sie erlauben heute jedem Unternehmer, für viele tausend Kunden und deren individuelle Bedürfnisse ein Gedächtnis zu entwickeln, wie es vor hundert Jahren nur der Metzgermeister unserer Urgroßmutter hatte.

Wer damals auf dem Dorf 70 Kunden betreute, der wußte halt: Wenn die Ur-Oma samstags morgens kommt, dann nimmt sie für den Ur-Opa für Sonntag seit 27 Jahren zwei Scheiben Cervelatwurst mit, und an Ostern, Pfingsten und Weihnachten gibt es auch gekochten Schinken.

Der im ersten Teil des Buches skizzierte Trend zu individueller, computergestützter Massenfertigung unterstützt diese Richtung. Viel über den Kunden zu wissen, lohnt nämlich nur, wenn ich ihm anschließend ein attraktives, maßgeschneidertes Angebot machen kann.

Wer bei CDnow oder amazon.com mit jeder Bestellung sein Interessenprofil präzisiert, der bekommt schnell Angebote, die auf seinen Geschmack und seinen Bedarf individuell zugeschnitten sind – für den Kunden ein echter Zusatznutzen und für den Anbieter ein Wettbewerbsvorteil, der nur schwer wieder aufgeholt werden kann: Wenn der Computer bei Amazon nach 42 Bestellungen in drei Jahren endlich kapiert hat, was mich wirklich interessiert, und er mir dazu entsprechende Vorschläge macht, dann müßte ich schon ganz schön einfältig sein, wenn ich zu BOL.de wechseln würde, um deren Computer in den nächsten zwei Jahren erst einmal auf Vordermann zu bringen...

Die technische Chance, meinem Kunden Angebote zu machen, die ihn immer stärker interessieren, weil sie immer besser auf ihn zugeschnitten sind, läßt sich natürlich in manchen Branchen besser nutzen als in anderen (einer der Gründe dafür, warum immer wieder CDnow und amazon.com als Musterbeispiele zitiert werden).

Die entscheidende Frage für die Erfolgsaussichten dieses »One-to-One«-Marketings ist, *ob der Kunde den in der Individualisierung liegenden Zusatznutzen für bedeutend hält.* Ein Plastikkugelschreiber mit eingraviertem Kundennamen mag zwar als Werbegeschenk ein netter Gag sein, aber mehr ist es eben auch nicht.

Ganz anders ist da zum Beispiel der Zusatznutzen zu bewerten, den die Bäckerei und Konditorei Fickenscher ihren Kunden als Instrument zur Kundenbindung offeriert: Alle Pralinen, Plätzchen und Kuchen können dort auf Wunsch mit dem Logo des Kunden bedruckt werden – und wenn dieser es möchte, auch mit den Namen seiner Stammkunden. Zum fünften Geburtstag meines Autos eine Marzipantorte mit entsprechendem Emblem, in die mein Name eingraviert ist – durchaus eine Kundenbindungsidee, die sogar Verkaufsweltmeister Joe Girard mit seinen Postkarten neidisch machen könnte.

Gute »One-to-One«-Marketingkonzepte nutzen neben der Individualisierungskomponente zur Kundenbindung häufig auch das Konzept eines langfristigen Paket-Angebots, mit dem der Kunde dauerhaft ans

Unternehmen gebunden werden kann. Dieser zweite Ansatz des »One-to-One Marketing« läßt sich in einer Vielzahl von Branchen ideal nutzen. Er ist jedoch leider wenig verbreitet, weil die Bereitschaft der meisten Unternehmer zur Innovation in diesem Bereich noch wenig ausgeprägt und das dahinterstehende Konzept noch viel zu wenig bekannt ist.

Ein Beispiel dazu: Vor einiger Zeit saß ich mit einem unserer Kunden, dem Vorstandsvorsitzenden von Europas größtem Marketing- und Dienstleistungsunternehmen, zum Erfahrungsaustausch zusammen. Seine Firma betreut Weltunternehmen wie Kraft-Nestlé-Suchard und viele andere Großkonzerne und sorgt mit 25.000 Mitarbeitern für die Distribution von deren Produkten im Handel. Im Laufe des Gesprächs äußerte ich die Vermutung, daß einige der von ihm betreuten Groß-unternehmen wohl zu den letzten gehören werden, die neue und interessante Trends des »One-to-One«-Marketing nutzen werden. Mein Kunde war etwas erstaunt und bat mich um ein Beispiel:

»Denken Sie beispielsweise an den Tante-Emma-Blumenladen an der nächsten Ecke. Wenn Sie dort vorbeigehen und Blumen zum Namenstag Ihrer Mutter ordern, tippt der clevere Händler das in seinen PC. Und wenn Sie einem guten Kunden mit Blumen zum Geburtstag gratulieren, gibt er dies wieder in seine Datenbank ein. Nach einem Jahr weiß unser Blumenhändler die Spreu vom Weizen zu trennen: 4000 Kunden als Laufkundschaft, 1270 Mehrfach-Blumenschenker und 310 treue Stammkunden mit mehr als 20 Blumensträußen. Ist unser Händler so clever wie seine amerikanischen Kollegen, dann macht er seinen Stammkunden jetzt ein höchst nützliches Angebot: ›Das ist Ihre Geschenkliste vom letzten Jahr. Wenn Sie mir sagen, wen Sie im nächsten Jahr wieder beschenken wollen, dann mache ich Ihnen ein unwiderstehliches Angebot: Ich schicke Ihnen 14 Tage vorher eine E-Mail zur Erinnerung an den Anlaß und sorge dann dafür, daß der Empfänger prompt und pünktlich einen anderen Strauß bekommt als im letzten Jahr – zusammen mit einer von Ihnen unterschriebenen Grußkarte. Der Service ist natürlich kostenlos, die 20 Sträuße kriegen Sie zu Groß-abnehmerkonditionen, und hier ist schon einmal eine Auswahl von Kartenmotiven, die Sie nur noch zu unterschreiben brauchen...‹«

Von dieser »One-to-One«-Individualisierung, die Modeboutiquen genauso nutzen können wie Herrenschneider, Baumschulen oder Party-Service-Betreiber, ist die Firma Kellogg's (damals ein Kunde meines Kunden) meilenweit entfernt. Die wissen zwar im Rahmen ihrer Mikro-Marktsegmentierung, daß der örtliche EXTRA-Markt mehr Müslipakete verkauft als der 200 Meter weiter gelegene EDEKA-Laden, aber das ist es auch schon.

Wenn dort ein Kunde in der Marketingabteilung anruft und sagt: »Passen Sie mal auf: Ich esse Ihr Müsli nicht mehr, und deswegen kauft meine Frau für sich, mich und unsere drei Kinder jetzt etwas anderes«, dann weiß der Kundenberater bei Kellogg's mit dieser Information nichts anzufangen. Dabei sprechen wir hier – beim »Lifetime-Value« eines Müsli-Essers von 1800 Paketen in 40 Jahren mal fünf Familienangehörige – von 9000 Müslipaketen und damit einem Umsatzverlust von 18.000 Euro!

Der Marketingprofi auf der anderen Seite des Tisches hörte zwar interessiert zu, aber er war noch nicht überzeugt: »Für wertvolle Produkte ist dies zwar alles gut und schön«, sagte er, »aber wie soll eine Firma wie Procter & Gamble, die Pampers herstellt, von so etwas profitieren?«

Und genau damit sind wir beim Kern: Bei Procter & Gamble denkt vermutlich niemand an die Mutter, die – noch vom Wochenbett geschwächt – das erste Mal einen neun Kilogramm schweren 72er-Windelpack in den Einkaufswagen wuchtet.

Ein »One-to-One«-Marketingstratege würde der jungen Mutter folgendes Angebot machen: »Bis Ihr Kleiner aus den Windeln raus ist, braucht er im Durchschnitt 7000 Stück. Das bedeutet für Sie, daß Sie rund 100mal neun Kilogramm schleppen müssen. Wenn Sie wollen, mache ich Ihnen ein einmaliges Angebot: Sie ordern bei mir die 7000 Stück zum Großabnehmerpreis. Zum Start gibt es einen Laufstall extra, zum zweiten Geburtstag ein Schaukelpferd. Und das tollste: Sie brauchen nie mehr Windeln zu schleppen. Wir bringen sie einmal in der Woche bei Ihnen zu Hause vorbei – wann immer es Ihnen am besten paßt!«

Und dann würde dieser »One-to-One«-Marketer leuchtende Augen bekommen, ins Schwärmen geraten und seinem Mitarbeiter-Team die Zukunft ausmalen: »Wenn wir in vier Wochen das Vertrauen unserer Kundin durch prompte Lieferung verdient haben, bieten wir ihr die Alete-Babynahrung im 21er-Pack pro Woche an. Spielsachen braucht der Kleine auch ... und Schulsachen ... und irgendwann ein eigenes Zimmer... Im »Spiegel« steht, daß Eltern bis zum 16. Lebensjahr rund 240.000 Euro für jedes ihrer Kinder ausgeben. Wenn wir uns von diesem Kuchen nur eine Zehn-Prozent-Schnitte abschneiden können – was für eine goldene Zukunft...«

Welch geringen Stellenwert »One-to-One«-Marketingüberlegungen bislang in den Köpfen deutscher Profis haben, zeigt eine weitere Überlegung: Hundertschaften von Produktmanagern fragen sich ständig, wie sie Kunden auf ihre Marken prägen und mit attraktiven Sonderangeboten von der Konkurrenz weglocken können. Sie kämpfen deshalb hundertmal um die Aufmerksamkeit und die Entscheidung der jungen Mutter, doch beim nächsten Mal ihr Windelangebot zu berücksichtigen. Der naheliegendste Gedanke bleibt dabei aber auf der Strecke:

> Wer auf den vorhersehbaren Dauerbedarf seines Kunden reagiert und ihm ein Vorzugsangebot über die Gesamtlaufzeit macht, immunisiert ihn für die gesamte Vertragslaufzeit – insbesondere, wenn er sein Angebot nützlich individualisieren kann.

Doch mit der Phantasie, solche Paketangebote zu schnüren, ist es nicht in allen Branchen weit her:
- Könnten Tankstellen ihren Stammkunden wirklich kein Pflegepaketbündel für das ganze Jahr anbieten (alle 14 Tage außen und innen reinigen, alle sechs Wochen wachsen, volltanken, Auto wird geholt und wieder gebracht...)?
- Könnten Autohändler beim Neuwagenkauf wirklich kein Inspektionspaket für die ersten 100.000 km mitverkaufen, mit Discount auf die Preise bei Einzelabnehmern, und sich so das Wartungsgeschäft sichern – das einzige, bei dem sie überhaupt noch etwas verdienen?

- Ist es wirklich undenkbar, daß Zahnärzte den viermaligen Jahres-
  check mit Parodontose-Behandlung im Jahresabo anbieten – vielleicht mit Familiendiscount für die fünfköpfige Familie, um mit diesem »One-to-One«-Marketingpaket auch die Drückeberger zum regelmäßigen Zähnereinigen zu motivieren, weil sie ohnehin schon
  bezahlt haben...?

Bei diesen Beispielen geht es übrigens weniger um die Frage, ob die
Zahnärzte dieses Konzept wirklich bei den Krankenkassen durchset-
zen können. Entscheidend ist dabei, daß Sie als Unternehmer diese
Beispiele als Denkanstoß nehmen, um sich für Ihre Branche und Ihr
Geschäft zu überlegen:

> Wo können wir längerfristigen, wiederkehrenden Bedarf unserer
> Kunden durch Individualisierung und Bündelung von Leistungs-
> paketen abdecken und unsere Kunden damit für den Wettbewerb »vom
> Markt nehmen«?

Der Eine-Minute-Anruf

Persönliche Gespräche haben von Ihren Chancen und Möglichkeiten
her eine viel bessere Wirkung zum Überzeugen als Telefongespräche –
wie wir alle wissen.

   In gleicher Weise ist das Kunden-Telefonat dem Kundenbrief vor-
zuziehen: Die Chance, an der Stimme des anderen dessen Stimmung
zu erkennen, die Gelegenheit, auf ihn einzugehen, die Möglichkeit,
Fragen des Kunden zu beantworten und so bereits ein hohes Maß an
persönlichem Kontakt herzustellen, bietet nur das Telefon. Um so er-
staunlicher ist es, daß Kontaktmarketing-Strategien nach wie vor mehrheitlich auf Direkt-Mailings setzen und lediglich ab und zu den Akzent
eines persönlichen Gesprächs nutzen.

   Vor vielen Jahren hatte ich Gelegenheit, von einem Top-Verkäufer
in der Landmaschinenbranche die Wirksamkeit der »Eine-Minute-An-

rufmethode« kennenzulernen. Dieser Verkäufer war seit vielen Jahren die unangefochtene Nummer Eins in seiner Vertriebsmannschaft; er erreichte oft 30, 40, manchmal sogar 50 Prozent mehr Umsatz als der nächstbeste Kollege.

In Vorbereitung auf ein Vertriebscoaching hatte ich die Gelegenheit, einen Tag mit diesem Profi zu verbringen und ihm bei seiner Arbeit über die Schulter zu schauen. Nach dem zweiten Kundenbesuch war ich relativ ratlos: Der Top-Mann hatte eine rauhe, manchmal sogar unhöfliche und ungehobelte Art, mit seinen Kunden umzugehen. Zumindest in der Gesprächsführung der ersten beiden Termine konnte ich nichts erkennen, was auf seine herausragenden Ergebnisse hindeutete. Als ob er meine Gedanken erraten hätte, fragte er mich: »Na, Herr Christiani, haben Sie schon das Geheimnis meines Erfolges entdeckt?« Ich erwiderte, daß mir bislang noch nichts Besonderes aufgefallen sei, worauf der Top-Verkäufer mit breitem Grinsen antwortete: »Ist ja auch klar, heute ist Mittwoch, und das Geheimnis meines Verkaufserfolges sehen Sie nur am Freitag!«

Ich fragte ihn verblüfft, ob er denn freitags anders verkaufen würde, und er antwortete mir: »Ja, freitags morgens von neun bis zehn Uhr. In dieser Zeit rufe ich nämlich in jeder Woche 30 meiner Stammkunden an – maximal zwei Minuten pro Telefonat.« Da ich mir zunächst keinen Reim auf diese Mini-Telefonate machen konnte, fragte ich den Star, worüber er denn mit seinen Kunden in dieser kurzen Zeit sprechen würde. Er antwortete mir: »Ganz einfach: Ich frage den Bauern, wie es ihm geht, ob seine Frau und die Kinder gesund sind, ob auf seinen Feldern noch Schnee liegt, ob es bei ihm auch so viel geregnet hat wie bei uns... kurz: das Übliche. Und da ich dieses Telefonat genau zwischen zwei Besuchsterminen lege, sage ich zum Schluß: Also dann, alles Gute, wir sehen uns ja in vier Wochen! Tschüs!«

Ungläubig fragte ich ihn, was denn an diesem Vorgehen für Zusatzumsatz sorgen würde, und er antwortete: »Bei 25 bis 27 von 30 Kunden bleibt es beim bloßen Small-Talk. Die anderen drei bis maximal fünf sind interessant, denn die sagen mir jeweils: ›Mensch, gut, daß Sie anrufen! Ich wollte mich auch schon bei Ihnen melden! Wissen

Sie, bei uns am Anhänger ist die Hydraulik kaputt!‹ Oder: ›Wissen Sie, ich habe mir am Traktor hinten die Deichsel verbogen...‹ Und weil ich *jede Woche drei bis fünf Kunden mit aktuellem Bedarf in meine Tourenplanung für die nächste Woche aufnehmen kann, komme ich mit Kaufchancen in Berührung, die meinen Kollegen einfach durch die Finger gleiten.«*

Wie ist es bei Ihnen? Haben Sie sich auch schon das ein oder andere Mal bei Ihren Kunden gemeldet und haben die Worte gehört: »Gut, daß Sie anrufen, ich wollte mich ohnehin bei Ihnen melden; wissen Sie, ich brauche noch...?«

Bauen Sie also die »Eine-Minute-Anruftechnik« systematisch in Ihr Kontaktmanagement ein, und Sie werden sehen, daß sie Zusatzaufträge überhaupt nicht vermeiden können. Um es noch einmal ganz deutlich zu sagen: Die Eine-Minute-Anruftechnik hat nicht zum Ziel, den Kunden in einem mündlichen Verkaufsgespräch von uns aus ein Zusatzangebot zu machen. Es geht hier nur darum, *dem Kunden auf eine nette Art und Weise eine unverbindliche Kontaktgelegenheit und damit die Chance zu geben, auf uns zuzukommen!*

Kapitel 14:
Der Aufbruch zu neuen Kunden

Der Lifetime-Value eines Kunden

»Back-End«-Marketing bezeichnet – wie schon beschrieben – alle Marketingmaßnahmen, die wir an diejenigen adressieren, die bereits unsere Kunden sind. »Front-End«-Marketing bezeichnet in Abgrenzung dazu all die Marketingaktivitäten, die sich an den Noch-nicht-Kunden wenden, um ihn erstmals Kunde unseres Hauses werden zu lassen.

Also: Jeder Euro, den Sie in PR, Anzeigenwerbung, Flyer und Broschüren, Verkäuferprovisionen und ähnliches investieren, damit *irgend jemand ein erstes Mal bei Ihnen kauft*, gehört zum »Front-End«-Marketing. Im Vergleich zu vielen amerikanischen Unternehmen, die einen erheblichen Teil ihres Umsatzes investieren (müssen), um neue Kunden zu gewinnen, sind deutsche Unternehmer – insbesondere Mittelständler – oft knauseriger als die sparsamen Schotten, wenn es um Investitionen für das Neukundengeschäft geht: »Drei Viertel aller Werbung sind ohnehin zum Fenster hinausgeworfen, ich weiß nur nicht, welche drei Viertel… !«, lautet dann eine der bekannten Verteidigungsstrategien.

Wenn ich meine Kunden dann frage: Angenommen, Sie könnten bei mir schöne und echte 100-Euro-Scheine zum Großhandelspreis von 10 Euro einkaufen; für einen 10-Euro-Schein bekämen Sie dann 100 Euro, damit könnten Sie dann bei mir 1000 Euro erwerben, damit dann 10.000 Euro und so weiter. Wie lange würde Ihnen eine solche Einkaufsgelegenheit Spaß machen, und ab wann würde es Ihnen langweilig?

Viele meiner Kunden versichern mir an dieser Stelle, daß sie über ein ganz erstaunliches Durchhaltevermögen verfügen; sie bieten mir sogar an, so lange weiterzuspielen, bis mir der Nachschub an 100-Euro-Scheinen ausgeht. Sollte das nicht so schnell der Fall sein, sind viele auch gern bereit, die Oma oder sogar ihre Bank anzupumpen, um bei einem Umtauschkurs von 1:10 das Geschäft ihres Lebens zu machen.

Wenn ich meine Kunden dann weiter frage, ob sie bereit sind, für einen Neukunden 500 Euro auszugeben, wenn sie mit ihm im Laufe der gesamten Kundenbeziehung sicher 5000 Euro verdienen könnten, dann bekomme ich immer wieder den Gesichtsausdruck: Kann der noch dümmere Fragen stellen?

Erkundige ich mich allerdings bei dem Unternehmer dann, ob er mir sagen kann, wieviel er mit einem durchschnittlichen Kunden im durchschnittlichen Zeitraum der Zusammenarbeit verdient (der sogenannte Lifetime-Value eines Kunden), gesteht mir die Mehrheit der Befragten, daß sie weder exakt wissen, wieviel sie an einem durchschnittlichen Kunden verdienen, noch sagen können, wieviel sie ausgeben müssen, um einen Kunden dazuzugewinnen.

> Wer nicht weiß, wieviel er an seinen Kunden durchschnittlich verdient, und wer nicht weiß, wieviel er ausgeben muß, um einen Kunden dazuzugewinnen, versagt schon beim kleinen Einmaleins des Unternehmertums.

Deshalb: Ermitteln Sie – wenn Sie es nicht schon längst getan haben – unbedingt den Lifetime-Value Ihrer Kunden:
1. *Wieviel Umsatz generieren Sie pro Kunde pro Jahr?*
2. *Welchen Deckungsbeitrag erwirtschaften Sie durchschnittlich mit jedem Ihrer Kunden im Jahr?*
3. *Wie viele Jahre bleibt Ihnen ein Kunde im Durchschnitt treu?*
4. *Wieviel erwirtschaften Sie mit jeder Kundenbeziehung insgesamt an Deckungsbeitrag?*

Ermitteln Sie weiterhin die Kosten für Ihr »Front-End«-Marketing:
1. *Welche Maßnahmen haben Sie zum Beispiel im letzten Geschäftsjahr ergriffen, um neue Kunden zu gewinnen (Kosten für Flyer, PR, Events, Direkt-Mailings an Nicht-Kunden usw.)*
2. *Welche Summe haben Sie insgesamt dafür investiert?*

3. Welche Neukunden haben Sie mit diesen Maßnahmen gewonnen?
4. Was hat Sie im Durchschnitt jeder Neukunde gekostet?

In manchen Branchen ist es nicht leicht, die exakten Werte wie oben beschrieben zu ermitteln. Manchmal würde die genaue Bestimmung des Lifetime-Values und der Akquisitionskosten auch einen wirtschaftlich unangemessenen Aufwand erfordern. In solchen Fällen ist mit einer überschlägigen Rechnung schon viel gewonnen:

Es ist sehr viel besser zu wissen, daß man pro Kunde ca. 5000 Euro verdient und dafür ca. 500 Euro Akquisitionskosten hat, um dann wie ein Weltmeister das Schlaraffenland der Neukunden zu erobern, als dies nicht zu wissen und deshalb mutlos das Unternehmen an der falschen Stelle kaputtzusparen!

Zusammengefaßt: *Zu systematischem und aggressivem »Front-End«-Marketing in der Neukundengewinnung ist nur der Unternehmer fähig und bereit, der exakt weiß, wieviel Return-on-Investment er mit jedem Marketing-Euro auf lange Sicht erzielt.*

Mund-zu-Mund-Propaganda aktiv gestalten und nutzen

Die meisten Unternehmer, die ich coache, stimmen darin überein, daß Mund-zu-Mund-Propaganda grundsätzlich die beste Werbemethode überhaupt darstellt. Um so erstaunter bin ich dann, wenn ich im weiteren Verlauf des Gespräches erfahre, daß der Unternehmer sich bislang kaum Gedanken gemacht hat, wie er für sich, sein Unternehmen und seine Produkte eine möglichst aktive und breite Mund-zu-Mund-Propaganda installiert.

Um das Phänomen der Mund-zu-Mund-Propaganda richtig zu verstehen, ist es hilfreich, sich noch einmal den Unterschied zwischen aktiven und passiven Empfehlungsgebern vor Augen zu führen: Wie schon zum Strategiegesetz der Marktsegmentierung nach Kommunikationsgemeinschaften ausgeführt, ist der *passive Empfehlungsgeber* jemand, der auf Empfehlungen mit mehr oder weniger Erfolg angebettelt werden kann. *Aktive Empfehlungsgeber* sind dagegen Kunden, die aus Eigeninitiative ständig für uns Werbung machen.

Die spannende Frage ist also: Wie generieren wir solche aktiven Empfehlungsgeber?

Erste Antwort: Durch unseren Expertenstatus, sichtbar besser zu sein als andere. Denn je größer unser Expertenstatus ist, je sichtbarer der Kundennutzen, den wir bieten, und je klarer, welcher Zielgruppe und welchen Kunden wir diesen Nutzen bieten, um so *klarer ist auch für unsere zufriedenen Kunden, wer aus ihrem Freundes-, Verwandten- und Bekanntenkreis von unserer Leistung profitiert.* Und da die meisten Menschen ihre guten Freunde und Bekannten mit nützlichen Tips unterstützen, gilt:

Unser Expertenstatus – das sichtbare Bessersein als andere – ist die erste Grundvoraussetzung für aktive Mund-zu-Mund-Propaganda.

Der zweite Grund, warum Menschen dazu neigen, für Ihre Lieferanten aktive Mund-zu-Mund-Propaganda zu betreiben, ist – wie schon ausgeführt – der Wunsch nach Selbstdarstellung. Und auch hier gilt wieder: *Je sichtbarer und nachdrücklicher unser Expertenstatus ist, um so größer die Bereitschaft und auch die Wahrscheinlichkeit, daß unsere Kunden auf die Idee kommen, uns für ihre Selbstdarstellungszwecke einzuspannen* (»...wissen Sie, mein Orthopäde, der Herr Müller-Wohlfahrt, sagt immer...«).

Diese aktive Mund-zu-Mund-Propaganda zu unseren Gunsten findet natürlich – wie oben in den Strategiegesetzen schon vorgestellt – immer nur im Rahmen der Kommunikationsgrenzen unserer Kunden statt, also im Rahmen ihrer Freunde und Familie, in der Nachbarschaft, im Kollegenkreis und im Netzwerk derjenigen mit den gleichen Hobbies.

Wer also, wie oben beschrieben, seine strategischen Hausaufgaben gemacht hat und seinen Markt als Kommunikationsgemeinschaft definiert, der wird in seiner Ausrichtung genau diejenigen ansprechen, bei denen er im Rahmen der aktiven Mund-zu-Mund-Propaganda seiner zufriedenen Kunden schon vorempfohlen worden ist.

Wichtig ist nun, sich bewußtzumachen, daß Mund-zu-Mund-Propaganda viel weniger vom Zufall abhängt, als viele Unternehmer glauben. Ganz simpel ausgedrückt: *Auch unsere besten Kunden werden nur dann von uns schwärmen, wenn wir ihnen gerade in den Sinn kommen.* Und da die meisten Menschen nur dann ständig an einen anderen denken, wenn sie frisch verliebt sind, *tun wir gut daran, uns bei unseren guten Kunden ständig mit sympathischem und unaufdringlichem Kontaktmanagement in Erinnerung zu bringen.*

Presseveröffentlichungen über uns und unser Unternehmen können insoweit einen wichtigen Zweitnutzen entwickeln: Wer seinen Stammkunden regelmäßig interessante Presseartikel über sich schickt, erreicht zweierlei:

Erstens: Der Kunde wird in seiner Einschätzung bestätigt, daß wir anerkannte Experten sind.

Und zweitens: Der Kunde wird ans uns erinnert. Sollte ihm also an der Bar der Gesprächsstoff zur Selbstdarstellung ausgehen, gibt ihm die Erinnerung an uns neue Munition: »Wissen Sie, mein Sportarzt, der Dr. Müller-Wohlfahrt, hat zur Frage des Vitaminmangels bei Tennisspielern in der ›Frankfurter Allgemeinen‹ neulich noch folgendes gesagt...«

Empfehlungsmethodik

Vielen meiner Kunden leuchtet es durchaus ein, daß sie mit den gerade beschriebenen Schritten mittelfristig eine aktive Mund-zu-Mund-Propaganda aufbauen werden. Da einige zu Beginn unserer Kooperation aber erst damit beginnen, sich einen solch attraktiven Expertenstatus aufzubauen, erreicht mich immer wieder die Frage: »Gibt es denn eine empfehlenswerte Methode, die mir hilft, meine passiven Empfehlungsgeber so lange zu aktivieren, bis die aktive Mund-zu-Mund-Propaganda zu meinen Gunsten greift?«

Dazu zunächst eine Vorbemerkung: Manchmal begegnen mir Kunden, die mir versichern, Empfehlungen seien für sie überhaupt kein

Problem, weil sie pro Kunde im Durchschnitt mindestens drei neue Empfehlungen bekämen.

Wenn diejenigen, die dies sagen, nicht unermeßlich reich sind und jeden Montag ihre Einnahmen mit der Schubkarre zur Bank bringen, reagiere ich eher skeptisch und lenke das Gespräch diplomatisch auf den Erfinder des Schachspiels.

Das war bekanntlich ein weiser Sklave am Hofe des persischen Königs, der von seinem Herrscher den Auftrag erhalten hatte, sich etwas auszudenken, um dem König die Langeweile zu vertreiben. Nachdem der Sklave das Schachspiel mit all seinen Regeln entwickelt hatte und mit seinem König nun eine Schachpartie nach der anderen spielte, war dessen Langeweile wie weggeblasen.

Als Dank bot der König nun an, seinem Sklaven die Hälfte seiner Felder, die Hälfte seines Goldes oder die Hälfte seines Harems abzugeben. Der Sklave überlegte einen Augenblick und entschied sich dann für folgenden Wunsch:

»Ich hätte gern auf dem ersten Schachfeld ein Reiskorn, auf dem nächsten zwei, auf dem dritten vier, auf dem vierten acht und so weiter«.

Der König war zunächst verärgert, weil seine Großzügigkeit so brüsk zurückgewiesen wurde, und er verlangte, einen Sack Reis herzuholen, um den Sklaven sofort auszuzahlen. Nachdem er dann im Laufe des Auszahlungsverfahrens erkennen mußte, daß sein Mitarbeiter nicht nur vom Schachspiel, sondern auch von der Mathematik mehr verstand als er (2^{64} Reiskörner war mit allen Reisvorräten dieser Welt nicht abzudecken), hatte er ein entscheidendes Aha-Erlebnis.

Wer also behauptet, er bekäme pro Kunde drei bis fünf Empfehlungen, dessen Geschäft muß bei einer Abschlußquote – die in vielen Branchen bei guten Referenzaddressen bei rund 60 Prozent liegt – exponentiell wachsen – oder er lügt.

Vergessen Sie also alles, was Ihnen im Empfehlungsmarketing mit Selbstdarstellungsintentionen von Verkäuferkollegen angeboten wird; das meiste funktioniert ohnehin nicht. Wollen Sie wirklich – wie in manchen Verkaufslehrbüchern beschrieben – mit der sogenannten Ziel-Punkt-Methode arbeiten?

Diese Methode sagt: Bitte den Kunden um acht bis zwölf Adressen, und bitte ihn weiter, die erste unten auf die Seite zu schreiben, die zweite darüber und die dritte wiederum darüber, weil dann der Kunde einen Komplettierungszwang verspürt, die Seite bis ganz nach oben auszufüllen.

Stellen Sie sich nur einmal vor, Sie säßen in einer entscheidenden Verhandlung Jürgen Schrempp von der DaimlerChrysler AG gegenüber. Hätten Sie wirklich den Mut, einem Vorstandsvorsitzenden eines Großkonzerns oder irgend einem anderen Gesprächspartner, den Sie ernst nehmen, einen solchen Unfug anzubieten?

Die einzige Empfehlungsmethodik, die nach unseren Erfahrungen im passiven Empfehlungsgeschäft exzellent funktioniert, besteht aus drei Elementen:

1. *Das Empfehlungsgespräch beginnt mit dem Small-Talk beim Kunden.*
   Führen Sie sich, wie zuvor schon ausgeführt, noch einmal vor Augen, daß Sie andere Menschen regelmäßig nur aus vier Gründen kennen:
   • Weil die anderen Familienangehörige oder Freunde sind.
   • Weil die anderen in derselben Nachbarschaft wohnen und die Kinder in den gleichen Kindergarten gehen.
   • Weil es sich um Kollegen handelt, denen man im beruflichen Umfeld immer wieder begegnet.
   • Weil es Menschen sind, denen wir bei der Ausübung unserer privaten Interessen und Hobbys immer wieder begegnen, zum Beispiel auf dem Golfplatz.

Verschenken Sie also beim Kunden keine Zeit beim Small-Talk, indem Sie ihn zu den Fütterungsgewohnheiten seines Goldfisches oder zum Hersteller seines Aquariums befragen, sondern stellen Sie sich im stillen direkt die entscheidende Frage:

Wen kennt mein Kunde, den ich kennenlernen sollte? (Was ist sein soziales Netzwerk?)

- Angenommen, Sie wären als Banker bei einem vermögenden Privatkunden zu Gast, von dem Sie wissen, daß er Personalchef eines mittelständischen Unternehmens ist. Sie könnten beispielsweise sagen: »Auf das Gespräch mit Ihnen habe ich mich ganz besonders gefreut. Wissen Sie, mein Onkel war ebenfalls Personalchef. In seiner Branche, der metallverarbeitenden Industrie, gab es schon in den sechziger Jahren ein gut funktionierendes Netzwerk von Kollegen, die sich untereinander ausgetauscht und unterstützt haben, wie man es normalerweise unter Wettbewerbern überhaupt nicht findet. Sagen Sie mal, ist das heute in Ihrer Branche noch immer so?«
- Sie besuchen einen Kunden, der im besten Teil der Stadt wohnt, und Sie wollen herausfinden, ob er über gute Kontakte zu seinen Nachbarn verfügt. Sie sagen beispielsweise: »Als ich hier die schöne Pappelallee heraufgefahren bin, fühlte ich mich sehr an Essen-Bredeney erinnert, wo meine Eltern leben. Da ist über viele Jahre eine tolle Nachbarschaft zusammengewachsen, wie man sowas heute kaum noch kennt. Wenn meine Eltern im Urlaub sind, dann brauchen Sie nach wie vor keine Alarmanlage. Jeder hat dort nämlich ein Auge auf den Besitz des anderen und sorgt mit dafür, daß nichts passiert. Ist es bei Ihnen ähnlich, oder täuscht mich hier der erste Eindruck?« Dann ist der Ball im Feld des Kunden, und er kann Ihnen sagen, daß er das noch gar nicht weiß, weil er erst vor sechs Monaten hierhergezogen ist. Oder er kann Ihnen sagen, daß er nicht zu allen, aber zu einigen Nachbarn ein hervorragendes Verhältnis hat, weil er hier schon seit 22 Jahren wohnt.

Entscheidend ist, daß Sie mit solchen gut vorbereiteten Fragen nach dem sozialen Netz Ihres Kunden herausfinden, in welche Richtung Ihr Kunde die interessantesten Empfehlungstips geben könnte.

2. Der zweite Schritt unserer Empfehlungsmethodik besteht darin, daß Sie Ihrem Kunden indirekt bewußtmachen, daß er seinen Freunden

und Bekannten einen großen Nutzen bietet, wenn er uns als Experten weiterempfiehlt.

Der einfachste Weg, dies zu tun, ist die Empfehlungs-Nutzen-Story. Wenn der Kunde Sie als Immobilienmakler beim zweiten Gespräch zum Beispiel fragt, wie es Ihnen heute geht, könnten Sie etwa antworten: »Ach, ich bin heute ein wenig verstimmt, weil ich gerade mit einem anderen Kunden beim Notar war«. Fragt der Kunde dann zurück: »Wieso, hat der andere nicht unterschrieben?«, dann können Sie sagen: »Doch, das schon, der war mir sogar sehr dankbar, weil er bei dieser Kapitalanlage sehr viel Steuern spart. Deswegen hat er mich und meine Frau auch chic zum Abendessen eingeladen. Nur, wissen Sie, ganz zum Schluß hat er gesagt: ›Übrigens, das wollte ich Ihnen noch sagen, den Herrn Zimmermann, den kennen Sie ja auch, den habe ich für ein verlängertes Wochenende in unser Bauernhaus in die Toskana eingeladen.‹ « Und als ich dann etwas verständnislos geschaut habe, sagte der Kunde: »Den Herrn Zimmermann, den kennen Sie auch, das ist derjenige, der uns beide zusammengebracht hat, ein Arbeitskollege von mir. Und daß der damals in der Hektik Ende November daran gedacht hat, daß ich zum Jahresende einen ähnlichen Steuervorteil brauchen konnte, das habe ich dem ganz hoch angerechnet. Wissen Sie, dafür bin ich ihm riesig dankbar, und deswegen habe ich ihn eingeladen.«

Mit anderen Worten:

Suchen Sie in Ihrer Vergangenheit nach einem Erlebnis, bei dem ein Kunde dem Empfehlungsgeber, der Sie beide zusammengebracht hat, sehr dankbar war.

Eine solche Empfehlungs-Nutzen-Story hilft dem Kunden nämlich, eine Erfahrung zu vergegenwärtigen, die wir alle schon gemacht haben: Angenommen, Sie hätten Ihrem besten Freund vor zwei Wochen erzählt, daß Sie Ihrem Sohn zum Geburtstag einen Sony-Walkman schenken wollen, und dann ruft Sie dieser Freund an einem Freitagabend an und sagt: »Du, du hast mir das doch vor zwei Wochen mit dem Walkman erzählt, den du für deinen Sohn suchst. Ich habe hier gerade ein Angebot vom Media-Markt gesehen, die bieten das

Ding 35 Euro preiswerter an. Wenn du morgen am Samstag früh auf den Beinen bist, ergatterst du ja vielleicht dieses Schnäppchen!« Unterstellt, Sie bekommen den Walkman tatsächlich zum Schnäppchenpreis: Sind Sie dann dem Media-Markt dankbar, weil der Ihnen ein solch generöses Angebot gemacht hat, oder gilt die Dankbarkeit mehr Ihrem Freund, der an Sie gedacht und Sie auf diese vorzügliche Chance aufmerksam gemacht hat?

3. Dritter Schritt im Empfehlungsgespräch: *Die Empfehlungsfrage*
An dieser Stelle scheitern die meisten Verkäufer, weil sie schlichtweg zu wenig von der Funktionsweise des Gehirns verstehen. Wenn Sie nämlich einem Kunden die Frage stellen: »Herr Kunde, kennen Sie noch jemanden, für den dieses gute Angebot auch in Betracht kommen könnte?«, dann haben Sie es nicht besser verdient, wenn der Kunde eine leicht gedankenverlorene Miene aufsetzt und nach längerem Schweigen sagt: »Nein, wissen Sie, im Moment fällt mir da niemand ein. Aber wenn mir noch jemand einfallen sollte, dann melde ich mich bei Ihnen…«
Warum diese Frage von ihrer Struktur her lernpsychologisch grober Unfug ist, ist schnell erklärt:
Angenommen, ich frage Sie: »Bitte schildern Sie mir einmal in den nächsten 20 Sekunden alle großen Erfolge in Ihrem Leben.«
Wenn Sie jetzt wirklich 20 Sekunden innehalten und über diese Frage nachdenken: Wie viele Erfolge fallen Ihnen ein?
Einer, zwei oder drei? Wann immer ich diesen Test in Seminaren mache, haben die meisten Teilnehmer das unbefriedigende Gefühl, daß Sie sehr viel mehr Erfolge aufzuweisen haben, als die kläglichen ein oder zwei Beispiele, die Ihnen in dieser Zeit eingefallen sind.
Des Rätsels Lösung liegt in der viel zu abstrakten Fragestellung, die beim Gegenüber kaum Erinnerungs-Datenbanken aktivieren kann. Hätte ich Sie beispielsweise gebeten: »Bitte denken Sie doch einmal zurück an Ihre Schulzeit, und denken Sie bitte an Ihr Lieblingsfach – an das, was Ihnen am meisten Spaß gemacht hat. Vielleicht war es eine Fremdsprache, Englisch oder Französisch, vielleicht war

es Deutsch oder eine Naturwissenschaft, etwa Mathematik, Physik oder Chemie. Wenn Sie jetzt an dieses Lieblingsfach denken, dann denken Sie noch an die zwei oder drei Jahre, in denen Sie in diesem Lieblingsfach Ihren Lieblingslehrer hatten! Denjenigen, mit dem Sie in diesem Fach am besten zurechtgekommen sind. Und überlegen Sie sich einmal:

In diesen ein oder zwei Jahren, was waren Ihre Erfolgserlebnisse, die Sie in dieser Zeit in Ihrem Lieblingsfach, bei Ihrem Lieblingslehrer hatten? Klausuren, die Sie sehr gut geschrieben haben? Hausarbeiten, bei denen Sie eine gute Note bekommen haben? Vorträge, die Ihnen Anerkennung gebracht haben? Eine Ferienhausarbeit und, und, und....

Das Verblüffende ist: *Obwohl diese Frage sehr viel konkreter ist als die erste und nur einen schmalen Sektor möglicher Erfolgserlebnisse überhaupt abfragt, sind die meisten Menschen in der Lage, zu dieser konkreten Frage mehr präzise Antworten als zu der abstrakten ersten Frage zu geben!*

Übertragen auf Ihr Empfehlungsgeschäft bedeutet dies folgendes: *Wenn Sie dem Kunden keinen konkreten Lebenssachverhalt in Ihrer Empfehlungsfrage vorgeben, dann werden ihm auch kaum konkrete Beispiele einfallen.* Profis fragen also beispielsweise:

- Herr Kunde, Sie erwähnten zu Beginn unseres Gespräches Ihre Freunde im Golfclub. Wenn Sie einmal kurz überlegen: Wer von denen ist denn Familienvater genau wie Sie? Wer könnte gegebenenfalls eine solche Familienabsicherung ebenfalls gebrauchen, und vor allem: Wer wäre Ihnen für einen solchen Tip besonders dankbar?

- Herr Kunde, Sie erwähnten zu Beginn die hervorragenden Nachbarschaftskontakte hier: Mit welchem Ihrer Nachbarn verstehen Sie sich denn so gut, daß der sich über einen entsprechenden Investitionstip von Ihnen richtig freuen würde....?

Empfehlungsfragen, die funktionieren, müssen also zwei Voraussetzungen erfüllen:

1. Sie müssen im Kundenkopf ein konkretes Segment seines Beziehungsnetzes ansprechen, damit der Kunde konkrete Bilder entwickeln kann.
2. Sie müssen so gestellt werden, daß der Kunde spontan seinen Nutzen erlebt, der in der Dankbarkeit des Freundes oder des Kollegen liegt, dem er den guten Empfehlungstip gibt.

Referenzen

Die Begriffe Empfehlung und Referenz werden umgangssprachlich oft synonym verwendet; ich verwende hier den Begriff der Referenz im Sinne der schriftlichen Empfehlung. In diesem Zusammenhang meine erste Frage an Sie:

> Wie viele Kunden haben Sie, die mit Ihnen und Ihrer Arbeit höchst zufrieden sind?
> Und von wie vielen dieser Kunden haben Sie das schriftlich?

Die meisten Unternehmer – je nach Branche – haben zwischen einem und mehreren Dutzend Kunden, die mit Ihrer Leistung höchst zufrieden sind und in die Kategorie »echter Fan des Unternehmens« fallen. Mehr als 80 Prozent aller Unternehmer, die wir coachen, stellen dann allerdings betroffen fest, daß sie maximal drei bis fünf solch hervorragender Kundenurteile schriftlich vorliegen haben.

Für diese Betroffenheit besteht durchaus Anlaß: Wer es versäumt, seinen Expertstatus durch die glaubwürdigen Aussagen zufriedener Kunden zu dokumentieren, der hat es nicht besser verdient.

Wir alle wissen, daß Niedergeschriebenes eine um Klassen höhere Glaubwürdigkeit genießt als das nur gesprochene Wort. Denken Sie beispielsweise an die »Bild«-Zeitung. Würde Ihnen Ihr bester Freund abends in der Kneipe beim Bier von seiner Vermutung berichten, daß

Boris' uneheliche Tochter das Ergebnis eines vom russischen Geheim-
dienst organisierten Samenraubes sei, dann würden Sie ihn entweder
für betrunken oder für völlig verrückt halten. Diskutiert die »Bild«-
Zeitung diesen Sachverhalt, dann denken wir: »Na ja, vielleicht ist das
Ganze ja etwas weit hergeholt, aber irgend etwas Wahres wird da schon
dran sein, denn sonst würden die sich ja nie trauen, das zu schreiben!«

Und genau das ist der entscheidende Punkt, um den es hier geht:
*Das niedergeschriebene Wort hat eine doppelt und dreifach höhere
Glaubwürdigkeit.*

Damit stellt sich die Frage, wie wir unsere guten Kunden am ge-
schicktesten um ein Referenzschreiben bitten.

Der erste Schritt besteht im richtigen Timing: Es ist am einfachsten,
den Kunden um ein Referenzschreiben zu bitten, wenn er sich gerade
überschwenglich und lobend über unsere Arbeit geäußert hat. »Herr
Kunde, da bin ich sehr froh, daß Sie mit unserer Arbeit so zufrieden
sind, wir arbeiten gerade an einer neuen Broschüre zu diesem Produkt.
Da würden wir auch gerne über einige Erfahrungen unserer Kunden
berichten. Würde es Ihnen etwas ausmachen, wenn Sie das, was Sie
mir eben gesagt haben, vielleicht auf drei Zeilen zu Papier bringen und
mir schicken würden? Sie würden mir damit einen sehr großen Gefallen tun…«

So vernünftig dieser Ansatz auf den ersten Blick ist, er funktioniert
in der Praxis fast nie: Neun von zehn Kunden versprechen zwar, ein
Referenzschreiben zu schicken, tun dies aber nicht. Das bringt Sie dann
in die unangenehme Lage, noch ein- oder zweimal nachfragen zu
müssen. Und auch dann bleibt es oft dabei, daß sich das Ganze durch
Zeitablauf erledigt, ohne daß wir unsere Referenz bekommen. Was also
funktioniert besser?

Zweiter Schritt: Hat der Kunde versprochen, uns eine Referenz zu
schicken, dann sagen wir zunächst: »Danke!«

Einige Minuten später greifen wir das Thema nochmals auf und sagen
beispielsweise: »Übrigens, Herr Kunde, ich weiß, wieviel Sie zu tun
haben, deshalb freut es mich besonders, daß Sie sich auch noch die
Zeit für ein Empfehlungsschreiben nehmen. Ich habe da schon ein

schlechtes Gewissen. Lassen Sie mich Ihnen wenigstens einen Schritt entgegenkommen: Was halten Sie davon, wenn ich das, was Sie eben gesagt haben, schon einmal in einigen Zeilen vorformuliere? Die schicke ich Ihnen dann zu, und Sie korrigieren es. Anschließend brauchen Sie es nur noch auf Ihrem Briefbogen auszudrucken. Dann sparen Sie wenigstens Zeit. Ist dies so in Ihrem Sinne?«

Die meisten Kunden stimmen diesem Vorgehen gerne zu, und das Interessante ist: Wenn wir in die Vorleistung gehen und dem Kunden schon einmal die Hauptarbeit abnehmen, dann fühlen sich auch acht von 10 Kunden in der Pflicht, ihr Wort einzuhalten und das Empfehlungsschreiben zurückzuschicken.

Dritter Punkt: Der entscheidende Vorteil, einen Formulierungsvorschlag für das Empfehlungsschreiben machen zu dürfen, liegt jedoch auf einem anderen Gebiet.

Angenommen, Ihr Produkt oder Ihre Dienstleistung hat drei USPs, das heißt drei einzigartige Verkaufsvorteile. Wenn jeder Ihrer Kunden in seinem Empfehlungsschreiben alle drei Vorteile in einem Satz hervorhebt, dann können diese Vorteile im Erleben von Interessenten kein besonderes Gewicht enthalten. Wenn Sie aber die Empfehlungsschreiben so geschickt texten, daß in einem Empfehlungsbrief einer Ihrer USPs ausführlich dargestellt und in einem anderen Referenzschreiben ein anderer Verkaufsvorteil in Einzelheiten erklärt wird, dann haben Sie mehrere Vorteile auf Ihrer Seite:

1. Der Referenzgeber fühlt sich nicht ausgenutzt. Im Gespräch mit Ihnen hat er drei Vorteile Ihres Angebots hervorgehoben, und Sie wünschen sich jetzt schriftlich nur die Bestätigung eines dieser Vorteile. Das macht ihm die Entscheidung für eine Referenz noch leichter.

2. Durch die ausführliche Darstellung dieses einen Vorteils haben Sie mehr Möglichkeiten, diesen Pluspunkt überzeugend darzustellen.

3. Eine Produktbroschüre, in der immer wieder ähnlich lautende Testimonials auftauchen, ist langweilig. Wenn Sie dagegen jedes der drei Elemente, das Ihren einzigartigen Expertenstatus ausmacht, mit ein bis zwei Kundenerfahrungen glaubwürdig belegen, dann nutzen Sie die Methode der Referenzschreiben optimal.

Den Expertenstatus vorverkaufen

Wenn ich in Seminaren auf das Thema »Verkauf vor dem Verkauf« zu sprechen komme, begegne ich dem einen oder anderen erstaunten Blick. Manche Zuhörer fragen auch: »Ist Verkauf vor dem Verkauf nicht ein Widerspruch in sich? Entweder ich sitze beim Kunden und verkaufe, dann bin ich bereits im Verkauf. Oder aber ich bin noch zu Hause, aber was verkaufe ich denn dann?«

Um den psychologischen Mechanismus des Verkaufs vor dem Verkauf deutlicher zu machen, hier ein Beispiel:

Vor einigen Jahren hatte ich Gelegenheit, für die Top-Verkäufer der Firma Bast-Bau ein Skiseminar in Grindelwald zu gestalten. Was ich vorher nicht wußte, war, daß das Seminar von 9.00 Uhr bis 10.30 Uhr anberaumt war und nur als Beiprogramm diente. Die Teilnehmer wurden nämlich um 10.30 Uhr von ihren Skilehrern abgeholt, und anschließend ging es zu den traumhaften Tiefschneeabfahrten am Jungfraujoch...

Entsprechend verhalten war das Interesse zu Seminarbeginn um 9.00 Uhr. Die Körpersprache der meisten Teilnehmer signalisierte: ›Wenn ich nicht schon gut wäre, wäre ich nicht da, wo ich bin. Christiani, die Sprüche von dir und deinesgleichen, die hören wir uns seit zehn Jahren hier zur Jahreseröffnung an. Am besten, du erzählst ein paar gute Witze, dann vergeht die Zeit bis 10.30 Uhr schneller, und wir alle haben eine Menge Spaß...‹

Ich entschied mich deswegen, die vorbereitete Einleitung in den Papierkorb zu werfen und statt dessen die Teilnehmer zu fragen:

»Wer von Ihnen ist der beste Verkäufer?« Ich bat denjenigen, der sich meldete, zu einem kleinen Rollenspiel. Ich sagte zu ihm: »Lassen Sie uns ein Verkaufsgespräch simulieren. Sie sind der Verkäufer, ich bin der Kunde. Ich habe gestern abend im Golfclub einiges über Sie gehört, was ich hier jetzt ans Flip-chart schreibe, damit die Gruppe mitdenken kann. Sie wissen noch nicht, welche Vorinformationen ich habe, aber Sie werden es an meinem Gesprächsverhalten schnell erkennen...«

Dann drehte ich das Flip-chart so, daß nur die Teilnehmer es lesen konnten, und schrieb darauf: »Eiskalter Provisionsjäger. Geht über Leichen. Je charmanter er auftritt, um so vorsichtiger mußt du sein.«

Anschließend ging es in das Rollenspiel, und für alle war schnell zu sehen, daß auch der beste Verkäufer dieser Gruppe hier kein Bein auf den Boden bekommen konnte. Nach zwei Minuten beendete ich das Rollenspiel und fragte die Gruppe: »Welche Chancen hat Ihr Kollege in dieser Situation?« Alle waren sich einig, daß bei einem solch voreingenommenen Kunden es nahezu aussichtslos sei, zum Abschlußerfolg zu kommen.

Für das nächste Rollenspiel schrieb ich auf das Flip-chart: »Unbeschriebenes Blatt. Noch nie von dem Verkäufer oder seiner Firma gehört.« Diesmal stellte ich dem Verkäufer einige Fragen, bat ihn um einen Prospekt, um seine Adresse, versprach, das Ganze mit meinem Steuerberater durchzugehen, und sicherte ihm zu: »Wenn ich Interesse habe, komme ich wieder auf Sie zu.« Nach zwei Minuten brach ich auch dieses Verkaufsgespräch ab und fragte die Gruppe nach ihrem Eindruck. Die Mehrheit war der Meinung, daß dieser Start typischerweise dem entspricht, was sie auch sonst bei Ihren Kunden vorfinden.

Für das dritte Rollenspiel schrieb ich auf das Flip-chart: »Bekannter Immobilienexperte. Zwei Veröffentlichungen in »Capital« und im »Handelsblatt« in den letzten acht Monaten. Zwei zufriedene Bast-Bau-Kunden in meinem Freundes- und Bekanntenkreis, die in den letzten 15 Jahren Bast-Immobilien gekauft haben und damit heute immer noch hochzufrieden sind.

Ich begann das Rollenspiel mit den Worten: »Es ist eine Ehre, daß Sie für mich überhaupt Zeit finden. Ich weiß, daß Sie sonst nur Termine mit den Top-Leuten der deutschen Industrie verabreden, ich möchte Ihnen auch gar nicht die Zeit stehlen. Bitte sagen Sie mir nur, wieviel ich dieses Jahr steuerlich verkraften kann. Zum Abschluß, nachher zum Notar, da kann ich auch alleine hingehen...«

Nach diesem Gespräch fragte ich die Gruppe: »*In welcher dieser drei Situationen möchten Sie bei neuen Interessenten am liebsten empfangen werden und verkaufen dürfen?*«

»Ist das die Testfrage, ob unser IQ über Raumtemperatur liegt?«, kam es von der Gruppe zurück, und alle waren sich einig, daß es doch sonnenklar ist, daß wir alle am liebsten in der Rolle des Experten empfangen werden möchten. Ich stellte daraufhin der Gruppe die Frage, die ich auch Ihnen heute stelle:

> Wenn es allen Unternehmern sonnenklar ist, daß sie die besten Chancen haben, aus der Position des Experten heraus zu verkaufen:
> Was haben Sie in den letzten Jahren getan, um sich bei Ihrer Zielgruppe einen Expertenstatus aufzubauen?

Wie verkaufe ich mich meiner Zielgruppe und meinem Markt als Experte?

Das ist die strategische Schlüsselfrage unseres nächsten Themas »Verkauf vor dem Verkauf« – eine Frage übrigens, der die meisten Verkaufslehrbücher überhaupt keine Bedeutung zumessen. Dort geht es nämlich typischerweise auf 290 von 300 Seiten nur um das Thema: Was mache ich, wenn ich beim Kunden bin? Dabei weiß jeder Psychologiestudent im zweiten Semester, *daß dem Vorverständnis, mit dem wir in eine neue Situation hineingehen, für die Bewertung dieser Situation mindestens genauso bedeutsam ist wie die Situation selbst.*

Angenommen, Sie hätten einen Freund, dem Sie seit vielen Jahren bedingungslos vertrauen. Und Sie erzählen diesem Freund davon, daß Sie am nächsten Tag ein Meeting mit einem Finanzberater namens Kai Uwe Schulte haben. Der Freund sagt darauf: »Kai Uwe Schulte, der Name kommt mir bekannt vor! Ich glaube, das ist ein ganz gefährlicher Trickbetrüger, vor dem neulich noch im Fernsehen bei ›Nepper, Schlepper, Bauernfänger‹ gewarnt worden ist. Ich bin mir nicht hundertprozentig sicher, aber bitte nimm' dich um Himmels willen in acht!«

Angenommen, Kai Uwe Schulte würde am nächsten Tag im Gespräch mit Ihnen mit einer hervorragenden und glattgeschliffenen Präsentation aufwarten: *Könnte es sein, daß Ihr Mißtrauen um so stärker wächst, je perfekter und unangreifbarer Herr Schulte präsentiert?* Wie groß sind seine Chancen, bei Ihnen mit einer Weltklasse-Präsentation an diesem Tag zum Abschluß zu kommen?

Stellen wir uns nun folgende Situation vor: Sie berichten Ihrem Freund von Ihrem Treffen am nächsten Tag mit Kai Uwe Schulte. Ihr Freund sagt daraufhin: »Mensch, Donnerwetter, wie hast du bei dem bloß so schnell einen Termin bekommen? Ich kenne den Herrn Schulte bei uns aus dem Tennisclub, der ist seit 22 Jahren Spezialist für betriebliche Altersvorsorgungskonzepte. Unser Wirtschaftsprüfer im Club ist von dem Mann total begeistert. Normalerweise bekommst du bei dem unter zwölf Wochen Wartezeit überhapt keinen Termin…«

Mal unterstellt, Herr Schulte sei diesmal bei der Präsentation bei Ihnen etwas indisponiert. Ihn plage eine schwere Erkältung, und der feuchtfröhliche Abend gestern mit seinen Freunden sei auch etwas länger ausgefallen. Kurz: Kai Uwe Schulte bringt heute nur 30 Prozent seiner sonstigen Leistung. Doch Sie wissen ja schon von Ihrem guten Freund, daß Herr Schulte ein deutschlandweit führender Spezialist zum Thema betriebliche Altersvorsorge ist, eine absolute Koryphäe auf seinem Gebiet.

Könnte es sein, das Sie seine eher bescheidene Präsentation heute für den Ausdruck von gekonntem Understatement halten und zu sich selbst sagen: »Mensch, toll, so ein Weltklasse-Mann. Der hat es gar nicht nötig, groß aufzuspielen. Macht ihn eigentlich noch viel sympathischer…«

Schlußfolgerung:

> Die Art und Weise, wie wir unseren Expertenstatus am Markt und in unserer Zielgruppe neuen Interessenten vorverkaufen, hat mindestens genauso großen Einfluß auf unseren Erfolg wie die Präsentation und das Angebot selbst.

Bevor ich Ihnen einige der wirkungsvollsten Magnet-Marketing-Techniken zum Vorverkauf eines Expertenstatus präsentiere, erarbeiten wir uns noch ein weiteres wichtiges Prinzip:

Menschen sind am leichtesten zu überzeugen, wenn ihnen überhaupt nicht bewußt wird, daß sie einem Beeinflussungsprozeß ausgesetzt sind!

Beispiel: Sie laufen Samstag morgens durch die Fußgängerzone; am Straßenrand steht ein Verkäufer von Pflastern und ruft: »28 verschiedene Hühneraugenpflaster nur zwei Euro! Das sensationelle Angebot! Hier mein Herr, wollen Sie nicht probieren? 28 Hühneraugenpflaster für nur zwei Euro!«

Sie bemerken sofort, daß Sie beeinflußt werden sollen und halten Straßenverkauf ohnehin für unseriös. Sie sagen: »Nein, vielen Dank« *– und es kommt Ihnen in diesem Moment tatsächlich überhaupt nicht in den Sinn, daß Sie bei Ihren neuen Fußballschuhen immer wieder mit Druckstellen zu kämpfen haben und auch sonst bei Ihren Winterstiefeln schnell mal ein Hühnerauge bekommen.*

Variante zwei: Sie sind Teilnehmer eines Unternehmerseminars und kommen in der Kaffeepause mit Ihrem Sitznachbarn ins Gespräch, der ein mittelständisches Unternehmen besitzt. Er schwärmt Ihnen von seinen Forschungsarbeiten der letzten fünf Jahre vor und erzählt von dem Durchbruch, den er jetzt erreicht hat: Seine neue Hühneraugenpflaster-Serie hat nämlich ein internationales Patent bekommen, weil Hühneraugen dort mit speziellem Wirkstoff behandelt werden und in der Hälfte der Zeit abheilen.

Ihr Sitznachbar spricht mit Ihnen von Unternehmer zu Unternehmer, und es fällt ihm im Traum nicht ein, Sie hier als Kunde zu sehen und Ihnen sein Pflaster verkaufen zu wollen. Je mehr Ihr Nachbar Ihnen von seinem patentierten Hühneraugenpflaster erzählt, um so klarer wird Ihnen: ›Mensch, ich leide ja schon seit Jahren immer wieder an Hühneraugen: Bei allen neuen Sportschuhen jeweils dieselbe Tortur. Es gibt keine Zufälle – diesen Mann schickt mir der Himmel!‹ Deshalb geben Sie ihm Ihre Visitenkarte und sagen: »Bitte informieren Sie mich unbedingt und schicken mir einmal das ganze Sortiment!«

Was ist der Unterschied zwischen der ersten und der zweiten Situation? Beim ersten Mal spürten Sie die Beeinflussungsabsicht und waren verstimmt, beim zweiten Mal sahen Sie nur Ihre Chance und Ihren Nutzen und gingen gerne auf diese Kaufgelegenheit zu.

Anders ausgedrückt: Würde der Münchener Orthopäde Dr. Hans-Wilhelm Müller-Wohlfahrt über seine Praxis eine große Leuchtreklame anbringen:»Deutschlands führender Sportarzt«, so wäre das sachlich sehr richtig, aber es wäre für deutsche Augen und Ohren zu dick aufgetragen. Man spürt die Absicht und ist verstimmt.

Befindet sich die Praxis von Herrn Dr. Müller-Wohlfahrt dagegen in bester Geschäftslage in der Münchener City, sind seine Praxisräume großzügig und professionell ausgestattet und hängen an allen Wänden der Wartezimmer Fotos, die den Herrn Doktor zeigen, wie er bei den Olympischen Spielen in Sydney und Atlanta Weltklasse-Athleten betreut, dann wissen wir sofort Bescheid: Dieser Mann ist eine Koryphäe!

Die Frage ist also, wie wir unseren Expertenstatus *indirekt und damit möglichst wirkungsvoll* kommunizieren können.

Der äußere Rahmen

Stellen Sie sich einmal folgende Frage: *Angenommen, ich wäre der deutschlandweit führende Experte in meiner Branche: Woran würde man an der Lage meines Geschäfts, an der Ausstattung, an Imagebroschüren, Flyern, am Auftreten der Mitarbeiter unseres Unternehmens, an ihrer Berufsgarderobe, an ihren Dienstwagen usw. sofort erkennen, daß wir der Marktführer in unserer Branche sind?*
Stellen Sie sich dazu folgende Teilfragen:
1. Mit welchen Komponenten unseres Unternehmens treten wir nach außen hin auf dem Markt auf?
2. Wie könnten und sollten diese Komponenten gestaltet sein, damit sie dem Kunden unbewußt die Botschaft vermitteln, daß wir ein führender Experte auf unserem Gebiet sind?

Die Fotogalerie

Bei meinen Recherchen über Joe Girard, den weltbesten Autoverkäufer, fiel mir ein Foto in die Hände, das seine klitzekleine Verkaufsbude in einem Autogeschäft zeigte. Bei dem Geschäft handelte es sich um ein Großraumbüro mit sicherlich mehr als 20 kleinen Verkaufsecken. Während die Mini-Verkaufsräume seiner Kollegen leer waren, war Joes Verkaufsecke mit Fotos übersät. Auf einer Vergrößerung konnte ich dann einige seiner zu Gruppen zusammengefaßten Fotos erkennen.

Beispielsweise in der Mitte ein Foto von Familie Smith, oben rechts Vater John Smith mit den drei PKWs, die er 1977, 1979 und 1981 gekauft hatte. Unten rechts Mutter Gil mit ihren drei Cabrios aus drei anderen Jahren. In der Mitte links der älteste Sohn der Familie mit seinem ersten Auto.

Je länger ich mir diese Fotocollagen anschaute, um so stärker dämmerte es mir, wie Joe Girard es geschafft hatte, das absolute Vertrauen seiner Kunden zu gewinnen:

Wer seinem Kunden indirekt durch solche Fotogeschichten beweisen kann, daß er in seiner Kundschaft Familien hat, die bei ihm schon das siebte, achte oder neunte Auto kaufen, der hat seinen Kunden direkt ins Unterbewußtsein eine wichtige Botschaft gespielt: nämlich, daß man ihm vertrauen kann.

Es mag sein, daß man einen Kunden beim Autokauf einmal über den Tisch ziehen kann, vielleicht auch, daß man ihn ein zweites Mal übervorteilt: Aber auch der naivste Kunde wird sich nicht bei acht oder neun Autos hintereinander über den Tisch ziehen lassen.

Die unbewußte Botschaft von Joe Girard ist damit klar: »Wenn ich in meiner Stammkundschaft so viele Familien habe, die mir beim Autokauf seit vielen Jahren vertrauen, dann bin ich auch für sie ein vertrauenswürdiger Partner!«

Einer meiner Kunden hat diese Idee zum Anlaß genommen, anderthalb Jahre lang die besten Fotos seiner Stammkunden zu sammeln, um damit seine neue Unternehmensbroschüre auszustatten.

Ein Foto beispielsweise zeigt den Kunden – einen jungen, exzellenten Finanzdienstleister – an der Seite von Hermann Kronseder, dem Inhaber der Krones AG, dem Weltmarktführer für Flaschen-Etikettiermaschinen. Ein anderes Foto zeigt meinen Kunden an der Seite seines besten Kunden, der bei ihm in mehreren Jahren insgesamt 42 Häuser und Einzelwohnungen gekauft hat.

Diese Fotobeweise erlauben meinem Kunden heute, ganz gezielt Deutschlands führende Unternehmer als seine Zielgruppe anzusprechen. Seine Image-Broschüre zeigt nämlich so viele Top-Unternehmer im Gespräch mit ihm, daß seine Botschaft klar herüberkommt: »Ich bin Deutschlands führender Finanzberater für Top-Unternehmer.«

Ein weiteres Beispiel für den wirkungsvollen Einsatz von Fotos hat einer meiner Kunden durch Zufall entdeckt. Mein Kunde hatte einige Steuerberater zu einem Expertenvortrag mit einem deutschlandweit bekannten Referenten – einem Richter des Bundesfinanzgerichts – eingeladen. Aus einer spontanen Eingebung heraus machte er beim abschließenden Buffet einige Erinnerungsfotos. Als er dann Monate später einige dieser Fotos Steuerberatern zeigte, die er gerne in sein Netzwerk aufgenommen hätte, erkannten zwei Steuerberater sehr bekannte Kollegen, die ebenfalls an dem Event meines Kunden teilgenommen hatten.

In beiden Fällen reagierten die Steuerberater gleich und sagten: »Sagen Sie, ist das hier nicht Herr Dr. Soundso von der Kanzlei XYZ? Das ist ja interessant, der war auch bei Ihnen! Ja, dann sagen Sie doch mal: Wann ist Ihr nächstes Event? Lassen Sie mich einmal schauen, ob ich da nicht auch Zeit habe...«

Die Referenz-Galerie

Ein ausgezeichnetes Beispiel für den Einsatz von Referenzschreiben habe ich bei einem unserer Kooperationspartner gefunden, einer Düsseldorfer Wirtschaftsprüfungsgesellschaft. Wenn Sie dort in einen der palisandergetäfelten Konferenzräume gebeten werden, dann finden Sie an den Wänden sechs bis acht Referenzschreiben von weltweit führenden Unternehmen.

Unter dem Briefkopf der Royal Dutch Shell beispielsweise finden Sie ein herzliches Dankschreiben des Chairman of the Board, der der Unternehmensberatung für ihre ausgezeichnete Arbeit in einer Krisensituation dankt.

Ich konnte mich selbst von der Wirksamkeit dieser Beeinflussung überzeugen. Als ich nämlich für einen unserer Kunden diese Unternehmensberatung als Kooperationspartner gewinnen wollte und wir grob den Investitionsrahmen besprachen, wurde mir für meinen Kunden eine Summe genannt, die um mindestens 125.000 Euro höher lag, als ich erwartet hatte.

Während ich vermutlich bei jedem anderen Kooperationspartner spontan gesagt hätte: »Mensch, Donnerwetter, diesen Investitionsrahmen wird mein Kunde sicher nicht erwarten, welche Möglichkeiten gibt es, das Ganze vielleicht noch abzuspecken…?«, dachte ich in diesem Fall: »Ganz schön teuer. Aber das sind ja auch weltweit agierende Profis. Deren Erfahrung hat halt ihren Preis. Da soll mein Kunde selbst entscheiden, ob das für ihn das Richtige ist.«

Der Vorvertrauensbrief

Eine weitere Maßnahme, die wir seit Jahren unseren Kunden zum Vorverkauf ihres Expertenstatus vorschlagen, ist der Vorvertrauensbrief. Angenommen, Sie haben mit einem wichtigen Interessenten einen Termin für das Erstgespräch vereinbart. Dann könnten Sie Ihrem zukünftigen Kunden eine Terminbestätigung schicken, die Ihren Expertenstatus bereits deutlich betont.

Sehr geehrter Herr Interessent,

herzlichen Dank für Ihr Interesse an der Arbeit unseres Hauses.

Gerne bestätigen wir Ihnen den nächsten Dienstag, den ... um 16:00 Uhr, als Termin für ein erstes Kennenlerngespräch in Ihren Geschäftsräumen.

Sie werden schon bei unserem ersten Gespräch feststellen, daß sich unsere Produkte/Dienstleistungen in wesentlichen Punkten vom Angebot des übrigen Marktes deutlich abheben.

Damit Sie schon vor unserem Gespräch die Gelegenheit haben, sich einen Eindruck von unserer Arbeit in Ihrer Branche zu verschaffen, haben wir einige unserer Stammkunden gebeten, Ihnen bei Interesse am Telefon für ein kurzes Interview zur Verfügung zu stehen. Kollegen in Ihrer Branche, die unser Konzept seit einiger Zeit einsetzen und nutzen, sind:

Name und Telefonnummer 1
Name und Telefonnummer 2

Sehr geehrter Herr Interessent, wir haben beiden Kunden einen möglichen Anruf von Ihnen bereits avisiert. Die Kollegen würden sich sehr freuen, von Ihnen zu hören und über die Erfahrungen mit unserem Hause zu berichten.

Wir würden es sehr begrüßen, wenn Ihre Zeit Ihnen erlaubte, sich einen Eindruck von unserer Arbeit aus der Sicht unserer Kunden zu verschaffen. Vielleicht ergeben sich ja daraus schon erste weiterführende Fragen für unser Gespräch am nächsten Dienstag.

Sehr geehrter Herr Interessent, wir freuen uns sehr darauf, Sie näher kennenzulernen.

Mit freundlichen Grüßen

Education of the customer

»Education of the customer« ist die vielleicht wirkungsvollste Methode, seinen Kunden und neuen Interessenten den eigenen Expertenstatus vor Augen zu führen. Zu Ihrem und meinem Vorteil ist dieses Verfahren in Deutschland nur wenig bekannt, so daß wir gute Chancen haben, uns hier sehr schnell von Mitbewerbern abzusetzen.

Education of the customer wurde Mitte der dreißiger Jahre von dem amerikanischen Marketingpapst Claude Hopkins entwickelt. Claude Hopkins wurde damals von der amerikanischen Bierbrauerei Schlitz gebeten, für ihr Unternehmen eine neue Werbestrategie zu entwickeln. Schlitz-Bier war damals im nationalen amerikanischen Markt auf Platz 18 und wollte Marktführer werden. Da Claude Hopkins noch nie zuvor Bierwerbung gemacht hatte, bot er seinem neuen Kunden an, sich das Biergeschäft am Sitz der Firma am Lake Michigan vorstellen und erklären zu lassen.

Schlitz-Bier zeigte also Claude Hopkins voller Stolz mehrere Brunnen, die man mehrere hundert Meter weit ins Erdreich gebohrt hatte, und schwärmte davon, welch hervorragende Wasserqualität sie dort in der Tiefe von einigen hundert Metern fördern könnten.

Man erklärte ihm, daß das Wasser mehrere hundert Meter tief durch die verschiedenen Gesteinsschichten sickern würde, daß es dabei optimal von Fremd- und Schmutzstoffen gefiltert würde und daß es deswegen einen für die Bierherstellung unvergleichlichen Reinheitsgrad erreiche. Sie zeigten Claude Hopkins weiter ihr Labor, in dem damals 2500 verschiedene Hefearten kultiviert wurden, und präsentierten ihm insbesondere die Urhefe, auf die sie so stolz waren, weil sie dem Schlitz-Bier diesen unvergleichlichen Geschmack verleihe.

Man zeigte ihm weiterhin die Produktionsanlagen und die Reinigungsanlagen für die Bierflaschen, die schon damals ein hundertprozentiges Entkeimen ermöglichten.

Am Ende der Führung war Claude Hopkins unglaublich begeistert. Er sagte der Firmenleitung von Schlitz-Bier: »Ihr habt ein phantastisches Produkt! Ich hätte nie gedacht, daß man eine solche Qualitätsphilosophie entwickeln könnte, nur um Bier zu brauen. Wenn wir das mit euren Kunden kommunizieren, dann verspreche ich: Ihr seid in kurzer Zeit Marktführer!«

Die Firmenleitung von Schlitz-Bier dämpfte daraufhin die Erwartungen von Claude Hopkins und gab ihm zu verstehen, daß alle guten Brauereien Brunnen bohren würden, die mehrere hundert Meter tief seien. Daß alle guten Brauereien Labore haben, an denen Hunderte von Hefearten getestet würden. Und daß alle modernen Brauereien hervorragende Produktions-, Abfüll- und Flaschenreinigungs-Anlagen besäßen.

Mit anderen Worten: Die Firmenleitung gab Claude Hopkins zu verstehen, daß das, was er für so sensationell gut gehalten hatte, überhaupt nichts Besonderes war, weil alle guten Brauereien mit ähnlichen Verfahren arbeiten würden.

Die Antwort, die Claude Hopkins darauf angeblich gegeben hat, ist als Anekdote der Werbebotschaft überliefert:

»Es ist völlig gleichgültig, ob Ihr genauso arbeitet wie alle Kollegen. Solange Ihr die ersten seid, die dem Kunden erklären, was Ihr für ihn tut, werdet Ihr den Markt gewinnen.«

Claude Hopkins sagte den Brauereibesitzern damals: »Kümmert Ihr euch um euer Bierbrauen, das bißchen Marketing übernehme ich«. Und in der Tat, Hopkins hatte nicht zuviel versprochen. Schlitz-Bier wurde mit seiner Unterstützung in kurzer Zeit zur Nummer Eins am amerikanischen Biermarkt.

Was können Sie und ich daraus lernen? Als Unternehmer, die wir täglich mit unseren Produkten und Dienstleistungen umgehen, sehen wir oft vor lauter Bäumen den Wald nicht mehr. Die Vielzahl von Dingen, die wir für unsere Kunden tun, ist uns so sehr zur zweiten Natur geworden, daß wir gar nicht mehr auf die Idee kommen, unser Leistungsangebot dem Kunden ausführlich zu erklären.

Ein typisches Beispiel: Nahezu alle großen Hotelketten setzen als Marketinginstrument eine Kundenzeitung ein. In diesen Kundenzeit-

schriften gibt es dann immer wieder Beiträge darüber, welcher promi-
nente Gast gerade das Hotel besucht hat. Und dann gibt es Fotos von
Heino mit dem Hoteldirektor und Fotos von Michael Schumacher mit
dem Hoteldirektor und so weiter...

*Interessanterweise kommt nahezu kein Hoteldirektor auf die Idee,
einmal ein Zimmermädchen zu interviewen, auf welche Serviceleistun-
gen für ihre Gäste es besonders stolz ist.*

Ich bin mir sicher: Jedes Zimmermädchen in einem First-Class-Hotel
könnte Dutzende von Beispielen schildern über die Extrameilen, die in
diesem Hotel vom Servicepersonal für die Gäste gegangen werden.

Vielleicht würde das Zimmermädchen berichten, daß jeder Gast, der
jemals in diesem Hotel nach einer Wärmflasche verlangt hat, automatisch bei seinem nächsten Besuch wieder eine Wärmflasche ins Bett
gelegt bekommt.

Das Zimmermädchen würde zum Beispiel erklären, das jeder Ex-
trawunsch eines jeden Gastes in die hoteleigene EDV eingegeben und
bei seiner nächsten Anmeldung automatisch für das Zimmermädchen
ausgedruckt wird, damit das Zimmer richtig vorbereitet werden kann.

Vielleicht würde das Zimmermädchen erzählen von der besonderen
Rettungsaktion für den Bräutigam, der am Hochzeitsmorgen feststellte,
daß er seine schwarzen Socken vergessen hatte. Und würde dann weiter berichten, daß es an diesem Sonntagmorgen keine Chance gab, für
den Bräutigam schwarze Socken zu kaufen, da alle Geschäfte geschlos-
sen waren. Schließlich wurde dann ein Kellner gefunden, der dieselbe
Schuhgröße hatte wie der Bräutigam und ihm deswegen ein Paar Socken
leihen konnte...

Oder das Hotel würde seinen Küchenchef interviewen. Und er würde
erzählen, daß es in dieser Region samstags und sonntags beim Bäcker
keine frischen Brötchen gebe. Und er würde weiter berichten, daß man
im Interesse der verwöhnten Gäste keinesfalls vorgefertigte Brötchen
aufbacken werde. Vielmehr würde jeden Samstag und Sonntag ein Jung-
koch abgestellt, der bereits um 4.15 Uhr in der Küche sei, damit den
Gästen um 6.00 Uhr am Frühstücksbuffet frische Brötchen, Mohnbrötchen und Sesamsemmeln zur Verfügung stünden.

Die entscheidende Frage an Sie als Unternehmer lautet also:

> Was tun wir eigentlich für unsere Kunden, wovon wir ihnen noch gar nichts gesagt haben?

Wenn Sie als Unternehmer Schwierigkeiten haben, hier Ideen zu finden, dann lassen Sie sich inspirieren von Branchen, die schon seit Jahren oder sogar Jahrzehnten darauf angewiesen sind, ihre Produkte mit Education of the customer an den Mann oder die Frau zu bringen:

Spätestens seit Mitte der achtziger Jahre zahlt man für eine genau gehende Quarzuhr bei Tchibo oder Eduscho 4,95 Euro. Sollte sich also an Ihrem Handgelenk etwas befinden, in das Sie mehr investiert haben, liegt die Vermutung nahe, daß es Ihnen nicht nur um die genaue Zeitansage gegangen ist.

Vielleicht tragen Sie ja einen Rolex-Chronometer, eine Cartier-Uhr oder die Reverso von Jaeger le Cultre. Dann haben Sie für den Mehrwert an Prestige, Qualität und was sonst immer Sie an Ihrer Uhr fasziniert hat, die restlichen 7500 Euro gezahlt.

Wie hat die Uhrenindustrie uns motiviert, das Hundert- oder auch Hundertfünfzigfache dessen auszugeben, was ein genauer Zeitmesser kostet?

Antwort: Sie nutzt das Prinzip »Education of the customer«. Die Firma Rolex beispielsweise macht uns klar, daß jeder Polarforscher zwar mit zwei Kreiselkompassen auf dem Weg zum Südpol unterwegs ist, es aber bei einer Rolex beläßt, weil er weiß, daß die mit ihrer unverwüstlichen Qualität ohnehin nie kaputtgehen kann...

Event-Marketing

Kaltakquisition bringt immer weniger und kostet immer mehr. Das hat sich in den meisten Branchen schon herumgesprochen. So konnte ich beispielsweise bei einer ganzen Reihe meiner Kunden beobachten, daß Kaltakquisitionstermine, die vor wenigen Jahren noch für 170 bis 200

Euro zu bekommen waren, heute in der Vollkostenrechnung 430 bis 480 Euro kosten.

Abgesehen davon, daß Kaltakquisition den meisten Verkäufern noch nie richtig Spaß gemacht hat, wird sie heute immer ineffizienter. Der Trend geht in den meisten Märkten – wie an anderer Stelle schon hervorgehoben – eben dahin, daß Produkte immer seltener verkauft und immer öfter gekauft werden.

Diese Entwicklung ist in Amerika – einem Land, in dem die meisten Märkte noch sehr viel härter umkämpft werden als in Deutschland – schon seit Jahren zu beobachten. Die Amerikaner haben sich deshalb schon vor vielen Jahren nach Alternativmethoden umgeschaut, um das lästige, teure und immer unproduktivere Kaltmarketing zu umgehen. Eine der wirkungsvollsten Alternativen, die sie gefunden haben, ist das Event-Marketing.

Beim Event-Marketing werden in aller Regel Stammkunden und gezielt ausgewählte Interessenten zu einer Kundenveranstaltung eingeladen. Der Erfolg dieser Maßnahme hängt natürlich zum einen davon ab, wie attraktiv das Zugpferd für die Veranstaltung ist. Einer unserer Kunden, der seit Jahren eng mit Steuerberatern kooperiert, lädt diese im Frühjahr und im Herbst zu einer Fachtagung ein, für die er als Hauptredner regelmäßig Top-Referenten des Finanzministeriums verpflichtet (für die er teilweise astronomische Honorare hinblättern muß).

Den mit Abstand größten Erfolg hatte er, als er vor einiger Zeit einen pensionierten Staatsanwalt einlud, der jahrelang ein Dezernat für Wirtschaftskriminalität betreut hatte. Sein Thema lautete: ›Was tun, wenn die Steuerfahndung klingelt?‹

Unser Klient hatte bei dieser Veranstaltung zweieinhalbmal so viele Teilnehmer wie sonst – und das bei einem höchst bescheidenen Honorar für den rüstigen Rentner, der sich riesig freute, andere an seiner jahrzehntelangen Erfahrung teilhaben zu lassen.

Natürlich ist Event-Marketing auch in Deutschland nichts Neues. Es gibt eine ganze Reihe von Unternehmen, die dies regelmäßig durchführen. In den letzten Jahren haben sich auch einige Werbeagenturen auf Event-Marketing spezialisiert. Sie bieten für solche Veranstaltungen attraktive Module vom Business-Theater über die aktive Einbeziehung der Teilnehmer bis hin zu attraktiven Gewinnspielen.

An einem entscheidenden Punkt allerdings kranken die meisten Veranstaltungen:

Ich bin immer wieder Gast bei Kunden-Events, bei denen dem Kunden ein tolles Programm und ein großer Nutzen geboten wird. Wenn ich mir allerdings anschaue, inwieweit das gastgebende Unternehmen dafür Sorge getragen hat, daß zu den neuen Interessenten ein ausbaufähiger Kontakt hergestellt wird, stelle ich fest: Fehlanzeige! Dies würde amerikanischen Profis nie passieren.

Lassen Sie uns also anschauen, wie Profis ein Event zur Interessentengewinnung gestalten. Zur Einleitung ein mahnendes Beispiel, wie man es besser nicht macht:

Ein Kunde von mir aus der Finanzdienstleistungsbranche scheute weder Kosten noch Aufwand. Er lud seine Gäste in einen der renommiertesten Golfclubs des Rheinlandes ein. Er bot einen Starreferenten auf, dessen Gage für den Abend mindestens 12.500 Euro betrug. Etwa hundert Kunden, Interessenten und eine Handvoll Steuerberater kamen zu dem Top-Event. Der Redner war in großartiger Form, vermittelte wichtige Erkenntnisse zum Steuersparen und würzte das Ganze mit so vielen Witzen und Pointen, daß die Zuhörer aus dem Schmunzeln nicht herauskamen.

Ein lehrreicher, unterhaltsamer und erfrischender Abend. Um 22.30 Uhr bat der Kunde dann zu einem traumhaften Buffet. Die Teilnehmer standen in lockerer Runde zusammen, griffen fünf oder zehn Minuten beim ein oder anderen Häppchen zu, bedankten sich kurz für die Einladung und verschwanden mehrheitlich um 22.45 Uhr mit dem Hinweis, daß sie am nächsten Morgen wieder früh im Büro sein müßten. Event-Profis können über eine solche Dramaturgie nur den Kopf schütteln.

So löblich es ist, daß Sie Ihre Kunden bei einer solchen Networking-Veranstaltung verwöhnen, so sehr sollte Ihnen als Unternehmer bewußt sein, daß Sie nicht nur ein Wohltätigkeitsverein sind: Sie führen diese Veranstaltung primär ja deswegen durch, weil Sie Kontakt zu neuen Interessenten gewinnen wollen. *Und deswegen sollte die gesamte*

Dramaturgie der Veranstaltung und der gesamte Ablauf auf dieses eine Ziel ausgerichtet sein. Schauen wir uns also einmal an, wie Profis ein solches Event strukturiert hätten.

1. Event-Profis berauschen sich nicht an möglichst hohen Teilnehmerzahlen bei Networking-Veranstaltungen, sondern überlegen sich sorgfältig, wie viele neue Interessenten Sie mit Ihrer Servicemannschaft überhaupt kontakten und persönlich betreuen können. Erfolgversprechend ist beispielsweise, 70 interessante Multiplikatoren einzuladen und diese wertvollen Kontakte mit einem Team von zehn Repräsentanten des eigenen Unternehmens in kleinen Gruppen von sieben Personen individuell zu betreuen. Dies bringt im Ergebnis sehr viel mehr als eine Veranstaltung mit vielleicht 200 Teilnehmern, bei denen die interessanten 70 Multiplikatoren in der großen Menge untergehen.
2. Event-Profis ist klar, daß Sie mit jedem neuen Interessenten ein so ausführliches Kontaktgespräch führen, daß sich daraus anschließend bei Interesse ein konkreter Ansatzpunkt für die weitere Kommunikation ergibt.
3. Der gesamte Zeitablauf des Events wird auf die Durchführung dieser Kontaktgespräche hin optimiert. Amerikanische Profis nutzen beispielsweise gern die Chance, einen Top-Redner die Veranstaltung eröffnen zu lassen. Sie geben ihm dann Gelegenheit, 30 bis 60 Minuten lang ein tolles Highlightfeuerwerk abzubrennen und dem Interessenten einige höchst interessante und für ihn nützliche Informationen anzubieten. Der erste Teil der Präsentation wird aber nach dem »Bikini-Prinzip« abgewickelt, das die Formel umschreibt: *Wichtiges andeuten, Entscheidendes verhüllen.* Der Präsentator wird also neben höchst nützlichen Informationen im ersten Teil vor allen Dingen auch Brücken und Hinweise zum zweiten Teil des Abendprogramms geben, um die Zuhörer zu motivieren, das gesamte Programm zu nutzen.
4. Nach dem ersten Veranstaltungsteil werden die Interessenten beispielsweise zu einem Gala-Dinner eingeladen. Dieses Dinner wird

niemals als Buffet organisiert, weil dann die Teilnehmer Gelegenheit hätten, frei gewählte Grüppchen zusammen zu bilden und zu diskutieren. In diesem Fall hätten die Kontakter des Unternehmens keine Möglichkeit, sich unauffällig, lässig und vor allem systematisch an den Gesprächen zu beteiligen. Clevere Veranstalter laden deswegen ein zu einem (typischerweise dreigängigen) Menü und sorgen dafür, das die Teilnehmer an Tischen mit 6 bis 8 Personen Platz finden. Damit jeder sich dort hinsetzt, wo ein auf ihn vorbereiteter Kontakter wartet, finden die Teilnehmer neben jedem Gedeck auch eine Platzkarte mit ihrem Namen.

5. Das Hotelpersonal hat für diese Veranstaltung ein spezielles Briefing bekommen. An diesem Abend werden die verschiedenen Gänge nicht so schnell geliefert, wie die Küche es könnte, sondern *wie das Unternehmen es braucht*, das zu diesem Event eingeladen hat. Während es mit dem ersten Gang (typischerweise einem vorbereiteten Salat) zügig losgeht, lassen die Gänge zwei und drei und der abschließende Kaffee exakt so lange auf sich warten, bis der Kontakter die Gelegenheit hatte, mit jedem der sieben Gäste an seinem Tisch ein kurzes, persönliches Gespräch zu führen.

6. Profiteams üben diese persönlichen Kontaktgespräche mit den Repräsentanten ihres Unternehmens im voraus. Sie stellen damit sicher, daß jedes Kontaktgespräch nicht nur mit einem Tausch der Visitenkarten endet, sondern bei gegenseitigem Interesse auch ein nächster konkreter Termin vereinbart wird.

7. Ein klassischer Gesprächseinstieg könnte dann beim nächsten Mal etwa so lauten: »Hallo, ich bin Carsten Meier, Filialleiter der XY AG. Schön, Herrn Müller, Sie heute abend als Gast bei uns zu haben. Vielleicht darf ich Ihnen gerade meine Karte geben... Sagen Sie, wie hat es Ihnen bis hierher gefallen?« Typischerweise antwortet der höfliche Kunde dann irgend etwas Positives, worauf unser Kontakter nachsetzt und beispielsweise sagt: »Wissen Sie, ich fand das war zwar hochinteressant, ging mir aber offen gesagt so schnell, daß ich mir bei diesem Ideenfeuerwerk kaum Notizen machen konnte.« Stimmt der Interessent daraufhin zu und sagt: »Ja, das war auch für

mich ziemlich viel!«, bietet der Kontakter an: »Wissen Sie, wenn das für Sie so interessant ist, dann werde ich einmal schauen, ob ich aus meinen Notizen und denen meiner Kollegen für sie eine kleine Zusammenfassung machen kann. Würde Ihnen so etwas gefallen?« Sagt der Interessent dann »Ja«, verspricht der Kontakter, sich mit ihm in Verbindung zu setzen, sobald die Zusammenfassung vorliegt. Eine Woche später hat er dann einen guten Aufhänger, um sich bei dem Interessenten zu melden: »Herr Kunde, es hat ganz schön lange gedauert. Wir haben auch noch einmal Kontakt mit dem Referenten aufgenommen. Der konnte uns noch einige interessante Zusatzinformationen zur Verfügung stellen. Ich habe das Ganze handschriftlich zusammengefaßt, können Sie mir noch fünf Tage geben, bis ich es in Reinschrift vorliegen habe?« (Hier zeigt sich schon die Extrameile, die dieses Unternehmen für seine Kunden und Interessenten geht.) Dann kommt die entscheidende Kontaktfrage: »Herr Kunde, ich sehe gerade in meinem Terminkalender: Ende nächster Woche bin ich ohnehin bei Ihnen oben in Hamburg, am Donnerstag und am Freitag. Sind Sie irgendwann in dieser Zeit da? Dann würde ich nämlich kurz bei Ihnen vorbeischauen und Ihnen unsere Ausarbeitung mitbringen. Vielleicht können wir ja noch bei der Gelegenheit eine Tasse Kaffee zusammen trinken...«

8. Doch zurück zum Abendprogramm: Nach dem Essen führt der Präsentator durch den zweiten Teil des Abends und gibt dort den Teilnehmern möglichst viele nützliche Informationen. Je mehr die Teilnehmer jetzt profitieren, desto besser behalten sie den Abend in Erinnerung. Um so größer die Chance, daß die während des Abendessens gelegte »Kontaktsaat« aufgeht...

Kapitel 15:
Netzwerkarchitekt werden

- Sind Sie schon Profi-Netzwerker?
- Ist Ihnen Networking – wie die Amerikaner es nennen – schon in Fleisch und Blut übergegangen?
- Haben Sie es schon zu Ihrer Lebensphilosophie gemacht?

Bevor Sie jetzt voreilig »Ja« sagen, folgender Test:

Angenommen, Ihr Haus oder Ihre Wohnung brennt, und Sie sind schon ein erstes Mal in das brennende Gebäude hineingelaufen, um Ihre Familienangehörigen zu retten. Nachdem Ihre Familie in Sicherheit gebracht ist, erkennen Sie, daß Sie – bevor gleich der brennende Dachstuhl einstürzt – noch einmal ins Haus zurücklaufen können, um Ihren wertvollsten Besitz in Sicherheit zu bringen. Charakterfrage: Was retten Sie?

Wenn Ihnen jetzt etwas anderes eingefallen ist *als Ihre Kunden- und Networkingkartei*, dann haben sie einen guten Hinweis darauf, daß Sie noch nicht Profi-Netzwerker sind.

Bevor Sie jetzt sagen, das Beispiel ist mir zu extrem, lade ich sie zu zwei gemütlicheren Testfragen ein.

- Angenommen, sie kommen abends in einer Gaststätte an der Bar mit einem Bekannten in ein Gespräch. Im Verlauf Ihrer angeregten Unterhaltung erzählt Ihnen der Bekannte, daß sein Bruder bei Blaupunkt arbeitet und exzellente Konditionen für Autoradios, CD-Player und Navigationssysteme bekommt. Ihr Bekannter bietet sogar an, Ihnen preiswert alles zu besorgen, was Sie brauchen, sobald Sie ihm Bescheid geben. Als überzeugter Netzwerker wissen Sie jetzt ganz genau: Im Moment brauche ich weder ein Autoradio noch ein Navigationssystem. Aber in zwei Jahren, wenn ich mein neues Auto bestelle, habe ich diesen Kontakt garantiert wieder vergessen. Testfrage: *Setzen Sie jetzt alles daran, die Adresse des Bruders Ihres Be-*

kannten auf einem Bierdeckel festzuhalten, damit Ihnen dieser Vit-
amin-B-Kontakt für Ihre Networking-Kartei auf keinen Fall verlo-
rengeht?

- Gehören Sie noch zu den leichtgläubigen Menschen, die sich auf die
  Angaben des Reiseprospekts verlassen, wo man den tollsten Meer-
  blick vor Augen hat, um anschließend etwas erstaunt über die tatsächlichen Gegebenheiten zu sein?
- Finden Sie auch regelmäßig erst hinterher heraus, daß das Hotel direkt
  am Meer doch noch anderthalb Kilometer vom Strand liegt?
- Oder gehören Sie zu denen, die seit Jahren mit Ihrer Familie nur
  noch dort Urlaub auf dem Bauernhof machen, wo Ihnen schon
  Freunde, Verwandte und Bekannte aus eigenem Erleben berichtet
  haben, daß es sich wirklich lohnt?

Networking als Lebensphilosophie

Der Mann, der mir vor Jahren die Augen geöffnet hat, was professionelles Networking eigentlich bedeutet, heißt Harvey Mackay. Ich
traf ihn vor Jahren auf einem amerikanischen Marketing-Kongreß.
Mackay ist Inhaber eines mittelständischen Unternehmens, das Brief-
umschläge herstellt und – im Zweitberuf – ein erfolgreicher Motiva-
tional Speaker in den USA ist. Als Harvey Mackay sein erstes Buch
veröffentlichen wollte, hatte er sich in den Kopf gesetzt, mit einer
100.000er-Auflage zu starten – was für das Erstlingswerk eines bis
dato unbekannten Autors bei einer Hardcover-Ausgabe schlichtweg
unrealistisch ist. Die meisten Top-Sachbücher in den USA, wie beispielsweise der Bestseller von Tom Peters und Robert Waterman, »Auf
der Suche nach Spitzenleistungen«, starten mit einer 10.000er-Auf-
lage. Entsprechend zurückhaltend – um nicht zu sagen: eisig – waren
die Reaktionen der Verhandlungspartner auf seine Forderungen.

Harvey Mackay erzählt, daß an einem Meeting des Morrow-Ver-
lages der Senior Vice President und der Vorstandsvorsitzende teilge-

nommen haben.[58] Als McCay seine Forderung nach einer 100.000er-Startauflage auf den Tisch legte, reagierten die Herren irritiert und wollten das Meeting in kürzester Zeit beenden.

Mackay stellte dann seine Kundenkartei auf den Tisch und erläuterte den Herren, daß in dieser Kartei 6500 Business-Kontaktaddressen seien, die er in 40jähriger Arbeit aufgebaut habe. Er erklärte seinen Verhandlungspartnern weiter, daß jeder dieser Kontakte zweimal jährlich persönlich gepflegt werde und bat die Herren dann, doch einmal stichprobenartig seine Kartei zu überprüfen. Nachdem das Managementteam des Verlages sich davon überzeugen konnte, daß in Harvey Mackays Kartei Top-Entscheider von 3M, IBM und Honeywell waren, ergab seine Argumentation auf einmal Sinn. Er sagte zu seinen Gesprächspartnern: »Wenn ich meinen 6500 Geschäftspartnern und Geschäftsfreunden in aller Welt ein Exemplar mit Widmung von mir schikke, und auch nur jeder Zehnte oder auch jeder Fünfzigste dieser Top-Entscheider für einige hundert oder einige tausend Mitarbeiter mein Buch kaufen möchte, dann könnt Ihr über Wochen und Monate nicht liefern.«

Seine Gesprächspartner waren derart beeindruckt, daß sie *erstmals in der über vierzigjährigen Verlagsgeschichte ein Sachbuch mit dieser Top-Auflage starteten.*

Harvey Mackay hatte damit genau das erreicht, was er wollte: Einen Stapeltitel, der in jeder Buchhandlung neben der Kasse lag. Was in hoher Auflage neben der Kasse liegt – das wissen wir alle –, muß ein Top-Titel sein. Wer also noch nicht weiß, was er verschenken will, der hat spätestens beim Stapeltitel die entscheidende Idee...

Wenn Sie noch immer zögern, ob Sie wirklich ein Networker werden sollen, dann lassen Sie mich Ihnen noch ein paar Beispiele für professionelles Networking vor Augen führen.

---

[58] Harvey Mackay: The Rolodex Network Builder. Minneapolis 1993, S. 9.

Networking hat in Deutschland zu Unrecht einen schlechten Ruf, weil es fälschlicherweise mit einigen unseriösen Multilevel-Marketingunternehmen in Verbindung gebracht wird, die in den siebziger Jahren diesen Begriff bei uns populär gemacht haben.

Damals gab es eine Firma namens »Golden Products«, die ihren Businesspartnern für viele tausend Mark zentnerweise Waschmittel in die Garage stellte und ihnen versprach, daß sie dieses Waschpulver mit erheblichem Gewinn an Nachbarn und Freunde würden verkaufen können...

Um es ganz deutlich zu sagen: Das Ausnutzen der Vertrauensposition von Freunden und Bekannten, um denen Produkte anzubieten, die auf einem anderen Vertriebsweg überhaupt nicht an den Mann oder die Frau zu bringen sind, hat mit Networking nicht das geringste zu tun. Deshalb noch einige Beispiele für richtig verstandenes Networking:

Denken sie zum Beispiel an Billy Paine, den Mann, der die olympischen Spiele 1996 nach Atlanta geholt hat.

Wie Sie sich vielleicht erinnern können, hatte sich 1996 auch die Stadt Athen um die olympischen Spiele beworben. Athen hatte 1896 bereits die ersten Olympischen Spiele der Neuzeit durchgeführt und war auch die Stadt, in der die olympischen Spiele im Altertum ihre höchst erfolgreiche Karriere begonnen haben.

Von daher gingen weltweit Millionen Beobachter davon aus, daß zur Hundertjahrfeier der olympischen Spiele Athen einen Traditionsvorteil zu bieten habe, an dem alle Mitbewerber scheitern würden.

Nicht so Billy Paine. Der unverbesserliche Optimist sagte zu Zeitungsreportern in einem Interview: »Ich wußte, daß ich weltweit nicht Milliarden Zuschauer der Olympischen Spiele zu überzeugen brauchte, sondern nur die Mehrheit der Mitglieder des internationalen Olympischen Komitees. Ich wußte weiter, daß auch nur der geringste Anschein eines Beeinflussungsversuches vor der Wahl unsere Bewerbung zum Scheitern verurteilen würde. Aber niemand konnte uns daran hindern, die persönlichen Vorlieben und Einstellungen aller IOC-Mitglieder im Vorfeld unserer Bewerbung genauestens in Erfahrung zu bringen. Und niemand würde uns daran hindern, vorher mit jedem IOC-Mitglied ein persönliches Gespräch vorneweg zu führen.

So wußten wir beispielsweise von einem Member, der ein begeisterter Golfer war. Wir besorgten uns deshalb eine Einladung zum Golfen in St. Andrews in Schottland, was für viele Golfer der Traum ihrer Karriere schlechthin ist. Hier müssen sogar Kaiser und Könige auf ihre Beziehungen vertrauen, um als Gäste überhaupt spielen zu dürfen.

Wir sorgten also dafür, das der beste Golfer unseres Präsentatorteams die Vorzüge von Atlanta informell bei einer Partie Golf in St. Andrews erläutern konnte. Und ich bin mir sicher, das die persönlichen Vorwegpräsentationen für Atlanta der entscheidende Schlüssel zum Erfolg waren.«

Ein anderes Beispiel für einen der besten Networker, den ich in Deutschland kenne, ist Altbundeskanzler Helmut Kohl. Die Tatsache, daß es in Deutschland souveränere Redner als Helmut Kohl gegeben hat, hat viele politische Gegner veranlaßt, den Altkanzler sträflich zu unterschätzen. Einer der Strategieberater der SPD, der Franziskanerpater Basilius Streithofen, hat über viele Jahre die Ansicht vertreten, Helmut Kohl sei der am meisten unterschätzte Mann in Bonn gewesen. Ich glaube, Streithofen hat recht gehabt.

Andere Politiker – zum Beispiel Franz-Josef Strauß – standen sehr viel mehr im Ruf, ein starker Mann zu sein als Helmut Kohl. Von Strauß ist beispielsweise das Bonmot überliefert: »Wer unter mir in Bonn Kanzler wird, ist egal!«

Doch wie war es wirklich? Das Filmporträt »Der Wendekanzler« beschreibt Helmut Kohl als einen Telefonkanzler, der im Hintergrund die Fäden gezogen hat. Der Film erinnert zum Beispiel an den Beschluß der CSU in Wildbad Kreuth, sich als vierte Partei über ganz Deutschland auszudehnen.

Während der politische Gegner schon frohlockte, Helmut Kohl werde nun von seinem Männerfreund Franz-Josef aus den eigenen Reihen besiegt, zog Kohl im Hintergrund die Fäden. Er verpflichtete – so der Dokumentarfilm – die profiliertesten CDU-Bundestagsabgeordneten, im Bedarfsfall in Bayern als Direktkandidaten anzutreten.

Anschließend telefonierte er mit den bayrischen CSU-Abgeordneten, um ihnen die Alternativ-Kandidaten der CDU für ihren Wahlkreis vorzustellen. Nachdem die Mehrheit der bayrischen CSUler dank dieses Networking-Schachzuges von Kohl um ihre Wiederwahl zu fürchten begannen, dauerte es nicht lange, bis der Druck auf Franz-Josef Strauß so groß wurde, daß der Beschluß der Klausurtagung von Wildbad Kreuth widerrufen wurde.

Unabhängig davon, ob diese Darstellung des Dokumentarfilms die wahren Hintergründe komplett widergibt oder nicht, bin ich mir einer Sache sicher: Wenn es heute in der Union noch einmal hart auf hart gehen sollte und einige der Kohl-Nachfolger wie Wolfgang Schäuble und Angela Merkel ihre Truppen mobilisieren müßten, so wäre es mit dem Netzwerk, auf das Helmut Kohl sich nach wie vor stützen kann, um den Altkanzler nicht schlecht bestellt...

Vielleicht sind Sie ja schon seit vielen Jahren von der theoretischen Richtigkeit des Networking-Gedankens überzeugt. Allein, Ihnen fehlte der Glaube, daß sich diese Theorie in Deutschland gewinnbringend umsetzen läßt.

Vielleicht denken Sie: »Wann immer ich mich in Deutschland umschaue und mir irgendwelche Networking-Kooperationen zwischen Unternehmen anschaue, dann stelle ich fest, daß die meisten dieser Kooperationen nicht funktionieren.«

Dies ist auch meine Beobachtung: *Mehrheitlich scheinen die Unternehmen und Unternehmer miteinander networken zu wollen, die selbst nicht so erfolgreich sind.* Und dann hofft jeder, wenn er in der Kooperation mit dem andern etwas raffinierter ist als der Geschäftspartner, daß er ihm vielleicht doch noch einige Kunden abluchsen kann. Und damit ist der Networking-Gedanke zum Scheitern verurteilt, bevor er sich überhaupt richtig entwickeln konnte.

Die wichtigste Voraussetzung dafür, daß Networking zum Erfolg wird, ist sogar vielen selbsternannten Networking-Experten nicht bekannt. Sie lautet:

Erfolgreiches Networking setzt einen Expertenstatus für eine bestimmte Zielgruppe voraus.

In den wenigsten Networking-Lehrbüchern, die ich kenne, wird auf diese Grundvoraussetzung hingewiesen. Dabei liegt sie offenkundig auf der Hand. Um es an einem extremen Beispiel zu verdeutlichen:

Angenommen, Sie hätten gerne als Kunden eine Zielgruppe, die an Exklusivität nicht mehr zu überbieten ist. Nehmen wir an, Sie würden am liebsten nur an alle diejenigen verkaufen, die mindestens fünf Ferraris ihr eigen nennen. Darüber hinaus legten sie Wert darauf, daß diese Ferrari-Eigner ihre Kinder jeden morgen mit einem Bell-Jet-Ranger-Helikopter zum Kindergarten fliegen würden. Und als I-Tüpfelchen würden Sie aus diesem erlauchten Kreis nur die elitäre Teilmenge akzeptieren wollen, die darüber hinaus eine American-Express-Black-Centurion-Kreditkarte besäße.

Vielleicht werden Ihre Freunde jetzt einwenden, Ihre Zielgruppe sei sehr extrem, weil ihr in Deutschland maximal zehn Familien angehören würden. Je nachdem, welches Geschäft Sie betreiben, werden Ihnen diese zehn Wohlhabenden allerdings leicht genügen…

Ich weiß, dieses Beispiel ist stark übertrieben. Und gerade weil es so überspitzt ist, läßt sich an ihm das Grundprinzip darstellen, um das es mir geht:

Jede Zielgruppe, die Sie gerne hätten, ist seit Jahren fest im Besitz anderer Unternehmen!

Prüfen wir das Ganze an der oben beschriebenen Zielgruppe: Auto-Becker in Düsseldorf, Deutschlands größter Ferrari-Händler, hat in den letzten Jahrzehnten zweistellige Millionenbeträge investiert, um einige hundert Ferrari-Fahrer in seiner Stammkundenkartei führen zu können. Auto-Becker könnte Ihnen ganz exakt die 41 Stammkunden nennen, die zur Zeit mehr als fünf Ferraris besitzen. Die deutsche Vertretung der Firma Bell könnte Ihnen mühelos die wenigen Dutzend Kunden nennen, die einen Bell-Helikopter nicht nur beruflich, sondern auch privat nutzen. Und für American Express ist die überschaubare Teilzielgruppe der Black-Centurion-Mitglieder ebenfalls schnell verfügbar.

Vielleicht denken Sie jetzt:

»Alles schön und gut. Aber was um alles in der Welt sollte Auto-Becker motivieren, mir seine Stammkundenkartei zur Verfügung zu stellen? Der wird doch überhaupt kein Interesse daran haben, nachdem er Millionen in seine Stammkunden investiert hat, mir die Tür zu diesen Kunden zu öffnen.«

Und genau damit haben Sie recht!

Auto-Becker wird seine Stammkundenkartei, in deren Aufbau er viele Millionen investiert hat, hüten wie einen Augapfel. Er wird einen Teufel tun, Ihnen seine wertvollen Kunden anzubieten, *es sei denn, Sie hätten einen Expertenstatus, mit dem Auto-Becker seine Stammkunden noch stärker an sich binden könnte!*

Stellen Sie sich vor, Sie wären Franz Beckenbauer und würden – wie Franz Beckenbauer dies tatsächlich tut – Ihre Vortragshonorare einer gemeinnützigen Einrichtung zur Verfügung stellen. Sie würden als Kaiser Franz pro Abend ein Vortragshonorar von 75.000 Euro realisieren und hätten eine tolle Idee. Weil es kurz vor Weihnachten ist, bieten sie Auto-Becker an, seine 1500 Ferrari-Stammkunden zu einer Jahresabschlußfeier einzuladen. Sie machen das Angebot, zwei Stunden über die Führungsgeheimnisse beim FC Bayern zu referieren. Sie offerieren weiter, auf Ihr Vortragshonorar zu verzichten. Ihre einzige Bitte: Sie würden gerne am Ende der Veranstaltung den teilnehmenden Ferrari-Fahrern die Arbeit des Kinderhilfswerks vorstellen, das sie unterstützen, und jeden – jetzt kurz vor Weihnachten – um eine persönliche Spende bitten.

Testfrage: Angenommen, Sie hätten einen solchen Expertenstatus wie Franz Beckenbauer, Tiger Woods oder vielleicht auch Ex-Außenminister Henry Kissinger:

Könnte es sein, daß Auto-Becker oder ein vergleichbarer Kooperationspartner ein Interesse daran hätte, mit Ihnen zum Zwecke der Kundenbindung zu kooperieren?

Was ich gerade zur Verdeutlichung an diesem Extrembeispiel im großen beschrieben habe, gilt natürlich auch im kleinen und damit für jede Kooperation:

Leistungsfähige Unternehmen, die selbst einen Expertenstatus haben, sind nur an der Kooperation mit Experten interessiert, die der eigenen Kundenbeziehung einen Mehrwert geben können.

Für den Fall also, daß die im zweiten Teil des Buches vorgestellte Argumentation zum Aufbau eines Expertenstatus Sie noch nicht überzeugt hat, haben Sie jetzt erneut die Gelegenheit, aus einer anderen Perspektive heraus die Schlüsselfunktion eines Expertenstatus für Ihren unternehmerischen Erfolg zu überdenken.

Deshalb noch einmal eindringlich die Frage: *Verfügen Sie bei einer bestimmten Zielgruppe über einen Expertenstatus, der Sie für andere Unternehmen zu einem interessanten Networking-Partner macht?*

Huckepack- und Multiplikatoren-Networking

Die Fähigkeit, in (für beide Seiten) lohnenden Netzwerken zu denken, ist bei deutschen Unternehmern noch nicht sehr ausgeprägt.

Frage ich zum Beispiel in unserem Workshop »Das Neue Verkaufen« danach, wie ein Autohändler mit einem Rechtsanwalt networken könnte, stellt sich sehr schnell Ratlosigkeit ein.

Stelle ich dieselbe Frage meinem 17jährigen Neffen in den USA, dann kommt die Antwort wie aus der Pistole geschossen: Wenn jemand einen Unfall hat und zum Anwalt kommt, dann fragt der: »Haben Sie schon einen günstigen Leihwagen?« Verneint der Kunde, empfiehlt der Anwalt seinen Networking-Partner: »Ich kenne da einen Händler, mit dem wir gut kooperieren. Dort bekommen Sie einen Mietwagen, zwei Klassen höher zu Konditionen, die sie mit Ihrer Versicherung abrechnen können...«

Kommt der verunglückte Kunde zum Autohändler, dann fragt der:

»Haben sie schon einen guten Anwalt? Falls nicht, kann ich Ihnen einen Top-Mann empfehlen, mit dem wir seit Jahren die besten Erfahrungen gemacht haben...«

Wir brauchen deshalb in Deutschland erst einige Beispiele, um unsere Kreativität und Innovationsfreude in Gang zu bringen, was das Networking angeht.

Ein exzellentes und sehr inspirierendes Beispiel für Lieferanten-Networking bietet mein Trainerkollege Klaus Kobjoll. Er ist Inhaber des Schindlerhofes in Nürnberg, der im vergangenen Jahr von einer unabhängigen Jury zum besten deutschen Tagungshotel gekürt worden ist.

Klaus Kobjoll hat in den vergangenen Jahren mit seiner Mannschaft so ziemlich jede Qualitätstrophäe gewonnen, die es zu gewinnen gibt – 1997 beispielsweise den European Quality Award, die höchste Qualitätsauszeichnung, die Europa zu vergeben hat. Daß Klaus Kobjoll mit seinem Schindlerhof über einen Expertenstatus verfügt, steht außer Frage.

Wenn Sie sich einen Eindruck davon verschaffen wollen, wie gut Herr Kobjoll seinen Expertenstatus zum Networking zu nutzen weiß, dann lohnt sich unbedingt ein Besuch im Schindlerhof:

Ob es um Segafredo-Espressomaschinen geht, den Swatch-Kleinwagen, den der Azubi des Monats fährt, oder ob es sich um den lichtstarken Sony-Beamer im großen Konferenzraum dreht:

Viele Kooperationspartner stellen dem Schindlerhof ihre Top-Produkte leihweise zur Verfügung, denn sie wissen, daß sich die Zusammenarbeit mit dem PR-Genie Kobjoll lohnt. Stellt DaimlerChrysler dem Azubi des Monats einen Swatch zur Verfügung, dann sorgt Klaus Kobjoll dafür, daß Mercedes eine gelungene PR-Story über »Mitarbeiter-Motivation mit Dienstwagen« erhält. Halten wir also nochmals fest: *Ein Profi reicht dem anderen gern die Hand...*

Ein weiteres Beispiel für eine einfache, gelungene Kooperationsidee verdanke ich einem meiner Kunden. Als Inhaber eines gutgehenden Delikatessenfachgeschäfts kam er auf die Idee, mit der örtlich führenden Metzgerei zu kooperieren. Er schlug dem Metzgermeister vor, seinen Kunden als Dankeschön für die langjährige Zusammenarbeit einen Gutschein seines Feinkost-Fachgeschäfts zu überreichen. Die Kosten für das Texten des Briefes, das Porto und natürlich die Warengutscheine im Wert von 25 Euro würde selbstverständlich er – der Delikatessenhändler – übernehmen. So schrieb dann der Metzgermeister seinen Kunden:

Sehr geehrte Frau Stratmann, sehr geehrter Herr Stratmann,

seit vielen Jahren sind Sie treuer Stammkunde unserer Metzgerei und wissen unsere erstklassigen Fleischqualitäten zu schätzen. Wie Sie vielleicht wissen, kooperiert unser Fleischerfachbetrieb seit dem letzten Frühjahr mit dem Partyservice der Feinkost XYZ. Wir haben dabei die Erfahrung gemacht, daß unsere hervorragenden Fleischqualitäten mit den Delikatessen von XYZ – insbesondere seinem täglich frischen Gemüse vom Pariser Wochenmarkt – noch besser zur Geltung kommen.

Als Dankeschön für Ihre langjährige Treue habe ich mich deswegen spontan entschlossen, Ihnen einen Einkaufsgutschein von Feinkost XYZ im Wert von 25 Euro zu überreichen.
Wenn Sie also das nächste Mal einen Grillabend oder ein gemütliches Beisammensein mit Ihren Freunden planen, dann erfreuen Sie sie nicht nur mit unseren Top-Fleischqualitäten, sondern nutzen die Gelegenheit, Ihr Buffet mit Delikatessen von Feinkost XYZ abzurunden.

Wir freuen uns sehr auf die weitere Zusammenarbeit.

Mit freundlichen Grüßen

Ihr Hans Heinrich Schulte, Metzgermeister

Ob sparsame Deutsche – auch außerhalb des Schwabenlandes – von einem solchen Einkaufsgutschein im Wert von 25 Euro Gebrauch machen?

Aus einer Vielzahl von Feedbacks meiner Kunden kann ich dies eindeutig bejahen. Die wenigsten Menschen sind bereit, einen Gutschein über 25 Euro verfallen zu lassen – insbesondere dann, wenn er mit geringem Aufwand in der eigenen Heimatstadt eingelöst werden kann.

Interessanterweise kaufen die meisten Beschenkten übrigens nicht Ware für 25,20 Euro. Sie stellen sich eher Warenkörbe zwischen 45 und 65 Euro zusammen und fragen dann an der Kasse etwas schüchtern, ob der Gutschein, den Sie bekommen haben, noch gültig ist…

Ob sich diese Maßnahme für unseren Delikatessenhändler wohl gelohnt hat? Bei 500 eingelösten Gutscheinen hat er Ware zum Einkaufspreis von etwas über 5000 Euro eingesetzt. Seine Ausbeute waren knapp 200 neue Kunden, bei denen er einen prägenden Ersteindruck als der in der Region führende Delikatessenhändler hinterlassen konnte. Einen solchen Kunden für rund 25 Euro Front-End-Marketingkosten einkaufen zu können, dürfte mit anderen Marketingmaßnahmen kaum möglich sein…

Drittes Networking-Beispiel: Als ich 1992 auf der Suche nach einem geeigneten Trainigszentrum in Nordrhein-Westfalen war, machte ich die Bekanntschaft eines sehr fairen und zuverlässigen Maklers. Er wies mich zum Beispiel auf alle versteckten Mängel des Objektes hin, das ich damals kaufen wollte. Er half mir auch, überschlägig den Investitionsaufwand für die Renovierung des Objektes einzuschätzen. Er lud mich mehrfach zum Essen ein. Er zeigte mir die Infrastruktur meiner neuen Heimatstadt. Er zeigte mir mehrere Mehrfamilienhäuser, die ihm dort gehörten, so daß ich mich als alter Netzwerker zu fragen begann, wann er mir wohl seine Networking-Kooperationspartner vorstellen würde.

Unser früheres Trainigszentrum in Bad Münstereifel war etwa 130 km von meiner Heimatstadt Essen entfernt. Ich hatte deshalb die Erwartung, daß mich mein Top-Makler eines Tages beiseite nehmen würde, um mir folgendes Angebot zu unterbreiten:

»Herr Christiani, Sie haben bei Ihrem Trainingszentrum einen siebenstelligen Renovierungsaufwand. Ich bin mir sicher, daß Sie für jedes Gewerk, daß Sie in Auftrag geben, mehrere Vergleichsangebote einholen werden. Aber das Problem bei Handwerkern ist ja immer, daß man ihnen nur vor den Kopf schauen kann. Ich selbst habe beispielsweise 15 Jahre gebraucht, um hier in der Region diejenigen Handwerker zu finden, denen ich hundertprozentig vertrauen kann. Wenn Sie wollen – als Teil meines Services –, gebe ich ihnen gerne einige Empfehlungen. Sie sollten sich auf jeden Fall mehrere Angebote machen lassen. Aber für den Fall, daß der Handwerker, den ich empfehle, für Sie auch preislich interessant ist, können Sie ihm beruhigt den Zuschlag geben. Denn für seine Qualität kann ich wirklich meine Hand ins Feuer legen…«

Hätte ich auf diese Anregung hin den Kooperationspartnern meines Maklers wohl den Zuschlag gegeben, wenn sie sich preislich in einem angemessenen Bereich bewegt hätten?

Angenommen, mein Makler hätte es mit dieser Empfehlung geschafft, einige hunderttausend Euro unseres Renovierungsaufwands an sein Expertennetzwerk weiterzuleiten.

- Wäre es fair, wenn er als Dankeschön von all diesen Handwerkern verlangen würde, daß sie für ihn wie Schießhunde auf der Lauer lägen, wenn es um den Kauf und Verkauf von Immobilien ginge?
- Wäre es o.k., wenn jeder seiner Kooperationspartner diesem Makler sofort Bescheid geben würde, wenn er vom Verkauf eines interessanten Objektes erführe?

Auch, wenn es solche Netzwerkkooperationen in Deutschland sicher schon teilweise gibt, so ist diese Entwicklung im Vergleich zu den Vereinigten Staaten bei uns in einem paradiesischen Frühstadium.

Wenn ich mich mit amerikanischen Marketing- und Verkaufsspezialisten austausche, sind diese über die hervorragenden Networking-Startbedingungen in Deutschland verblüfft. Beispiele wie die folgenden aus meinem Kundenkreis sind auf Marketing-Konferenzen in den Staaten Auslöser für Heiterkeit:

- Einer meiner Kunden, ein selbständiger Finanzdienstleister aus der Nähe von Köln, entschied sich nach unserem Workshop »Das Neue Verkaufen«, doch einmal den Filialdirektor der örtlichen Sparkasse auf eine Kooperation anzusprechen. Er sagte sich: »Schließlich habe ich ja ein Sparbuch bei der Sparkasse, von daher könnten die ja ruhig mit mir kooperieren.« So sprach er den zuständigen Filialleiter auf einen Schaukasten außerhalb des Bankgebäudes an, in dem die Bank einzelne Immobilienobjekte zum Kauf anbot. Mein Kunde bat darum, sofern in dem Schaukasten noch Platz sei, eigene Immobilienangebote dort mitauszuhängen. Zum Erstaunen des Kunden willigte der Filialdirektor sofort ein. Seine Überlegung: ›Wir haben ohnehin zu wenig Kunden, die sich unseren Immobilienaushang anschauen. Je mehr interessante Objekte dort aushängen, um so besser für uns alle.‹

- Nachdem mein Kunde über diesen Umsetzungserfolg in einer mehrteiligen Marketingakademie mit insgesamt 29 Teilnehmern berichtet hatte, erzählten drei weitere Teilnehmer drei Monate später, daß es ihnen ebenfalls gelungen sei, mit örtlichen Sparkassen oder Raiffeisenbanken ins Geschäft zu kommen...

Damit wir uns recht verstehen: Ich bin fest davon überzeugt, daß diese Kooperationsmöglichkeit mit der örtlichen Sparkasse für meinen Kunden mehrere zehntausend Euro wert ist.

Wann immer er sich nämlich bei einem neuen Kunden vorstellt, kann er sagen: »Sie kennen mich vermutlich noch nicht. Ich bin Kooperationspartner der örtlichen Sparkasse hier. Wenn Sie einmal unten in der Fußgängerzone an deren Schaukästen vorbeikommen, dann werden Sie sehen, daß wir im Sektor der Immobilienangebote miteinander kooperieren...« Auf diese Art das eigene Image mit dem eines renommierten Kreditinstitutes verknüpfen zu können, ist sicherlich nicht der schlechteste Start für eine Expertenpositionierung...

Zweites Beispiel: Vor einigen Jahren saß ich mit einem meiner Kunden, dem Generalbevollmächtigten einer Privatbank in Berlin, beim Abendessen zusammen. Der Kunde klagte mir sein Leid. Sein Sohn hatte nämlich gerade ein zweites Studium ergebnislos abgebrochen und plante nun, zusammen mit einem befreundeten Koch ein italienisches Spezialitätenrestaurant zu eröffnen. Der Vater war darüber besorgt und sagte mir: »Überlegen Sie mal: In Berlin gibt es schon 5000 Restaurants und Kneipen. Wo wollen die beiden da mit einem italienischen Spezialitätenrestaurant noch eine Chance haben? Von mir bekommt er jedenfalls keinen Cent Unterstützung.« Nach einer kleinen Gesprächspause fuhr der Banker dann fort und fragte mich: »Herr Christiani, Sie machen doch Marketing-Strategie-Coachings. Hätten Sie denn nicht eine interessante Startidee für die beiden?«

Ich verneinte zunächst, doch dann fiel mir ein, daß ich einige Monate zuvor von einem aufdringlichen Friseur fast anderthalb Stunden lang bearbeitet worden war, ein gerade eröffnetes griechisches Restaurant in der Nähe zu besuchen, von dem der Friseur sehr angetan war.

Aus einer Bierlaune heraus – und mehr verschmitzt als ernst – berichtete ich dem Kunden von meinem Erlebnis. Ich sagte ihm, daß sein Sohn ja einmal im Umkreis des neuen Restaurants ermitteln könnte, wie viele Friseurfachgeschäfte dort als potentielle Multiplikatoren in Betracht kämen. Ich spann den Gedanken dann weiter und schlug vor, solche oder ähnliche Multiplikatoren zur Eröffnungsfeier des Restaurants einzuladen.

Der Banker fragte zurück, wie sein Sohn denn begründen sollte, daß er gerade alle Friseure der Umgebung zur Einweihungsfeier bitten würde. Meine Antwort kurz vor Mitternacht: »Das weiß ich auch nicht, aber vielleicht kann er ja schreiben, ihm seien die Haare ausgefallen und sein Friseur hätte dafür gesorgt, daß sie jetzt alle wieder wüchsen. Von daher sei er allen Friseuren sehr zu Dank verpflichtet…«

Nachdem ich mit diesem Kunden einige Monate keinen Kontakt hatte, hatte ich das Erlebnis fast vergessen. Bei unserem nächsten gemeinsamen Seminar kam der Kunde dann auf mich zu und bedankte sich überschwenglich. Er berichtete, daß knapp 60 Prozent der eingeladenen Multiplikatoren von der Einladung zur Eröffnungsveranstaltung Gebrauch gemacht hätten. Er erzählt mir weiter, daß sein Sohn jetzt noch – Wochen später – Empfehlungsgäste bewirten würde, die von ihrem Friseur auf das neue Spezialitätenrestaurant aufmerksam gemacht worden waren.

Einziger Kritikpunkt: Manche Friseure wollten wissen, welches Rezept denn so hervorragend gegen Haarausfall gewirkt habe, worauf der Sohn meines Kunden keine befriedigende Antwort parat hatte...

Immer, wenn ich von solchen oder ähnlichen einfachen Networking-Beispielen berichte, mit denen viele unserer Kunden hervorragende Erfolge erzielt haben, seufzen manche Seminarteilnehmer und denken: Wenn das doch alles nur so einfach wäre!

Nach vielen Dutzend Unternehmercoachings kann ich Ihnen sagen, daß der Aufbau eines funktionierendes Netzwerks nicht immer so einfach ist, wie hier beschrieben.

Auf der anderen Seite ist er in aller Regel jedoch erheblich einfacher, als die meisten unserer Kunden zuvor vermutet haben.

Die Frage ist: Wie können Sie für Ihr Unternehmen die besten Networking-Partner finden? Die wichtigste strategische Power-Frage dazu lautet:

Wer kennt die, die ich kennenlernen möchte?

Anders ausgedrückt:

- Welche Unternehmer betreuen schon seit Jahren die Zielgruppe, in die ich mich hineinentwickeln möchte?
- Weiter: Was könnte ich diesen Unternehmen von meinem Expertenstatus her zur Unterstützung ihres Kundenbindungs-Konzeptes anbieten?

Erste Technik: Die Suche nach der gleichen Zielgruppe:

Angenommen, Sie sind Finanzdienstleistungs-Experte. Als vermögende Zielgruppe würden Sie gerne die Zahnärzte Ihrer Region gewinnen. (Um einmal mit dem Zielgruppenbeispiel der geringstmöglichen

Kreativitätsstufe zu beginnen: Es sollte sich nämlich mittlerweile herumgesprochen haben, daß es mindestens ein halbes Dutzend neuer Freiberufler-Gruppen gibt, die mindestens genausoviel verdienen wie Zahnärzte, aber noch nicht ständig mit Vermögensanlageprodukten bombardiert werden. Denken sie zum Beispiel an den Mann, der für 125 Euro Stundenlohn Ihren Computer repariert – oder an Netzwerkspezialisten, Softwareprogrammierer, Informatiker, Web-Designer...)

Bleiben wir also bei der vielzitierten Zielgruppe der Zahnärzte, um zu zeigen, daß die Networking-Techniken des Magnet-Marketing auch hier zum Erfolg führen.

Sie würden sich also zunächst fragen, welche anderen Unternehmen sich auf Zahnärzte spezialisiert haben. Und dann würde Ihnen neben den Dentallabors zum Beispiel die Unternehmen einfallen, die für Zahnärzte das Abrechnungswesen durchführen, oder die Unternehmen, die Zahnärzten vom Zahnarztstuhl bis zum Bohrer ihre Praxisausstattung liefern, sich um deren Abrechnungswesen kümmern usw.

Unterstellen wir, Sie wären als Koryphäre in der Vermögensanlageberatung bei erfolgreichen Freiberuflern bekannt und hätten über dieses Thema mehrere Bestseller geschrieben. Ihre Aufsätze zu Themen wie »Wie Zahnärzte auch nach dem zweiten Kostendämpfungsgesetz in kurzer Zeit durch intelligente Steuermodelle ein Vermögen aufbauen« sind in der einschlägigen Fachpresse die Renner der Saison. Mit dieser Reputation sind Sie für alle Unternehmen, die Zahnärzte in ihrer Kundschaft näher an sich binden wollen, ein interessantes Zugpferd – ein Beckenbauer im kleinen. Nutzen *Sie das Kundenbindungspotential, das Sie für Ihre Kooperationspartner besitzen, zum Gesprächseinstieg.*

Zweite Technik: Der Spaziergang durch die Stadt:
Diese Technik ist verblüffend einfach, funktioniert jedoch für Unternehmen, die in einer Region Marktführer sind oder werden wollen, erstaunlich gut. Die Empfehlung lautet: *Spazieren Sie sonntags einmal durch die Fußgängerzone ihrer Heimatstadt. Fragen Sie sich bei jedem Geschäft: Ist dieses Unternehmen für mich ein interessanter Netzwerk-*

Partner, mit dem sich eine Kooperation lohnen könnte?

Einige unserer Kunden haben ihrem Sonntags-Spaziergang so interessante Kooperationsideen zu verdanken, daß sie sich nachher ziemlich zerknirscht gefragt haben, wieso ihnen derart naheliegende Ideen
nicht schon Jahre früher eingefallen sind...

Übrigens: Wenn Ihnen der Sonntagsspaziergang zu profan erscheinen sollte, tut es auch das sorgfältige Studium eines großen Adreßkata-
loges von Schober oder Bertelsmann: Dort finden Sie weit mehr Branchen und Berufsgruppen aufgelistet, als Otto Normalverbraucher sich
je vorstellen könnte. Auch bekommen Sie dort jede Menge *Ideen, mit
wem es sich lohnen könnte, die gleiche Zielgruppe kooperativ zu be-
ackern.*

*Dritte Technik: Multiplikatoren-Networking mit der Bürgermeisterwahl-
Methode:*

Die strategische Schlüsselfrage beim Multiplikatoren-Networking
lautet: Wer hat Einfluß bei denen, die ich kennenlernen möchte?

Der Firma Nike ist es beispielsweise mit dieser Frage vor einigen
Jahren gelungen, an nahezu allen etablierten Mitanbietern vorbeizu-
ziehen. Als Nike erkannte, daß Sportschuhe als Freizeitbekleidung für
Jugendliche in einem neuen Marktsegment Fuß fassen konnten, verpflichtete man das Mega-Idol dieser Zielgruppe (Michael Jordan) und
brachte mit ihm zusammen einen neuen Sportschuh mit Luftsohle heraus (den »Air Jordan«) – ein Marketing-Geniestreich, der Nike hip,
cool und in sein ließ wie nie zuvor.

Ähnlich innovationsförderlich wie der Sonntags-Spaziergang ist die
Technik der Bürgermeisterwahl, wenn es darum geht, die interessanten Multiplikatoren für eine Kooperation zu finden:

Stellen Sie sich vor, in sechs Wochen wäre Bürgermeisterwahl. Der
ursprünglich vorgesehene Kandidat müßte aus gesundheitlichen Gründen verzichten. Ihre Partei trägt Ihnen – einem völlig unbekannten
Youngster und Nobody – die Kandidatur an. Bis zur Wahl können Sie
36mal frühstücken, 36mal zu Mittag essen und 36mal zu Abend speisen mit den Unternehmern, Gewerkschaftlern, Vereinsvorsitzenden,

Kirchenvorständen und *sonstigen Netzwerksknotenpunkten,* die Sie vor Ihrer Wahl überzeugen müssen

Wen würden Sie treffen wollen, damit Sie in sechs Wochen gewählt werden? Einer meiner Kunden, dem vorher keine interessanten Multiplikatoren eingefallen waren, notierte im Einzelcoaching in rund 20 Minuten 78 Namen und hatte damit ein fast vollständiges Soziogrammm der Einflußreichen in seiner Region.

Die Hohe Schule amerikanischer Networking-Profis

Mit der Identifikation interessanter Multiplikatoren sind wir zwar einen wichtigen Schritt weiter, aber noch lange nicht am Ziel.

Mal angenommen, Sie wüßten, Franz Beckenbauer wäre für Sie der ideale Multiplikator, um Ihr Business voranzubringen. Spätestens jetzt stellen Sie fest, daß vor Ihnen schon mindestens 250 andere Unternehmer auf die Idee gekommen sind, Kaiser Franz als Multiplikator für sich gewinnen zu wollen. Es ist deshalb nicht erstaunlich, daß interessante Multiplikatoren – sei es Tiger Woods im großen oder der Bürgermeister Ihrer Heimatstadt im kleinen – von potentiellen Networkern angezogen werden wie die Motten vom Licht.

Top-Multiplikatoren haben deswegen in aller Regel zwei Erfahrungen gemacht:

Zum einen wissen sie, daß *viel von dem Entgegenkommen, auf das sie treffen, nicht ihrer Person gilt, sondern ihrer Funktion und ihrem Business-Potential.* Viele umgeben sich deswegen mit einem Schutzwall, der es schwer macht, sie persönlich zu erreichen.

Zum anderen haben attraktive Multiplikatoren schon mit »Lautsprechern« und Großmäulern ihre Erfahrungen gesammelt, so daß sie *auf neue Geschäftskontakte eher abwartend und vorsichtig reagieren.* Das bedeutet in der Praxis:

Je interessanter der Multiplikator ist, den wir gewinnen wollen, um so größer die Zahl der Extrameilen, die wir zurücklegen müssen, um ihn zu überzeugen.

Amerikanische Networking-Profis, die vom Networking-Know-how und ihren praktischen Erfahrungen her ihren europäischen Kollegen einige Jahre voraus sind, haben eine ganze Reihe bewährter Techniken entwickelt, um Top-Multiplikatoren für sich zu gewinnen. Nachfolgend sind einige der interessantesten Wege aufgeführt.

Der Außendienstverstärker

Unabhängig davon, wieviel Erfolg ein Mensch schon hat, die meisten von uns können weitere Unterstützung gebrauchen, wenn es um die Frage geht, wie wir unseren Umsatz erhöhen und an alte oder neue Kunden mehr verkaufen.

Eine der besten Startchancen für eine Kooperation mit einem interessanten Partner haben Sie deswegen dann, wenn es Ihnen gelingt, sich Ihrem Kooperationspartner als Verstärker seines Außendienstes zu empfehlen.

Auf diese Methode bin ich vor einigen Jahren auf einem amerikanischen Marketing-Kongreß gestoßen. Ein junger Investment-Spezialist referierte damals über seinen Durchbruch auf dem Weg zum Erfolg und schilderte unter anderem seinen Karrierestart:

»Eines Tages fand ich in unserer Tageszeitung einen großen Bericht über den Präsidenten des Clubs von Multi-Millionären in Florida. Nach allem, was dort stand, waren die 327 Millionäre dieses Clubs meine absolute Traum-Zielgruppe. Zunächst hatte ich überhaupt keine Idee, wie ich mit dem Club oder seinem Präsidenten in Kontakt treten könnte. Am Schluß des Artikels fand ich dann den Hinweis, daß der Club-Präsident im Ehrenamt in seiner Kirchengemeinde sehr aktiv war und auch häufiger Aufgaben als Laienprediger übernahm. In diesem Zusammenhang wurde auch auf die große Kollektion von Audio-Cassetten hingewiesen, die der Präsident zum Thema »Positives Denken aus dem Glauben« verlegt hatte.

Das machte mich nun neugierig, und deswegen bestellte ich mir sein Cassetten-Programm. Das Hörprogramm war keineswegs sensationell, aber ich hatte eine Idee: Ich schrieb dem Präsidenten einen Brief, machte ihm ein Kompliment für seine interessanten Vorträge und bat ihn, mir einmal Cassettenwerke für meine Kunden zuzusenden. Als ich die Bestellung im Wert von knapp 5000 US$ losschickte, kam ich mir vor wie ein Trottel, der den größten Marketingfehler seines Lebens begeht. Einige Cassettenprogramme verschenkte ich an Kunden von mir, andere stellte ich Hilfsorganisationen für Jugendliche zur Verfügung.

Drei Monate später schickte ich dem Präsidenten einen weiteren Brief. Inhalt: Seine Cassettenprogramme seien bei meinen Kunden hervorragend angekommen. Ich würde ihn deshalb gerne näher kennenlernen, um mit ihm die Möglichkeiten einer Zusammenarbeit abzuklären. Der Präsident rief mich zurück. Er war hocherfreut über meinen Absatzerfolg und lud mich zu einem persönlichen Gespräch ein.

Im Laufe dieses Gesprächs gestand er mir, daß ich in den letzten drei Monaten genausoviel Cassetten verkauft habe wie er selbst. Er fragte mich nach meiner Zielgruppe, die ein so ungewöhnlich hohes Interesse an persönlicher Weiterbildung habe. Ich erzählte ihm, daß ich Investment-Spezialist sei und meine Kunden überwiegend bei der Anlage eines größeren Vermögens berate. Da die meisten meiner Kunden im Leben finanziell schon viel erreicht hätten, wären sie einer persönlichen und spirituellen Weiterbildung gegenüber sehr aufgeschlossen.

Der Club-Präsident war daraufhin sehr angetan und schilderte mir das Anliegen seines Clubs, vermögende Menschen zusammenzuführen, um ihnen einen Austausch unter Gleichgestellten zu ermöglichen und sie in der persönlichen Weiterbildung zu unterstützen. Ich wurde noch am gleichen Tag eingeladen, bei der nächsten Mitgliederversammlung ein Referat über meine Anlagestrategien zu halten. Dies ist jetzt fünf Jahre her. Seit diesem Tag habe ich in diesem Club mehr als zwei Dutzend Kunden gewonnen, und ich kann Ihnen eines versichern: Selbst wenn ich statt der 5000 US$, die ich damals als Anfangsinvestition eingesetzt hatte, das *50fache investiert hätte, wäre es immer noch die mit Abstand beste Marketing-Investition meines Lebens gewesen.*

Dieses Referat des jungen Investmentspezialisten bedeutete für mich damals ein wichtiges Aha-Erlebnis, denn es öffnete mir die Augen für Marketing-Wege, über die ich noch nie nachgedacht hatte.

Der Weg des Außendienstverstärkers ist sicher zu aufwendig und anspruchsvoll, als daß man ihn bei jedem Netzwerk-Kontakt gehen könnte. Bei wichtigen Schlüssel-Multiplikatoren erlaubt er jedoch einen Einstieg, der an Nützlichkeit kaum zu überbieten ist.

Einige unserer Kunden haben mit der gezielten *Überlegung, wie sie wichtige Top-Multiplikatoren in der Umsatzentwicklung konkret und aktiv unterstützen können,* ausgezeichnete Erfahrungen gemacht. Stellen deshalb auch Sie sich die Schlüsselfrage:

Wie kann ich meinen Top-Multiplikatoren helfen, neue Kunden zu gewinnen und mehr zu verkaufen?

Der Vitamin-B-Spezialist

Top-Multiplikatoren zu mehr Umsatz zu verhelfen, ist natürlich nicht der einzige Weg, um sich als zukünftiger Kooperationspartner zu empfehlen. Letztlich können wir als professionelle Netzwerk-Architekten alle Techniken nutzen, die künftigen Partnern einen außergewöhnlichen Nutzen bieten. Ein weiterer Weg besteht darin, dem anderen interessante Lieferanten- oder sonstige Business-Kontakte zu verschaffen:

Wer zum Beispiel 20 Jahre lang die Zielgruppe der Dachdecker betreut hat, der weiß von seinen Kunden, wo es die besten Dachziegel gibt, welche Lieferanten den besten Ruf genießen und vielleicht auch, welche Orthopäden lädierte Dachdecker-Ellenbogen am besten wiederherstellen.

Vielleicht kennt er sogar einen erfahrenen Anwalt, der schon einmal einen Dachdecker gegen Schadensersatzansprüche verteidigt hat, dessen sachgemäße Arbeit beim nächsten Orkan einfach davongeflogen war.

Professionelle Vitamin-B-Spezialisten sammeln solche – für ihre Zielgruppe nützlichen – Kontakte über Jahre und können dann uneigennützig Unterstützung anbieten, wenn sich die Gelegenheit dazu ergibt. Ein Bekannter von mir war zum Beispiel über 20 Jahre als Key-

Accounter für medizintechnische Geräte tätig. Zu seinem Netzwerk gehören rund 180 große Krankenhäuser und deren Chefärzte. Da er aus einer Familie des deutschen Geldadels stammt, konnte er steuermalträtierte Klinikchefs immer wieder mit seriösen Spartips zur richtigen Zeit beglücken...

Der Banker

Manche Unternehmer verfügen über einen ausgezeichneten Kontakt zu ihrer Bank. Und weil sie den möglicherweise seit vielen Jahren genießen, ist ihnen überhaupt nicht mehr bewußt, wie wertvoll solche Kontakte für jemand sein können, der selbst keine hat.

So habe ich in den USA einige Networker kennengelernt, die ein für alle Beteiligten höchst interessantes Finanzdienstleistungs-Netzwerk aufgebaut haben: Wann immer sie von größeren Expansionsplänen ihrer Partner hörten, brachten diese Profis ihre eigenen erstklassigen Bankkontakte ins Spiel:»Ich habe erfahren, daß Sie in XYZ investieren wollen. Wenn Sie Interesse an einem Vergleichsangebot haben, könnte ich Ihnen einen First-Class-Kontakt mit Einstieg auf der Vorstandsebene ermöglichen. Wäre das interessant für Sie?«

Einige der Profis, die sich entschieden haben, für ihre Multiplikatoren diese Extrameile zu gehen, haben sich dafür von ihren Bankpartnern sogar Provisionen zahlen lassen. Aber das ist hier mehr ein Abfallprodukt. Entscheidend ist, daß wir uns *überlegen, wie wir besonders interessanten Netzwerkpartnern im vorhinein einen wertvollen Zusatznutzen bieten können, der uns ein exzellentes Entrée verschafft.*

Der PR-Verstärker

Manche Kooperationspartner können Unterstützung für ihr Fianzierungskonzept gebrauchen, andere haben vielleicht nicht den Bekanntheitsgrad, den sie gerne hätten. Und auch Multiplikatoren, die beruflich schon viel erreicht haben und über ihre Kernzielgruppe hinaus Anerkennung und Reputation genießen, sind oft dankbar, wenn sie einen weiteren PR-Boost bekommen können.

Manche Networking-Profis haben sich deswegen darauf spezialisiert, ihren potentiellen Kooperationspartnern erstklassige PR-Kontakte zu vermitteln. Wer sich beispielsweise ein Netzwerk an Top-Kontakten zu Wirtschaftsjournalisten aufgebaut hat, kann zwischen interessierten Journalisten und einem Netzwerkpartner mit einer tollen Geschäftsidee einen Kontakt herstellen, der allen nutzt.

In manchen Fällen kann es sich sogar lohnen, die eigene PR-Agentur dafür zu bezahlen, daß sie einem interessanten Multiplikator wirkungsvoll unter die Arme greift. Einige meiner Kunden machen dies sehr professionell, achten aber sorgfältig darauf, die Unterstützungsleistung dem Partner gegenüber als reine Gefälligkeit darzustellen, damit der sich auf keinen Fall übermäßig verpflichtet fühlt.

Der Anwalt des Kunden

Eine der wirkungsvollsten Techniken, die wir Networking-Profis abschauen können, ist die Methode: »Anwalt des Kunden«.

Um zu demonstrieren, wie wirkungsvoll dieses Vorgehen ist, lassen Sie uns wieder einmal mit dem Beispiel der häufig angeführten Zielgruppe der Ärzte arbeiten. Wenn Sie je mit der Versicherungsbranche zu tun hatten, dann wissen Sie, daß viele in dieser Branche noch immer davon träumen, einige hundert Ärzte und Zahnärzte in der Vermögensanlage beraten zu dürfen. Seit Jahren wird deswegen dort mit großem Aufwand gebaggert, im Ergebnis jedoch immer wenig erreicht: Die meisten Ärzte, mit denen ich gesprochen habe, lassen die sieben bis elf Briefe von Finanzdienstleistern, die sie täglich bekommen, direkt von ihren Helferinnen über dem Papierkorb aussortieren...

Amerikanische Profis würde diese schlechte Ausgangslage überhaupt nicht stören, weil sie in ihren Heimatmärkten seit Jahren nichts anderes gewohnt sind. Ein Netzwerk-Profi würde sich dieser Zielgruppe völlig anders nähern. Seine strategischen Schlüsselfragen würden lauten:

• Was ist das brennendste Problem, daß meine Zielgruppe mit dem Gesetzgeber oder der öffentlichen Meinung hat?
• Wie kann ich mich glaubwürdig zum Interessenvertreter meiner Zielgruppe und damit zu deren Anwalt in der Öffentlichkeit machen?

Angenommen, unser Networker fände heraus, daß die Einkünfte der Ärzte durch Kostendämpfungsgesetze in den letzten Jahren erheblich beschnitten worden sind (dieses Beispiel zeigt übrigens, daß man in den meisten Branchen weder Albert Einstein noch Privatdetektiv sein muß, um das brennendste Problem seiner Zielgruppe zu erkennen).

Unser Netzwerk-Profi entscheidet sich deswegen, an den zuständigen Bundesminister und den Bundestags-Abgeordneten seines Wahlkreises einen offenen Brief zu schreiben.

Sehr geehrter Herr Minister,

seit 15 Jahren bin ich auf Altersversorgungskonzepte und den Vermögensaufbau von Ärzten und Zahnärzten spezialisiert.

Ich weiß deshalb aus eigenem Erleben, wieviel Verantwortungsbereitschaft dieser Beruf in der heutigen Zeit erfordert und welches Comittment an Einsatzbereitschaft, Fleiß und überlangen Arbeitstagen unseren Ärzten im Interesse der Volksgesundheit abverlangt wird.

So sehr meine Kunden sich beruflich auch verausgaben müssen, so sehr sie Abstriche an ihr Familienleben und ihre Freizeit machen müssen, so sehr wurde ihnen in der Vergangenheit doch die finanzielle Wertschätzung entgegengebracht, die ihnen erlaubte, einem gesicherten Lebensabend in Würde entgegenzusehen.

Durch die Kostendämpfungsgesetze der jüngeren Vergangenheit, die im wesentlichen von Ihrem Ministerium zu verantworten sind, haben Sie die Ärzte und Zahnärzte unseres Landes bis an die Grenze einer Existenzkrise bedroht.

Ich weiß, wie viele meiner Kunden wöchentlich 60, 70 oder sogar 80 Stunden im Interesse der Gesundheit ihrer Patienten arbeiten, nur, um dafür mit einem Nettoeinkommen nach Hause zu gehen, mit dem sich kein Handwerker zufriedengeben würde.

Dieser Mißstand ist schon längst keine Frage mehr des Einzelinteresses unserer Ärzte. Es geht im Kern um die existentielle Bedrohung des Berufsstandes, auf dessen Schultern die Verantwortung für die Gesundheit von uns allen liegt.

Sehr geehrter Herr Minister, ich fordere Sie deshalb ultimativ auf, für den Berufsstand der Ärzte die Verdienst- und Einkommensperspektive wiederherzustellen, die dem Arbeitseinsatz und der Bedeutung dieser Berufsgruppe für die Volksgesundheit gerecht wird.

Mit freundlichen Grüßen

Diesen Brief schickt unser Netzwerk-Profi an die zuständigen Politiker sowie an den »Spiegel und an »Focus« (je nach aktueller Regierung wird ihn eines der beiden Magazine veröffentlichen).

Eine Kopie des Briefes geht mit einem netten Begleitschreiben an die 200 Ärzte, die unser Investmentspezialist gerne zu seinen Stammkunden machen würde. Tenor: Kann ich sonst noch etwas tun, um Ihre Interessen als Unparteiischer seriös und neutral zu vertreten?

Ob unser Netzwerkprofi wohl eine Chance hat, mit den angeschriebenen Ärzte positiv ins Gespräch zu kommen?

Dieses kleine Abschlußbeispiel – das in dieser oder ähnlicher Form in Amerika von Hunderten von »Spokesmen« und Anwälten ihrer Zielgruppe praktiziert wird – möge Ihnen als Inspiration dienen.

Deutschland ist – insbesondere im Vergleich zu den USA – immer noch ein Marketing-Paradies. Nutzen Sie die Spielregeln des Magnet-Marketing! Dabei wünsche ich Ihnen von Herzen all den Erfolg, den Sie sich erhoffen.

Der Autor

Alexander Christiani zählt zu den gefragtesten Beratern führender Spitzenleister aus Wirtschaft, Wissenschaft und Sport. Zu seinen Kunden gehören neben dem Fraunhofer Institut, Procter & Gamble, Bertelsmann, Adidas, der Deutschen Bank und der Oberösterreichischen Energie AG auch viele mittelständische und kleine Unternehmen.

Christiani ist zudem Coach der deutschen Bundestrainer, die er in Train-the-trainer-Seminaren z.B. auf die olympischen Spiele in Sydney vorbereitet hat. Seinen akademischen Hintergrund erwarb der Wirtschafts-Coach durch das Studium der Wirtschafts- und Rechtswissenschaften in Deutschland sowie der Psychologie in den USA. Nach dem 2. Staatsexamen stieg der Jurist bei einer der renommiertesten Fachkanzleien für Wirtschaftsrecht in Köln ein. Seine Weiterbildung als Trainer intensivierte er in den USA. Nach seiner Rückkehr übersetzte er die neuesten Erkenntnisse der Kognitionswissenschaften auf europäische Verhältnisse und entwickelte eine Motivations-Strategie, die heute von vielen seiner Kollegen gelehrt wird.

Alexander Christiani lebt mit seiner Frau Meda, einer Amerikanerin, und seinen Söhnen Raphael, Darius (beide 10 Jahre alt) und Constantin (8) in der Umgebung von München. Der Firmensitz der Christiani Unternehmer AG, deren Vorstand Alexander Christiani ist, befindet sich in Starnberg bei München.

Nähere Informationen zu Alexander Christiani und der Christiani Unternehmer AG erhalten Sie unter:

Christiani Unternehmer AG
Maximilianstr. 9
D-82319 Starnberg
Tel.: +49 (0) 81 51 26 86 0-0
Kunden-Service-Nr.: 0800-AChristiani (0800-2247478)
Fax: +49 (0) 81 51 26 86 0-60
E-Mail: info@christiani-ag.de
www.christiani-ag.de